CULTURA
PODER
COMUNICAÇÃO
CRISE E
IMAGEM

Dados Internacionais de Catalogação na Publicação (CIP)
(Câmara Brasileira do Livro, SP, Brasil)

Torquato, Gaudêncio
    Cultura, poder, comunicação, crise e imagem: fundamentos das organizações do século XXI / Gaudêncio Torquato. 2. ed. – São Paulo : Cengage Learning, 2024.

    1. reimpr. da 2. ed. de 2013.
    Bibliografia
    ISBN 978-85-221-1222-7

    1. Comunicação na administração   2. Cultura organizacional   3. Empresas – Imagem 4. Empresas – Reorganizações I. Título.

12-03611   CDD-658.001

Índice para catálogo sistemático:
1. Cultura organizacional : Administração de empresas   658.0001

CULTURA
PODER
COMUNICAÇÃO
CRISE E
IMAGEM

Fundamentos das organizações do século XXI

Gaudêncio Torquato

2ª edição revista e ampliada

✿ Cengage

Brasil • Canadá • México • Cingapura • Reino Unido • Estados Unidos

Cengage

Cultura – Poder – Comunicação – Crise e Imagem — **Fundamentos das organizações do século XXI**

2ª edição revista e ampliada

Gaudêncio Torquato

Gerente Editorial: Patricia La Rosa

Supervisora Editorial: Noelma Brocanelli

Supervisora de Produção Editorial: Fabiana Alencar Albuquerque

Editor de Desenvolvimento: Fábio Gonçalves

Copidesque: Nelson Luis Barbosa

Revisão: Monalisa Neves e Luicy Caetano de Oliveira

Diagramação: Join Bureau

Ilustrações: Cartunista Gilmar

Capa: Sérgio Bergocce

© 2013 Cengage Learning, Inc.

Todos os direitos reservados. Nenhuma parte deste livro poderá ser reproduzida, sejam quais forem os meios empregados, sem a permissão, por escrito, da Editora. Aos infratores aplicam-se as sanções previstas nos artigos 102, 104, 106 e 107 da Lei nº 9.610, de 19 de fevereiro de 1998.

Esta editora empenhou-se em contatar os responsáveis pelos direitos autorais de todas as imagens e de outros materiais utilizados neste livro. Se porventura for constatada a omissão involuntária na identificação de algum deles, dispomo-nos a efetuar, futuramente, os possíveis acertos.

A editora não se responsabiliza pelo funcionamento dos links contidos neste livro que possam estar suspensos.

Para informações sobre nossos produtos, entre em contato pelo telefone **+55 11 3665-9900**.

Para permissão de uso de material desta obra, envie seu pedido para **direitosautorais@cengage.com**.

ISBN-13: 978-85-221-1222-7
ISBN-10: 85-221-1222-3

Cengage
WeWork
Rua Cerro Corá, 2175 – Alto da Lapa
São Paulo – SP – CEP 05061-450
Tel.: +55 11 3665-9900

Para suas soluções de curso e aprendizado, visite
www.cengage.com.br.

Impresso no Brasil
Printed in Brazil
1. reimpr. – 2024

Sumário

Introdução.. IX

Parte 1
Cultura Organizacional
Clima – Ritos – Costumes – Símbolos – Programas –
Políticas e Profissionais.. 1
   A cultura das organizações 3
   Temperar a cultura 6
   A saúde do ambiente interno... 10
   A política de lazer... 14
   Rito, símbolo e festa... 17
   Os encontros das sextas-feiras 20
   O jogo do amor... 23
   A comunicação pelo traje 27
   A síndrome da rotina 30
   A febre das reuniões... 33
   O efeito cascata dos papéis.. 38
   O efeito espuma 41

VI
CULTURA ▪ PODER ▪ COMUNICAÇÃO ▪ CRISE E IMAGEM

Como simplificar a administração	44
Os cuidados no programa de inovações	47
A abertura de RH	50
Roteiro para a participação	53
Priorização nos programas de desenvolvimento	57
Negociar com os sindicatos	61
Conviver com as greves	64
Roteiro para viabilizar projetos	67
Cenário para a nova empresa	70
Planejamento para um novo tempo	73
O marketing do profissional	76
O ciclo do executivo	80
Os sete pecados do executivo	83
Os executivos sistêmicos	88
O gerentinho raivoso	91
O indeciso	95
O Astro-Rei	98
Os mutantes	101
O chefe: do pragmático ao chato	104
Os centristas	110
Os generalistas	113
Os veteranos	116
O presidente	119
Secretária: canal de comunicação	123
Secretária: trinta perfis	126
Secretária como assessora	135

Parte 2
Poder, comunicação e imagem 139

O poder nas organizações	141
Poder, comunicação e imagem: relações	145
A retenção de informações	149
O poder das janelas	152
O poder invisível	155

SUMÁRIO

O poder do boato 158
O poder da delação 163
O poder da hierarquia 166
O poder dos feudos 169
O poder do líder informal 172
Mudança organizacional 175
A comunicação interna 178
Os jornais empresariais 181
A verdade na política de comunicação 184
A comunicação com a sociedade 187
Comunicação e administração de conflitos 190
A avaliação da comunicação 193
A comunicação nas instituições políticas 196
A função social como imagem 216
A identidade homogênea 220
A imagem dos bancos 223
A imagem da indústria química 226
A imagem e os impactos ambientais 230
Ajuste de imagem 233
Alto ou baixo perfil? 236
A imagem na turbulência 239
A imagem de transparência 242
A imagem por meio da embalagem 246
A imagem por meio do logotipo 249
A imagem por meio do nome 253
A imagem por meio da marca 256
Imagens do fim de um tempo e a chegada do futuro 259

Parte 3
Crise – cenário e estratégias 271
Crise – cenário e estratégias 273

Referências 291
Apêndice 297

Introdução

De tanto se ouvir falar que o futuro bate à porta, ele acabou chegando de forma triunfante e surpreendentemente veloz. Os últimos 20 anos registraram espetaculares descobertas em praticamente todos os campos do conhecimento humano. A tecnologia veio sedimentar o apuro técnico e a melhoria da qualidade. A informatização chegou para acelerar e aprimorar o processo decisório. As relações sociais passaram a se espelhar em um novo conjunto de valores e princípios. As relações econômicas mudaram de forma e substância, a partir da formação dos grandes blocos de mercado e do esgotamento dos modelos econômicos socialistas. As palavras de ordem e os novos conceitos deste mundo tocado pelo futuro são competitividade, qualidade, inserção internacional, novos paradigmas tecnológicos e capacidade de adaptação a um universo de transformações.

Se o futuro chegou, muita gente não percebeu. Por estar fechado em uma sala escura ou simplesmente por desleixo em não acompanhar a leitura da história. Dirigentes, executivos e profissionais de organizações também se incluem nos grupos que têm olhos voltados apenas para o passado. Com sentido, muitas organizações, algumas de razoável porte e complexidade, infelizmente não sentiram o choque do futuro e vegetam em águas lamacentas de um tradicionalismo devorador e um conservadorismo amorfo. Padecerão, se não acordarem, os pecados do atraso. A história jamais perdoa àqueles que não sabem acompanhá-la.

As transformações em curso mostram também que muitas organizações já estão pisando o patamar do amanhã. Empresas de diversos tamanhos começam a procurar os caminhos da economia mundial, mediante alianças, conquista de nichos negociais, participações minoritárias e empreendimentos conjuntos, consórcios de pesquisa e marketing, sociedades em subsidiárias ou em projetos especiais, licenciamentos de marcas e outros expedientes. Novas tecnologias e novos mercados constituem as forças de impulso das alianças que se estabelecem.

A nova ordem internacional exigirá um amplo processo de reestruturação das organizações. Processo que comporta análises mais acuradas da competição; exames mais detalhados da relação qualidade/preço tendo em vista o comportamento do novo consumidor; alterações no fluxo produtivo entre fornecedores de matérias-primas e fabricantes; criação de *joint-ventures*; alianças entre grupos; capitalização da identidade da empresa; integração de unidades locais com operações setoriais e estratégias abrangentes; convivência com maiores pressões de natureza trabalhista; aperfeiçoamento de padrões de qualidade e excelência; agilização e fortalecimento de ferramentas de marketing, vendas e comunicações; desenvolvimento de políticas e programas sociais; ampla percepção e fortes programas relacionados à preocupação com a preservação do meio ambiente; desaquecimento de sistemas cartoriais e desatrelamento de elos governamentais; enfim, uma reordenação de estruturas, processos e rotinas, comunicações e desenvolvimento de pessoal.

Ao lado de reformas e políticas de descentralização, informatização, racionalização, transparência e fluidez do sistema de comunicação, as organizações certamente arrumarão novos valores para balizar seu comportamento. Sem muito esforço, pode-se incluir, entre as novas exigências, valores que remetem a honestidade e seriedade, maior clareza e agilidade, melhor atendimento ao usuário, maior e melhor desempenho das funções sociais, melhor relacionamento com os formadores de opinião, preparação de executivos com qualidades sistêmicas: capacidade de decidir agilmente, trabalhar com riscos, ser flexível, articular, estabelecer cenários e planejar adequadamente suas atividades. Generalista e especialista ao mesmo tempo.

Este livro contém reflexões a respeito de questões centrais geradas pelos conceitos de *cultura, poder, comunicação* e *imagem* das organizações. Trata-se de um conjunto assistemático de análises, justapostas e integradas pelo vetor básico que está por trás de cada conceito: a necessidade de mudança organizacional. De fato, a segunda leitura dos textos recomenda aos dirigentes, executivos e profissionais de todas as áreas das empresas um esforço para compreensão dos novos parâmetros organizacionais, aceitação e promoção de mudanças e transformações.

Nesse sentido, esta modesta antologia pretende ser uma pequena janela para contemplar o futuro.

Gaudêncio Torquato

Parte 1

CULTURA
ORGANIZACIONAL

Clima – Ritos – Costumes – Símbolos Programas – Políticas e Profissionais

A cultura das organizações

Entre os maiores desajustes que se observam no processo administrativo está o descompasso entre decisões normativas e as realidades culturais que identificam a personalidade da comunidade interna. É bastante comum a adoção de políticas, rotinas, procedimentos sem levar em consideração usos, costumes, comportamentos, hábitos, peculiaridades e manias que tipificam a cultura dos agrupamentos humanos.

Tem-se a impressão de que as organizações tendem a assumir posições homogêneas, balizadas em um mesmo tipo de referencial, qual seja, a lógica da produção, quando outros valores projetam influência sobre o tecido empresarial, como a complexidade da vida grupal, a variedade de tipos, a história da empresa, a localização da unidade fabril, o modelo de organograma, as características dos produtos fabricados e os serviços realizados.

As empresas modelam, portanto, uma cultura, aqui definida como o somatório dos *inputs* técnicos, administrativos, políticos, estratégicos, táticos, misturados às cargas psicossociais, que justapõem fatores humanos individuais, relacionamentos grupais, interpessoais e informais. Cada cultura é diferente de outra, mesmo que, eventualmente, se possam isolar componentes comuns a todas. Cultura, assim definida, não é, como infelizmente muitos ainda insistem em defender, o resultado exclusivo da estrutura formal da organização. A rede informal, aferida, sobretudo, pelas expressões de espontaneidade, descontração e laços informais, é a outra ponta do sistema cultural.

Isso posto, convém indicar os principais tipos de reforçadores de culturas organizacionais. Quatro, pelo menos, são bastante visíveis. O primeiro é o *aspecto histórico*. A experiência de longos anos de uma empresa costuma pesar sobre a comunidade, irradiando valores de coesão interna, solidariedade grupal, companheirismo, apego aos costumes e à ordem conservadora.

Empresas cinquentenárias geralmente conservam empregados antigos, que formam uma *constelação de pratas da casa*, ao redor dos quais se vai moldando uma cultura de sólidos vínculos com o passado, difícil de ser penetrada por elementos do presente. Velhos costumes e uma sensação de ambiência familiar introjetam-se em muitos segmentos da comunidade, obstando o avanço das mudanças.

O segundo tipo de reforçador de cultura é a *natureza técnica da empresa*, isto é, os produtos ou serviços que ela produz. Sabe-se que os empregados tendem a adotar atitudes específicas e diferenciadas por influência das atividades que exercem. Exemplificando: o setor químico, para usar um jargão mais próximo ao conceito de combustão, tem inclinação para maior "explosividade" que o de alimentos. O setor metalúrgico, pela intensa atividade de seus sindicatos, propicia o desenvolvimento de uma forte rede informal interna, ágil, ativa e mobilizadora. A cultura da comunidade metalúrgica é altamente sensível aos *inputs* externos.

O terceiro importante reforçador de cultura é o *modelo de gestão da organização*. Quando se está diante de uma empresa familiar, podem-se imaginar valores que resgatam o compadrio, o paternalismo, o assistencialismo, a solidariedade grupal, a amizade, e até a garantia de estabilidade no emprego. Os salários, nesse tipo de organização, não chegam, com raras exceções, a ser muito competitivos, mas o medo de demissão, comum na maior parte das empresas, não existe. Essas empresas exibem uma cultura de adesão e simpatia. Os empregados, em geral, gostam do seu ambiente.

Entre os modelos de gestão, apenas para ficarmos nos mais polemizados, despontam os tipos autocrático e democrático. Os primeiros, autoritários, estabelecem uma cultura normativa, hermética, em que a hierarquia é levada às últimas consequências. Os modelos democráticos procuram implementar a ideia de participação, desbloqueando canais formais, abrindo fluxos, incentivando a criatividade, impulsionando a comunidade para as mudanças.

O quarto tipo de reforçador é o que chamo de *osmose geográfica*, que se caracteriza por uma interpenetração de culturas, por conta da proximidade das empresas. Pelo fato de se localizarem numa mesma região – o ABC, por exemplo –, as comunidades costumam incorporar comportamentos semelhantes. As práticas de lazer geram comportamentos coletivos de muita integração. Os movimentos grevistas expandem-se, por meio de círculos concêntricos, num processo de influência e irradiação, que parte das grandes corporações em direção às pequenas empresas.

Há outros reforçadores de cultura, como políticas de recursos humanos, programas de benefícios, atividades clubísticas e associativas, padrões sociais, econômicos e culturais das comunidades externas, próximas às unidades fabris. O desafio para os administradores é identificar o perfil médio da cultura de sua organização. Quando afirmo existir um descompasso entre decisões administrativas e culturas internas, não quero defender o princípio de que uma empresa deve adotar apenas políticas que venham reforçar os interesses conservadores presentes à cultura. Não. Culturas tradicionais necessitam de fortes injeções do moderno, sob pena de não acompanharem os tempos de mudanças.

O que desejo evidenciar é a necessidade de uma correta identificação da cultura interna para que as decisões a respeito de diretrizes administrativas estejam embasadas no conhecimento dos problemas que afetam a comunidade e, assim, possam transpor as dificuldades.

Quando as culturas não são perfilizadas, o distanciamento psicológico entre a comunidade e a administração tende a aumentar. Daí a conveniência em se lembrar de que o delineamento de uma cultura não pode negligenciar os aspectos psicossociais da rede informal. Sob pena de retratar apenas uma face.

Temperar a cultura

O que as empresas devem fazer quando encontram um cenário pintado de greves, reivindicações, dúvidas, expectativas de natureza política, normas constitucionais que começam a afetar diretamente o universo organizacional, ameaças de recessão e turbulência? Entre as diversas respostas para a questão, pelo menos uma merece criteriosa reflexão. Em um cenário como esse, as empresas precisam colocar urgentemente um pouco de tempero no caldo cultural do ambiente interno.

O equilíbrio de uma empresa, a manutenção das condições indispensáveis para seu crescimento e o aproveitamento de situações de crise para sair na frente, na briga da concorrência, constituem um conjunto de metas que dependem, para sua eficácia, de um fator: *o oposicionamento da comunidade de empregados.* Quando a comunidade repousa sobre um ambiente de harmonia ou quando o caldo de cultura está sendo dosado, de forma a permitir a mediação de interesses, a empresa estabelece as bases para se expandir, mesmo em tempos de turbulência.

O caldo cultural de uma empresa é um amálgama de desejos, satisfações, alegrias, frustrações, expectativas, dúvidas, comportamentos e atitudes. Em momentos de tensão, o caldo engrossa. Falta tempero, os gostos da empresa não coincidem com os gostos dos empregados, as ameaças rondam os setores produtivos, criando uma onda de sensibilização que, a qualquer sinal, pode desencadear efeitos perturbadores no sistema produtivo e tecnológico.

Cartunista Gilmar

É evidente que a empresa não tem condições de atender a todas as manifestações que partem da comunidade. Mas, em momentos de conflito, ela procura se fechar, formando um vácuo entre os fluxos diretivos e as bases operacionais. Trata-se de um erro de visão. A tática do encolhimento é, às vezes, fatal. Entre os métodos eficazes para administrar os conflitos está a mexida na cultura interna. Como se faz isso?

A forma é bastante simples. A empresa precisa pesquisar, de forma sistemática e planejada, a temperatura do clima interno e verificar as disfunções que provocam os ruídos, as insatisfações e os anseios. Ela vai constatar, por exemplo, que não é apenas a questão do salário que provoca perturbações internas. Há detalhes, coisinhas pequenas, reivindicações bastante simples que, se bem administradas, podem mudar, de forma significativa, o perfil do clima.

A malha das situações negativas é extensa. Pode ser a intercomunicação entre setores que não anda bem. Querelas e briguinhas entre chefes provocam mal-estar no corpo funcional. As chefias intermediárias, com o objetivo de conquistar poder e exibir *status*, tendem a preservar informações, evitando sua passagem para os níveis subordinados. A política de promoção profissional é indefinida. Queixas rolam por todos os setores, denunciando a falta de decisão sobre políticas de pessoal.

O mapeamento de todos os fios do tecido organizacional é uma medida que se faz necessária e urgente, em tempos de crise. A receita é a pesquisa de clima organizacional, um amplo e bem detalhado levantamento sobre o ambiente interno. Esse tipo de pesquisa serve não apenas a objetivos imediatistas, na área de administração de conflitos, mas atende a metas estratégicas. Ela permite rigorosa leitura dos fatores que emperram o processo produtivo e o aumento de produtividade, constituindo-se, a partir daí, em elemento estratégico.

Muitas empresas estão "cegas" para essa questão. Preferem bancar muito alto em programas de visibilidade externa, com campanhas publicitárias, marketing cultural etc. Não se nega a importância da comunicação externa, especialmente no campo da comunicação institucional, quando valores que formam o caráter da empresa precisam ser apresentados. Mas não se pode, absolutamente, abandonar a feição interna. Uma comunidade insatisfeita acaba com qualquer esforço de comunicação institucional externa.

Entre outros aspectos vantajosos, sobressai, ainda, a questão do custo. Um programa de pesquisa de clima organizacional, com aferição da malha interna e consequente correção dos desvios, especialmente em aspectos do sistema de comunicação, custa extraordinariamente menos que uma vigorosa campanha externa. Por que, afinal de contas, não se faz isso com frequência?

A resposta é simples: há receio dos empresários em mexer com a comunidade. Há medo de se trabalhar com o elemento expectativa. Trata-se de uma visão ultrapassada. A contemporaneidade aconselha a transparência, o diálogo, o contato direto. Quem já percebeu esse fato certamente estará posicionado na linha de frente na briga pela concorrência.

A saúde do ambiente interno

Um dos principais desafios dos administradores tem sido o de diagnosticar, com razoável grau de acerto, as causas das insatisfações, angústias, frustrações, tensões e ansiedades que brotam, com frequência e intensidade, no ambiente interno das organizações. O tratamento que se tem dado ao chamado clima organizacional, aqui entendido como o caldo cultural resultante dos comportamentos humanos, dos modelos de gestão e políticas empresariais, é, ainda, no Brasil, bastante precário. Pode-se inferir que boa parcela dos programas adotados pelas empresas é ineficaz porque não há diagnósticos internos adequados.

O arco de problemas enfeixados pelo clima organizacional é, frequentemente, administrado por visões particularistas e sentimentos pessoais, em abordagens intuitivas, pouco técnicas e profissionais. Observa-se frágil disposição em sistematizar os tipos de problemas, agrupá-los em categorias diferenciadas, medir sua importância para o equilíbrio interno e implantar medidas adequadas.

Inadequações nos programas de benefícios (médicos, odontológicos, hospitalares, sociais), frustrações do corpo funcional ante a política de promoção, pouca clareza e transparência normativa, imensas dificuldades nas comunicações intersetoriais e departamentais, exagerada massa de papéis obstruindo os canais internos, inexistência de articulação no fluxo vertical de comando, tensões criadas pela agilidade da rede de boatos constituem, entre outras, distorções que devem ser avaliadas e tratadas em escalas próprias. Conhecer onde começa e onde acaba cada questão é fundamental para que se tome a melhor decisão e se promova a solução mais eficaz.

A tentativa, portanto, de estabelecer uma completa lista de situações compreende o primeiro passo de um programa na área de clima organizacional. Dividir as situações por categorias é o passo seguinte a fim de que o assunto possa ser entendido em sua dimensão técnica, humana, grupal e normativa. Medir a intensidade das divergências, identificar sua frequência junto aos diversos segmentos de empregados e estabelecer cruzamentos entre os problemas levantados é outra etapa, só cumprida com competência quando se realiza uma investigação em profundidade.

As pesquisas internas, porém, são geralmente mal recebidas ou fogem ao rigor técnico que delas se deve exigir. A grande dificuldade se relaciona à cobertura de amostras significativas dos públicos internos, que abrangem desde os altos níveis de diretoria e até o nível dos peões. Descobrir as maneiras de "captar" os sentimentos enrustidos no tempero de cultura da empresa é tarefa prioritária dos administradores da área humano-psicossocial.

Em nossos contatos com o universo empresarial, deparamos com algumas posições aqui descritas. Lembramos, a título de ilustração, de nossa experiência em Tintas Coral, quando conseguimos trabalhar com alto grau de representatividade todos os polos do público interno. A pesquisa de clima organizacional na Coral chegou a cobrir 30% do universo funcional. Dividimos os empregados em sete categorias, de acordo com os níveis hierárquicos e especializados da empresa, e estabelecemos cotas representativas para cada setor.

Impunha-se, como desafio, fazer que todas as categorias respondessem a um questionário ambicioso com cerca de 130 questões, envolvendo aspectos distintos – programas e políticas da empresa, benefícios, comunicações interpessoais, grupais e coletivas. De maneira proposital, algumas questões apareceram, mais de uma vez, em partes diferentes do questionário. O objetivo era checar a margem de certeza e segurança nas respostas por meio de cruzamentos das cinco alternativas oferecidas.

Com apoio dos setores de Recursos Humanos e Relações Públicas, organizamos um programa de comunicação grupal, que consistiu, fundamentalmente, na preparação dos grupos para a resposta à pesquisa.

Por sorteio, escolheram-se representantes de cada nível funcional, que, submetidos a uma bateria de palestras, foram "esquentados" e informados convenientemente sobre os ângulos que compunham o clima interno. Num ambiente de descontração e naturalidade, após as palestras, os grupos respondiam ao questionário. Por semana, dois grupos passavam pelo programa, de forma a permitir que a pesquisa tivesse a participação maciça dos empregados e fosse respondida sem atropelos e com ótima margem de eficácia. Evidentemente, os nomes dos entrevistados foram omitidos, mas não suas funções e setores.

A importância do programa se deveu, ainda, à possibilidade de averiguarmos e controlarmos, pelo método de observação direta, diversas situações que dificultavam as relações internas, pois parte do tempo era dedicada a um bate-papo informal sobre políticas da empresa. Foi possível, assim, organizarmos em paralelo outro conjunto de respostas, mais abertas e informais, porém de grande significação, para a exata compreensão do ambiente.

Ao final do processo, tínhamos um cenário bastante fiel das principais vertentes de problemas. Com a reconstituição das raízes e causas das insatisfações, podia-se partir para o engajamento de políticas, programas e projetos. Nem sempre, porém, se chega, numa organização, a resultados tão eficazes do ponto de vista de pesquisa. Em muitas firmas, é bastante complexo e difícil reunir grupos para participarem de um programa de comunicação grupal. Em outras, não há exata compreensão sobre natureza, abrangência e importância de um projeto de tal magnitude.

Muitos executivos, por sua vez, temem conhecer a realidade mais profunda das culturas organizacionais. Imaginam que, escamoteando a verdade, com medidas paliativas e rotineiras, conseguem "empurrar com a barriga" a torrente de conflitos internos. Para se fixarem no cargo, evitam mexer no âmago das questões, imaginando que o leque de críticas poderia ser entendido como reação negativa aos programas por eles dirigidos. Dessa forma, falham como profissionais, pois, em vez de administrarem tensões, procuram abafar as demandas e os anseios da comunidade.

O conhecimento da cultura das organizações deve integrar a descrição de atividades de profissionais de Recursos Humanos, Comunicação e suas especialidades. E os dirigentes precisam prestigiar políticas que contemplem o conhecimento do ambiente interno, porque tais medidas integram, verdadeiramente, o repertório prevencionista, escopo de qualquer empresa que trabalha com conceitos de planejamento estratégico.

A política de lazer

Qual deve ser a contribuição das empresas na organização das atividades associativas dos empregados? Que tipo de relacionamento precisa existir entre empresas e associações desportivas classistas, entidades responsáveis pelo fomento nos setores de lazer e cultura dos empregados? As empresas devem promover eventos diferentes e paralelos aos organizados pelas associações dos empregados?

Essas questões têm sido objeto de muita polêmica e desgaste entre profissionais de Recursos Humanos e Comunicação, os mais envolvidos no trato dos programas de lazer e associativismo da comunidade. Por trás das dúvidas, o clássico problema: a ajuda direta aos empregados em suas propostas de lazer não disfarçaria uma política paternalista? Os empregados não veriam na atitude colaboracionista da empresa uma forma camuflada de intervencionismo em sua associação?

O tema comporta alguns pontos de análise. Em primeiro lugar, há que ressaltar a importância de um amplo e bem organizado plano de atividades sociais para o estabelecimento de um clima saudável e integrativo. O lazer, especialmente na forma de eventos que reúnem grupos, seções, setores, cumpre a função de cadeia interativa, pela se qual sedimentam a amizade, a solidariedade grupal, a união, o companheirismo e o congraçamento.

Empresas que possuem espaços próprios para o associativismo – clubes, quadras esportivas, salões, áreas verdes – estão um passo adiante de outras que não dispõem de estrutura. O problema é que algumas

A POLÍTICA DE LAZER

daquelas áreas ficam distantes do local de trabalho ou da região que sedia os trabalhadores, motivo de desinteresse por parte dos potenciais frequentadores. Apesar de o transporte gratuito oferecido, constata-se esvaziamento de muitas sedes clubísticas, nos fins de semana, quando o normal, no contexto dos conglomerados urbanos, seria a corrida do lazer.

Com uma infraestrutura montada, porém, será possível fomentar a participação. Muitas empresas não esperam a programação das entidades de empregados, tomam a dianteira no planejamento dos eventos. E aí surgem os problemas. As festas são olhadas com suspeição e, sem apoio efetivo da comunidade, deságuam em grandes fracassos. É evidente que o engajamento e a participação maciça ocorrem quando os próprios empregados são motivados e envolvidos no planejamento. Como, porém, motivar?

O caminho mais lógico para o engajamento seria por intermédio das entidades e de seus líderes, que precisam armar um eficiente esquema de comunicação e uma programação de boa qualidade, se querem manter credibilidade e autoridade moral sobre os liderados. Isso é muito difícil. Os dirigentes ou estão muito atarefados em suas atividades rotineiras, ou perderam o entusiasmo, integrando a chapa da diretoria apenas para constar. Assim, acomodam-se e abandonam suas responsabilidades.

Nesses casos, as empresas devem tomar a iniciativa. Não se pode deixar inerte e sem uso uma infraestrutura de lazer. A iniciativa das empresas pode ser, também, de maneira indireta, por meio do incentivo às diretorias das entidades. Quando tal situação se mostrar inviável, não há remédio melhor que uma ação proativa de restabelecimento da programação.

O importante, em todos esses aspectos, é procurar preservar a atividade associativa, mesmo que, num primeiro instante, possa ser olhada com desconfiança. Dependendo da qualidade e com o tempo, os eventos começam a atrair os empregados. A política do *vai-e-vem*, agora, é aconselhável. Isto é, novamente engajados na programação, os empregados devem ser envolvidos na implementação das ações, afastando-se a empresa para a posição de retaguarda, oferecendo, porém, a ajuda indispensável, em forma de contribuições pecuniárias e infraestrutura de apoio.

Grupos de teatro, corais ou grupos musicais constituem uma forma de expressão cultural muito difícil de implantar numa organização. A estratégia da empresa, em relação a esses grupos, deve ultrapassar a simples ajuda financeira para abranger cuidados do tipo localização e identificação de líderes informais, que possam efetivamente se engajar nas promoções. A força aglutinadora do líder informal é básica, num primeiro momento, para o sucesso do empreendimento.

Quando os grupos estiverem funcionando a contento e o sucesso brotar com as primeiras apresentações, o entusiasmo se alastra e toma conta dos participantes, fazendo que cada grupo encontre seus caminhos, andando por sua própria conta. Mas o empurrão inicial é fundamental. Interessa, acima de tudo, fazer brotar a semente da efervescência participativa. E a semente não brota se não receber água e condições ideais para cultivo.

O relacionamento das empresas com as associações classistas dos empregados não pode ser guiado por atitudes medrosas ou receio de paternalismo. Afinal de contas, a função social das empresas acolhe práticas de assistência cultural e de lazer, o que não pode ser confundido com paternalismo. A atitude franca, aberta, de diálogo permanente, sem censuras, é aconselhável a posturas de esconde-esconde e medo. Estamos vivendo uma época de comunicação aberta e os espaços devem ser preenchidos com sinceridade mútua e jogo aberto de ideias.

Quando existe confiança nas partes, o relacionamento torna-se cordial, apesar de posições sustentadas com destemor. Não tema, portanto, um contato direto com as entidades representativas dos interesses dos empregados. Aliás, isso não é apenas aconselhável, mas propriamente uma exigência dos novos tempos.

Rito, símbolo e festa

Certa feita, assessores de Napoleão, o poderoso general francês que estendeu seus domínios sobre quase toda a Europa, ao perscrutarem a importância de uma simbólica e esquecida Medalha da Legião de Honra, por ele recuperada como galardão, receberam uma significativa resposta: "Vocês conquistam homens com quinquilharias e pequenas coisas, não com palavras".

A réplica napoleônica é uma mistura de cinismo e visão realística da natureza humana. Os ritos e símbolos exercem extraordinário poder sobre os homens. Não é à toa que o exercício do poder, desde os tempos mais remotos, tem-se cercado de uma cultura de ritos, símbolos e festas. Diz-se até que o símbolo estaria fixado ancestralmente no subconsciente dos homens, agindo por si mesmo, à maneira de reflexos inatos ou automatismos, sem que haja necessidade de formar automatismos condicionados para torná-los atuantes.

A lembrança ocorre a propósito da cultura empresarial, também ela dependente de uma carga litúrgica que impregna os participantes com valores simbólicos de forte efeito integrativo. Medalhas de honra, festas sociais, agradecimentos de dirigentes, comemorações cívicas, inaugurações, discursos solenes, cenários enfeitados constituem, desse modo, aspectos diferenciados e rotineiros de uma prática que confere ao poder formal efeitos mágicos e sagrados.

Não estou, em absoluto, pregando a exacerbação das liturgias do poder, por reconhecer que excessos e extravagâncias conduzem os dirigentes e governantes a uma política demagógica de efeitos danosos aos sistemas e agrupamentos sociais. Entenda-se a explicação como tentativa de refletir sobre a missão exercida pelos rituais, especialmente no que diz respeito aos objetivos de integração e participação comunitária.

Não posso, porém, deixar de defender a adoção de uma postura litúrgica condizente, que se pode, de maneira geral, definir como a prática de alguns ritos e cerimônias, disciplinados pela natureza do trabalho, resultados obtidos pelos trabalhadores, necessidade de emulação interpessoal e grupal e "esquentamento" do clima interno.

Os jogos e práticas esportivas, os lazeres diferenciados, os prêmios de estímulo, os reconhecimentos, as láureas de mérito recompõem, de alguma forma, carências ditadas pela base psicológica do trabalhador e atribuem ao ambiente um clima de humanização, tão necessário para contrabalançar a estrutura rígida, disciplinada pela férrea burocracia e rigorosos padrões de autoridade. O modelo fortemente burocratizado de Max Weber para as organizações necessita, certamente, de um sistema de recompensas, que, além dos salários, encontra nos rituais importante referência.

O desafio que se impõe a uma empresa está na dosagem exata de valores e elementos para equilibrar a dualidade do eixo racional-psicológico do ambiente de trabalho. Quando esse equilíbrio fica ameaçado por excesso de peso num dos sistemas (autoritarismo exacerbado ou liberalismo exagerado), rompe-se o fluxo harmonioso que deve tecer as relações entre empresa e empregado.

Outra dificuldade está na descoberta dos tipos de cerimônias adequados para "esquentar" a cultura. Elas não podem maltratar os anseios, as expectativas ou contrariar as rotinas da empresa. Essa é a razão pela qual cada organização deve auscultar, sentir, perquirir e, a partir daí, selecionar e planejar os costumes. Há alguns acontecimentos que já integram o calendário empresarial, como o cinquentenário, os 25 anos de empresa do empregado, a aposentadoria, festas de fim de ano, consecução final de planos, datas festivas das cidades.

As práticas litúrgicas, por sua vez, carecem de cuidados. As rotinas demonstram que há uma infinidade de posturas e comportamentos que determinam maior eficácia nos encontros: maneiras de um presidente sentar-se, modo de se dirigir aos participantes, número ideal para obtenção de resultados de um evento, sequência temporal das ações, ambientação física.

Até os pequenos atos, de maneira quase imperceptível, contêm certo ritual, e sua eficácia, às vezes, é conferida por suas dimensões litúrgicas. A importância da liturgia numa organização é, enfim, avaliada pela aura psicológica que desenvolve internamente. Sem o calor da cerimônia, os eventos perdem sua graça, seu ritmo, sua magia e encantamento, ficando seus efeitos muito esmaecidos.

Cuidados, porém, são necessários. Recordo, a propósito, a imagem do político nordestino que, desejando imprimir tom de grandiosidade a seu discurso, apelou para o ritual demagógico e circense de enfiar a mão numa gaiola para tirar um passarinho. No afã de concluir, de maneira apoteótica, seu discurso sobre a liberdade do homem, arrebatado em seu paroxismo, comprimia freneticamente o pássaro com a mão direita, enquanto, delirante, deitava as palavras finais: "E, para simbolizar o espírito de liberdade do homem, vou soltar este passarinho". Abriu a mão, o pássaro estava morto. O rito exagerado asfixia os atores sociais.

Os encontros das sextas-feiras

O exercício das atividades profissionais e o convívio permanente com rotinas burocráticas conduzem os grupos a um natural cansaço mental e, não raro, a uma sensação de vazio e inutilidade. O estresse é o sinal visível desse tipo de sequela, que pode ser combatido não apenas pelo "remédio" periódico das férias, mas por uma bateria de compensações psicológicas de uso constante. Refiro-me às formas que executivos, supervisores, chefes, secretárias e auxiliares encontram para fazer da atividade profissional não apenas o encontro do homem com a tecnologia, mas o encontro psicológico das pessoas, a fabulosa forma da comunicação grupal. E entre as maneiras mais simples, gostosas e apreciadas, destaco o famoso encontro das sextas-feiras, no chopinho de véspera de fim de semana.

Essa forma de integração e comunicação é fundamental porque aproxima, cria laços e convergências, tira dúvidas, apara arestas e restabelece o espírito da integração humana, valorizando os valores de solidariedade, integração, trabalho grupal, amizade, companheirismo, sinceridade. Nos encontros das sextas-feiras, os profissionais deparam com a oportunidade semanal de "tirar a limpo" a trabalheira da semana, abrindo-se na descontração da conversa improvisada, da piada bem ou até mal contada, do riso irreverente, das queixas procedentes, das intempéries verbais, dos palavrões incontidos, dos comentários maliciosos sobre (adivinhem?)

quem não está presente ou chefes antipáticos, das confissões comovidas sobre alegrias, frustrações e expectativas.

Para que minha contribuição ao sucesso do encontro não fique apenas no terreno das identificações, vou tentar estabelecer regras para que a coisa funcione a pleno vapor. Apresento dez regras:

- *Primeira* – Todas as regras, mesmo que aprovadas pelo grupo num encontro anterior, podem ser mudadas.
- *Segunda* – Todos são iguais nesse tipo de encontro, os chefes não devendo desempenhar seu papel e os subordinados, idem. Porém, como existe a "primeira regra", tudo pode acontecer, incluindo a desobediência à segunda regra.
- *Terceira* – Pode-se falar de tudo e de todos. Muitos chegam a propor não falar de trabalho. Como alguns, sorrateiramente, só falam nisso, a regra é abrir o papo. Cada um deve arcar com as consequências de sua conversa. Não pode existir censura. Mas, como existe a primeira regra...
- *Quarta* – A conta deve ser paga por todos, incluindo mulheres. Nada de favorecimentos, ajudas. Mas, como existe a primeira regra...
- *Quinta* – A disposição da mesa deve ser a mais descontraída possível, devendo-se evitar as formações ortodoxas. As pessoas se sentam nos lugares que acham mais apropriados, podendo mudar de posição quando quiserem. Mas...
- *Sexta* – Cada participante deve estabelecer a hora de partir, não devendo se sujeitar às imposições grupais. O grupo tem o direito de não querer ouvir histórias do tipo "Já estou passando do meu horário"; "Hoje a coisa vai ficar preta"; "Amanhã cedinho vou ter de viajar ou concluir algum trabalho". Mas...
- *Sétima* – Quem faz a conta recebe as parcelas individuais, calculando a contribuição de quem sai antes do final. Quem foge antes deve passar, discretamente, ao contador sua contribuição. Mas...
- *Oitava* – Ninguém é dono da conta, da mesa ou do encontro. Pode até existir um grupo dos mais fiéis, constantes, mas esses não

precisam se arvorar em líderes. Serão, naturalmente, reconhecidos. Todos são bem-vindos, mesmo que uma única vez. Mas...
❏ *Nona* – Não se pode levar para a manhã da segunda-feira o papo da sexta. Principalmente quando a conversa ganhou um fundo psicológico e emocional. Não se devem levar para o ambiente de trabalho as descontrações pessoais. A não ser que as conversas tenham afetado profundamente as relações ambientais. Mas...
❏ *Décima* – O encontro das sextas-feiras até pode ter certa descontinuidade. Porém, quando ocorrer, deve-se guiar pelas regras acima descritas. Mas, como existe a primeira regra...

Apesar do evidente espírito de descontração que norteou a elaboração deste texto, creio que suas recomendações podem ajudar a *performance* individual e grupal nos encontros semanais de relaxamento. Tenho testemunho disso.

Considero os encontros noturnos nas sextas-feiras a grande válvula de escape dos quadros funcionais. É claro que aí estão incluídos os encontros grupais, a dois, a três, as reuniões festivas, de confraternização, os aniversários; enfim, as possibilidades que as pessoas que trabalham numa empresa encontram para, ao final da semana, restabelecer o contraponto psicológico. Por essa razão, não são apenas válidos, mas recomendáveis, apesar da visível contrariedade de grupos ortodoxos, que imaginam uma vidinha regulada, minuto a minuto, pelo ponteiro de um relógio tecnológico, frio, invisível e... chato.

O jogo do amor

Sei que o assunto é perigosa casa de marimbondo. Quem mexe com ele pode levar ferroada de um tema sempre atual, que gera profundas consequências nas relações de trabalho, afetando, igualmente, as comunicações interpessoais e grupais, mas exponho-me ao risco. Pois bem, a questão é: que comportamento deve assumir para com a empresa um casal de namorados que trabalha no mesmo setor? Ou ainda: qual a atitude que a empresa deve tomar para com o casal?

As perguntas, evidentemente, procuram levantar uma série de problemas, preconceitos, pontos de vista e discussões a respeito das relações amorosas nas organizações. Afinal de contas, todos sabem que duas pessoas que se namoram, trabalhando no mesmo local, criam, em torno de si, um clima artificial e até de constrangimento. Os companheiros de trabalho, por mais que se esforcem para parecer naturais, estabelecem limites e, frequentemente, isolam o casal. A empresa, por meio das chefias, procura colocar uma lupa sobre o comportamento de ambos a fim de verificar possíveis favorecimentos entre um e outro no cumprimento das tarefas rotineiras. Impõe-se sobre o romance uma "espada" ameaçadora. A situação do casal de namorados é, todavia, uma pequena fatia de um bolo que tem muitas partes e ingredientes. Pois há, ainda, os casos dos chefes que paqueram as secretárias, das secretárias que paqueram os chefes, das altas executivas (e elas estão aumentando) que paqueram os subordi-

Cartunista Gilmar

nados; enfim, situações múltiplas e interessantes, vivenciadas cotidianamente por milhares de empregados.

Interesso-me, aqui, em discutir a situação, do ponto de vista sociológico e psicológico de afetação e influência sobre as relações de trabalho, e não pela óptica do feminismo ou do machismo. (A explicação é necessária, antes que eu seja condenado por uma das partes.) Tomadas as precauções para cercar o tema, prossigo com uma assertiva que pode conter alguma contundência, mas é bastante lógica: *o jogo das relações amorosas não pode, de maneira alguma, afetar o equilíbrio do discurso grupal nem provocar danos, por menores que sejam, sobre o sistema administrativo-produtivo.*

A frase, dita assim, parece muito dura e conservadora. Ao contrário. Defendo, em primeiro lugar, a necessidade de cartas abertas no jogo do casal de namorados. Eles precisam, conscientemente, estabelecer limites. A preservação do respeito, da amizade, da solidariedade grupal, do entendimento mútuo passa, certamente, pela compreensão de que os negócios da empresa não podem ser confundidos com os negócios pessoais. Por essa razão, quando dois namorados trabalham na mesma empresa, precisam saber onde pisam sem criar constrangimentos e sequelas. E as empresas, logicamente, haverão de absorver a conduta profissional dos namorados, agindo naturalmente e cobrando deles nem mais nem menos do que cobra de outros empregados. Para os demais "casos", continua válida a assertiva. E claro que um chefe ou uma alta executiva sabem até onde podem ir. (Ou não?) Sabem, por exemplo, que existe uma cadeia informativa, comandada pela *Rádio Fofoca* e associadas *Rádio Peão, Rádio Macacão* e *Rádio Corredor.* Sabem que seus nomes e suas histórias podem permanecer no ar por alguns minutos ou horas. Em círculos concêntricos, as ondas informativas vão propagando-se e dando origem a interpretações variadas sobre comportamento, qualidades de chefia, maneiras de tratar os subordinados.

Há até quem garanta que segredos e informações mais confidenciais de uma empresa são vazados a partir das relações amorosas entre chefes e subordinados. Não conheço pesquisa nesse campo, mas é provável que isso ocorra, até com certa intensidade. Alguém pode indagar: nesses outros "jogos" também vale carta aberta? Respondo: por que não? Cada caso é um caso, mas defendo o princípio de que, em qualquer circunstância, as pessoas precisam conhecer os riscos e arcar com as consequências.

Preservando-se a harmonia ambiental, evitando-se distúrbios e constrangimentos, garantindo-se a produtividade ideal do setor, conservando-se os valores da cultura da empresa, não vejo grandes problemas e complicações no "jogo" das relações amorosas. Não serão os falsos pruridos éticos que acabarão com o "jogo". E medidas coibitivas serão inócuas. Já pensaram como seria engraçado um comunicado avisando: "A partir do dia tal, fica proibida a paquera na empresa". Não, não é para rir. Há gente que ainda dá esse tipo de conselho. São as pessoas que lutam desbravadamente para fazer valer o velho e engraçado ditado: "Lugar onde se ganha o pão, não se come a carne".

A comunicação pelo traje

"Aquela secretária é impecável." "Puxa, como o chefe é esportivo." "Você já notou como fulano é quadrado?" Eis aí três qualificações, três expressões que se pronunciam, multiplicadamente, no universo das organizações para caracterizar a tipologia humana. Conceitos sobre comportamento e estilo alimentam grande parte das conversas nas empresas. Ocorre que tais conceitos se originam a partir de um modelo de comunicação bastante precário, ou seja, as primeiras impressões que as pessoas têm das outras. Essas impressões, por sua vez, são resultantes, frequentemente, dos modelos visuais que desfilam na passarela empresarial.

Na composição do modelo visual, a vestimenta assume papel de realce. Não há dúvida sobre o fato de que o traje carrega uma retórica que põe à disposição das pessoas o sonho de mudar de identidade. Por trás de um pequeno detalhe, da cor de uma roupa, do corte, do volume, do tipo de tecido, de um adereço, milhares de pessoas procuram ser reconhecidas como "outras", realizando, de algum modo, o sonho de uma dupla personalidade. Quando não é esse o caso, então é a lógica profissional que passa a exigir o traje adequado, para o cargo adequado, na empresa adequada.

Lógica ou sonho, a verdade é que o fenômeno da *despersonalização* assume fantásticas proporções no universo organizacional. Isso pode até ser consequência natural de todo um processo de descaracterização dos indivíduos que vivem numa sociedade consumista, de massa. É preciso distinguir bem os qualificativos de personalidade, pois os que são usados costumeiramente expressam impressões passageiras, com altas possibilidades de erro. Pessoas descontraídas, desenvoltas, alegres, vulgares, quadradas, sofisticadas, ajuizadas, insolentes, orgulhosas, sérias, ingênuas, tristes, alegres, equilibradas, rudes, ternas, meigas podem não ser exatamente aquilo que os outros dizem delas.

O que tem a ver isso com as empresas? Muita coisa. Na medida em que o traje confere às pessoas situação irreal, uma personalidade artificial, deriva-se um aparato de disfarce e mentira, que só pode acarretar prejuízos ao tecido administrativo-produtivo. Por trás da farsa escondem-se falhas, frustrações e incapacidade. Em médio e longo prazos, os prejuízos fatalmente cairão sobre as próprias pessoas, pois a verdade sempre fica restabelecida.

Em comunicação, a posição lógica é aproximar a identidade de uma pessoa de sua imagem. A identidade significa a personalidade, o caráter. A imagem é aquilo que ela passa para outra pessoa, a projeção extensiva da personalidade que ela pretende exibir. Quando a distância entre identidade e imagem é grande, origina-se uma dissonância, dúvida, confusão. As pessoas não sabem bem qual é a posição verdadeira de seus interlocutores.

O discurso visual – roupas, adereços, enfeites, cores, formas, detalhes, motivos, materiais, estilo, linhas, conjunto harmônico – traduz um conceito de personalidade. Nas empresas, muitos profissionais "forçam a barra" para ajustar o discurso ao ambiente, mas exageram nos traços. E os exageros tornam sua imagem bem diferente da identidade. Quer dizer, vestem-se de modo incompatível com sua personalidade.

Em algumas situações, as decisões cabem à empresa. E, quando ela impõe as "camisas-de-força" dos trajes e uniformes padronizados para setores administrativos, cria um clima de inadequação, constrangimento e nivelamento visual que, no mínimo, é incompatível com as individualidades. Conheço casos de secretárias que se demitiram por conta do uniforme. Já para setores operacionais, que lidam com processos produtivos na indústria, a uniformidade passa a ser um código funcional, uma vantagem econômica e equilíbrio psicológico do grupo.

Os modelos retóricos da moda empresarial – essa é a expressão que me parece adequada – precisam levar em consideração, portanto, a liberdade individual (para os setores administrativos), o estilo e a cultura da empresa, o ambiente físico onde se localiza a unidade, o padrão de trabalho e o comportamento grupal. A procura do equilíbrio não impõe a necessidade de transfigurações, mudanças radicais no trajar.

Um ajuste da significação das pessoas pela vestimenta seria altamente desejável para as organizações. Talvez essa atitude pudesse desencadear outros processos de desmistificação, na medida em que as pessoas, sentindo-se mais "elas", agissem de forma natural e autêntica, desimpedindo alguns canais de comunicação ou afastando obstáculos que atrapalham a aproximação. Em última análise, tudo isso significaria maior adequação ao trabalho, melhor entrosamento interpessoal e grupal e sinceridade de propósito.

Aos exagerados, portanto, vai o alerta. No campo feminino, os exageros são mais bem absorvidos. Para as mulheres, há também o perigo de um nivelamento muito por alto ou muito por baixo. Em ambos os casos, as luzes se acenderão, chamando a atenção. E isso nem sempre é bom. A exceção fica por conta daquelas que lutam por um foco eterno iluminando suas cabeças.

A síndrome da rotina

Bloqueio de pensamento, arrefecimento de entusiasmo, acomodação, preguiça, pouca propensão à criatividade. Eis alguns sintomas da "rotinite", um mal que ameaça milhares de executivos, condenados a ingressar num limbo mental, território povoado pelo marasmo e pela falta de perspectiva. Nesse espaço desprovido de ideias, desmoronam os sonhos dourados do jovem que acabou de sair da escola, fenecem as vontades de busca de novos conhecimentos, caem por terra o idealismo, as esperanças e os planos de líderes, executivos proativos, empreendedores, vencedores e até de heróis.

Por que se forma, com tanta facilidade, a corrente da acomodação? Por que a inspiração arrebatadora da criatividade se desmancha diante do mal da mesmice? Por que brilhos fulgurantes, potenciais de muito futuro, soçobram aos primeiros trancos dessa terrível "rotinite"? Afinal de contas, por que essa moléstia é tão devastadora? Existem mecanismos para combatê-la? Quais são os remédios? E por que os executivos, quando atacados pela doença, se dão tão bem com ela, a ponto de resistir à cura?

A resposta a essas perguntas passa pela explicação da síndrome. A "rotinite" é consequência do processo de "fazer contínuo", sedimentado pela repetição de atos e fluxos de trabalho. Após algum tempo, que varia de acordo com a natureza da atividade, os processos de codificação e decodificação do pensamento vão-se tolhendo e acomodando-se num compartimento rígido e condicionado. A atividade sensorial e motora,

A SÍNDROME DA ROTINA

regulada pela mesmice cotidiana, impregna-se das rotinas, acostumando as pessoas a uma prática homogênea de atos sequenciais e repetitivos.

A malha alastra-se com o tempo e toma conta do sistema orgânico, bloqueando a criatividade, arrefecendo o ímpeto, fazendo sucumbir as ondas de entusiasmo, substituindo os grandes desafios por costumes burocráticos frios, dolentes e inodoros. O *ir-e-vir* da casa para o trabalho e do trabalho para a casa, o *fazer-a-mesma-coisa-todo-dia* criam uma espécie de prisão invisível que, aos poucos, vai obstruindo a própria capacidade do homem de pensar e fazer abstrações.

Arrisco-me a uma explicação de natureza fisiológica, valendo-me das pesquisas pavlovianas, para explicar os reflexos condicionados. Ocorre nas pessoas um processo de inibição que, se irradiando sobre a superfície cortical, estabelece um estado de sonolência. Se a pessoa é submetida a uma excitação demorada em um ponto qualquer dos hemisférios, mas, se ela não é acompanhada de uma excitação simultânea em outros pontos dos hemisférios, constata-se, cedo ou tarde, uma inibição, que leva à sonolência. É como se o organismo ficasse submetido a excitantes de baixa intensidade, monótonos e repetitivos. A generalização da inibição interna enfraquece a faculdade de resistência dos mecanismos nervosos superiores.

Daí para o condicionamento é um passo. O condicionamento deflagra a formação de hábitos automáticos, autônomos, que não necessitam de controles sensoriais. É o que explica a passagem dos atos do consciente para o terreno do inconsciente. Aí está a explicação para o fato de que os atos, em determinado momento, significam apenas respostas maquinais a certos estimulantes, desaparecendo, então, sua representação, seu controle mental. Os atos adquirem a forma de rotina, podendo chegar até a uma situação de absurdo.

A "rotinite" pode ter algum desses fundamentos. A verdade é que causa perdas sérias para a organização. O prejuízo maior relaciona-se à paralisação do pensamento inovador. Numa época em que o conhecimento humano adquire velocidade fantástica – pesquisas mostram que se divulgam, diariamente, no mundo, cerca de sete mil trabalhos técnico-

-científicos –, o empregado não pode ficar à margem do desenvolvimento científico-tecnológico.

O maior investimento de uma organização em tempos de turbulência é na área de informação, admite Peter Drucker. Não é por acaso que as empresas tendem a investir cada vez mais em treinamento de pessoal, que constitui, aliás, um dos remédios para a "rotinite". Estou convencido de que a melhor forma de tirar o executivo da redoma é fustigá-lo com informações novas, propostas desafiadoras, argumentação inteligente.

O despertar dos níveis gerenciais médios e o incremento do entusiasmo dos níveis gerenciais altos dependem, assim, de *inputs* das empresas. Mas todos precisam saber que sua capacidade de sobrevivência e aperfeiçoamento, em um mundo consumidor de informações, vai depender das cargas de energia informativa, necessárias para a reciclagem profissional. A saída da "prisão mental" é bastante viável pela porta da aquisição de novos conhecimentos.

Nesse sentido, aqui vai um desafio. Cada executivo deve elaborar, para si, "um calendário de aquisição de conhecimentos", de forma que, a cada mês ou semana, passe a contabilizar porcentagens crescentes de informações novas. Dois, cinco, dez, vinte por cento de conhecimentos novos significam extraordinário avanço. A sociedade, as organizações e, especialmente, eles próprios ganharão com essa atitude.

A febre das reuniões

Uma das principais ferramentas da gestão empresarial precisa de urgente socorro. Se não receber tratamento de choque, continuará a definhar, ameaçando tornar-se uma coisa sem sentido, ineficaz. Trata-se da *reunião*, um evento rotineiro, que tem perdido imensa parcela de suas funções, especialmente em razão do processo de *metástase*, responsável por sua rápida e desorganizada proliferação pela empresa.

A reunião é um dos principais canais de comunicação nas organizações. Necessárias como instrumento técnico para fundamentar princípios de coordenação, as reuniões propiciam a mobilização de ideias, experiências, trocas de ponto de vista e originam diretrizes norteadoras de atividades, tarefas e serviços em equipe. Seu desgaste, porém, é visível, a ponto de, constantemente, estar servindo de chacota. Em muitas empresas, reunião é sinônimo de embromação, enrolação, digressão sem futuro, acomodação, perda de tempo e até catarse grupal.

O desprestígio ocorre por diversas razões. Primeiro, porque se abusa de sua necessidade. Para qualquer questão, convenciona-se fazer uma reunião. Ademais, as reuniões padecem do vício da acomodação, transformando-se em encontros sem objetivo, improvisados. Em muitas oportunidades, os participantes desconhecem as pautas indicativas dos trabalhos e discussões, a mecânica de participação e o tempo de duração. Em outros casos, a reunião é apenas válvula de escape de uma situação que não encontra respostas objetivas ou soluções de consenso. Faz-se a reunião para tentar equacionar os pontos de vista.

A ausência de um planejamento resulta em milhares de horas/ano perdidas ou apenas parcialmente aproveitadas. De tão acostumados a reuniões ineficazes, os participantes desenvolvem uma sensibilidade que os torna anestesiados, a ponto de não poderem distinguir mais entre resultados concretos e simples palavrório. E o estado geral de dormência tem o efeito de unir os interesses dos participantes, numa espécie de "conspiração" a favor do "festival de reuniões", que passa a assumir funções quase lúdicas ("trocar algumas ideias", "bater um papinho", "dar uma descansada na cabeça", "contar ou ouvir algumas piadas", "saber as últimas").

Identifica-se nas reuniões uma das maiores confusões em torno de dois conceitos fundamentais ao processo de gestão. Trata-se da conceituação de *eficiência* e *eficácia*. Os participantes de um grupo podem ser extremamente eficientes em seu desempenho individual, mas pouco eficazes quanto aos resultados gerais do encontro. Ou seja, cada pessoa, isoladamente, pode desenvolver habilmente sua argumentação, emitir com competência e segurança conceitos e opiniões, responder, com desenvoltura, às interlocuções dos colegas, atingindo, assim, desempenho admirável. Todos podem, em maior ou menor grau, atingir razoável eficiência. Mas a reunião pode ser um fracasso quanto a resultados, isto é, pode ser pouco eficaz. É como no futebol. Os jogadores podem ser, individualmente, eficientes e dar um show de bola, mas o que vale, mesmo, é ganhar o jogo, "é bola no gol". Reunião sem gols, sem resultados, é ineficaz.

A imagem futebolística talvez ajude os participantes dos grupos de trabalho a aperfeiçoarem sua *performance*. Mas a compreensão a respeito da natureza da reunião é, igualmente, importante. Nesse sentido, é imprescindível aclarar os objetivos, partindo-se do princípio de que eles são bem diferenciados, de acordo com a tipologia das reuniões. Vejamos alguns tipos:

a) *Reuniões de integração* – Seu intuito é melhorar as relações entre participantes, ajustando os posicionamentos interpessoais, de forma

Cartunista Gilmar

a propiciar maior fluidez às decisões, implementação de operações e aumentar os níveis de solidariedade grupal.
b) *Reuniões de avaliação e controle* – Servem para aferir resultados, controlar sistemas e processos e apontar novos caminhos e correções. Esse tipo constitui importante mecanismo de comunicação ascendente, vital para o processo decisório, na medida em que permite à alta gestão e ao corpo gerencial um panorama global das atividades e metas.
c) *Reuniões de distribuição de tarefas* – Trata-se de reuniões objetivas, com claras informações sobre serviços, processos e tarefas a serem desenvolvidos pelos participantes. Evitam duplicações de atividades e oferecem condições para a coordenação eficaz.
d) *Reuniões de* brainstorming – São encontros que objetivam extrair dos membros do grupo o maior número de sugestões, ideias e pontos de vista a respeito de temas específicos e localizados. A técnica da conhecida "tempestade de ideias" consiste em se fazer que cada participante fale abertamente o que pensa, sem censura e interrupção, para, numa segunda etapa, após o pensamento de todos, apurar-se um conjunto significativo de pontos temáticos. É muito eficiente, quando bem planejada.
e) *Reuniões para instruções normativas e estratégicas* – Pouco usuais, são indicadas para níveis mais altos e têm como finalidade básica a apresentação e discussão em torno de aspectos estratégicos, políticos e táticos. Mais usados em tempos de conturbação e crise, quando se procura adequar o modelo de gestão às circunstâncias temporais do macroambiente.
f) *Reuniões de sondagens e pesquisa* – Encontros mais descontraídos, abertos, que funcionam como uma dinâmica de grupo, onde o interesse maior é o de sondar determinados segmentos internos a respeito de questões variadas, como situações de clima organizacional, políticas de benefícios, lazer, alimentação, transportes.

A FEBRE DAS REUNIÕES

O bom planejamento não pode deixar de lado as pautas e a agenda, a definição do número de participantes, o local, a mecânica de desenvolvimento, o tempo de exposição e debates, entre outros aspectos. Dar um basta no festival de reuniões ou replanejá-las, eis o conselho. Assim, pode-se melhorar sua eficácia e injetar "sangue novo" em um doente que está, visivelmente, anêmico e, pior, sem muita credibilidade.

O efeito cascata dos papéis

Os abusos burocráticos das empresas são responsáveis, entre outras mazelas, por um fenômeno que podemos chamar de terrível efeito cascata, pelo qual se explica a tendência geométrica de multiplicação dos papéis. Ao aterrissarem nas mesas dos destinatários, os papéis acendem impulsos e estimulam o nascimento de novos comunicados, memorandos, avisos, ordens internas, normas, solicitações, pedidos de esclarecimento, formando um imenso caudal de comunicações normativas.

O paradoxo reside no fato de que quanto maior for o volume de papéis, tanto maior a dificuldade para compreensão de situações e menor eficácia no processo de comunicação. Explica-se essa hipótese pela constatação de que uma infinidade de papéis exigirá maior esforço dos usuários, mais tempo para leitura e, logicamente, dificuldades para os processos de apreensão, captação e retenção de informações. Em consequência, inunda-se a rede formal de comunicações com uma massa de informes, frequentemente mal redigidos e com péssima apresentação visual, que estancam sobre as escrivaninhas, entupindo os canais.

Costumo associar a quantidade de papéis de uma organização ao jogo de poder que se estabelece entre setores, à natureza autoritária ou participativa que caracteriza o modelo de gestão, ao tipo de presidente e ao perfil global de seus quadros humanos. Quando as empresas chegam ao limite de massificação nos canais de comunicação descendente

O EFEITO CASCATA DOS PAPÉIS

– de cima para baixo –, sufocando quase completamente os canais ascendentes – de baixo para cima –, algo está errado e precisa ser urgentemente corrigido.

Ocorre que as preocupações de muitos executivos no sentido de calçar suas áreas com formas múltiplas e variadas de normas, às vezes, até conflitantes, a vontade de enviar memorandos em sequência, a dispersão e profusão que caracterizam o sistema normativo acabam por entupir o fluxo de comunicação descendente, gerando algaravia e pouca capacidade de assimilação das mensagens.

Quando se sabe que os canais ascendentes têm extrema importância para o processo decisório, fica patente a fragilidade das empresas que não procuram incentivar os canais de controle. Entre esses, lembro os relatórios de atividades, as avaliações, as pesquisas, as demonstrações de resultados, as reuniões com níveis operacionais, os círculos de controle de qualidade, as caixas de sugestões e os bancos de ideias, as conversas diretas com as chefias.

Não tenho dúvidas sobre a necessidade de muitas empresas realizarem extraordinário esforço para limpar seus papéis, apresentarem normas e procedimentos claros e, se possível, curtos, objetivos, e partirem para decisões corajosas, do tipo abertura de diálogos e contato direto com todas as categorias, reuniões de controle, aperfeiçoamento dos mecanismos de participação comunitária no processo decisório e agilidade nas decisões.

Muitos dirigentes temem abrir os canais de comunicação com os empregados, por acharem que a medida viria, de alguma forma, fragmentar o espírito de hierarquia. Trata-se de uma visão ultrapassada. As gestões modernas, nos Estados Unidos, na Europa, para não falar no modelo participativo japonês, estão aí para comprovar a eficácia dos processos que levam em conta a efetiva participação da comunidade nos sistemas normativos de decisão. Algumas empresas do nosso parque industrial começam a trabalhar seriamente na desburocratização de seus modelos e, pelo que se sabe, com resultados animadores.

A meta de desburocratização não consiste apenas no corte drástico de papéis, como se pode pensar, num primeiro momento. Uma empresa pode ter poucos papéis e permanecer muito burocratizada. Um programa de desburocratização implica, sobretudo, mudança de mentalidade, procura de novos sistemas e métodos que, por sua simplicidade, originalidade e criatividade, podem ajudar uma empresa a atingir mais rapidamente, e com maior eficácia, os objetivos programados. A reciclagem geral da cultura interna é, portanto, o primeiro caminho.

A imitação de experiências de desburocratização pode igualmente não dar certo, na medida em que cada empresa precisa adotar critérios próprios, que combinem adequadamente com seu perfil de negócios. Não há uma data para encerramento do processo de inovação. A procura de opções de modernização e desburocratização constitui um processo permanente e não se esgota com os primeiros achados criativos. Qualquer tempo é bom para começar e os alicerces de um programa deverão abarcar as possibilidades técnicas e todos os canais que protejam a cultura da organização sobre a comunidade.

É preciso atentar, ainda, para o fato de que não se extingue um papel desnecessário com outro papel decretando sua morte. Os papéis simplesmente desaparecem sem deixar aviso. Por último, um aviso aos mais burocratas: se querem começar vida nova, releiam os papéis que cotidianamente assinam e tentem, devagar, jogar algumas palavras na cesta, enxugando as mensagens.

O efeito espuma

Quem nunca tomou um banho de espuma nas organizações, ou é um felizardo ou um sujeito muito prevenido. Pois a "espuma" tem inundado as conversas, os sistemas e as rotinas empresariais, atacando quase todos os escalões. A linguagem "espumosa" para quem ainda não sabe é aquela recheada de evasivas, desculpas, dificuldades. Quando não se consegue resolver determinada questão, a pessoa sai logo com a exclamação: "Isso não dependia de mim"; "Isso não é comigo"; "Não pude resolver, porque faltou isso ou aquilo"; "Não tenho nada com a coisa".

Como se percebe, essa linguagem, à semelhança da espuma, vai formando camadas em sucessiva acumulação, e, quando menos se percebe, depara com uma imensa barreira, que chega a ofuscar o foco das questões, amortecendo as vontades e dificultando o processo de tomada de decisões. O "efeito espuma" nas organizações assume, frequentemente, a feição de uma onda negativa, que ultrapassa simples situações operacionais para se transformar em mecanismos de defesa psicológica dos indivíduos contra possíveis ameaças decorrentes de complicações no trabalho.

Em muitos casos, as desculpas "espumosas" tratam menos de fenômenos operacionais em si e mais da necessidade das pessoas em enaltecer seus papéis, chamar a atenção sobre suas qualificações por meio de um discurso que tem como traço comum a exaltação do herói em um contexto de gente preguiçosa, incompetente, lerda e desinformada. Os "espumantes" gostam ou de se esconder ou de parecer heróis do cotidiano organizacional.

É evidente que muita coisa na empresa deixa de ser feita porque o fluxo operativo deixa a desejar. Porque a fluidez das atividades esbarra em determinado setor ou em determinada pessoa. Porque faltam materiais de apoio, equipamentos, sistemas. Tudo isso pode ser correto, mas o "efeito espuma" começa a surgir a partir do momento em que os responsáveis por projetos ou serviços, em vez de acionarem soluções, levantam dificuldades ou sugerem protelações. A partir desse momento, começa a crescer a bola de neve.

As causas das "espumas organizacionais" são muitas. A começar pelo negativismo individual, que transforma a pessoa em caixa de ressonância de um clima de acomodação. Questões salariais, falta de motivação decorrente do sentimento de rejeição ou preterição, estresse e extrema rotinização de tarefas são alguns dos fatores que provocam "espuma" na boca dos profissionais. Em algumas situações, observa-se que todo um setor ou departamento está inundado pela linguagem das dificuldades, fato que complica bastante a fluidez das operações.

Não são raras as vezes em que a "espuma" é consequência do próprio sentimento de incapacidade profissional do indivíduo. Ele não se sente em condições de tocar o projeto, desenvolver a ideia, continuar o processo. Em certos momentos, as barreiras se originam a partir da extensão da cadeia operacional, quando se constata um número de passagens e pontos de locomoção acima do razoável para trânsito das atividades. Quando isso ocorre, o fluxo entope-se de informações e demandas, ocasionando, ao longo da linha, obstruções e suas inevitáveis ondas de negativismo. São, ainda, comuns os casos de falta de transparência funcional e ausência de clareza normativa, o que provoca superposição de tarefas, incompreensão de posições, indefinições e dúvidas.

Não se pode conviver com essa linguagem. O ponto de partida para a quebra da onda negativa é o correto mapeamento da causa. É oportuno identificar se a "espuma" tem origem operativa, psicológico-emotiva ou se mescla diversas posições. O autor não deve ser constantemente flagrado com essa linguagem sob pena de ser considerado uma espécie de "trapalhão organizacional". Para prevenir-se, precisa fazer um esforço acima do comum para superar suas rotinas e quebrar o nó das dificuldades. Deve substituir o não pelo sim, o não depende de mim pelo o que vou fazer agora, amanhã o problema estará resolvido.

As soluções, no estágio inicial de extinção de "espuma", não precisam necessariamente ser brilhantes. Os projetos podem exibir soluções simples. O importante é tirar o problema do buraco e equacionar as ideias. Mais vale tomar decisões momentâneas que postergá-las. Frequentemente, decisões modestas em torno de produtos acabam dando certo. Com o tempo, tais produtos vão *adquirindo* sua forma mais elaborada.

É preferível, sob todos os aspectos, acabar com a "espuma organizacional" a continuar com ela, sob o risco de, a qualquer momento, a pessoa acabar morrendo com "espuma na boca". De apoplexia decorrente de uma demissão abrupta e indesejável.

Como simplificar a administração

No limiar do terceiro milênio, as organizações se debatem com uma das mais instigantes questões dos modelos gerenciais: como simplificar a administração em um universo que se torna cada vez mais complexo e turbulento? A linguagem da simplicidade tem sido a ferramenta do sucesso de muitos casos empresariais e cresce, entre nós, o interesse em torno de experiências fundamentais em formas simples e modestas de conduzir os negócios.

Poder-se-ia até concluir que, nos últimos tempos, a irreverência e a forma quase iconoclasta de se pensar a organização têm feito a cabeça de muitos executivos, encantados com relatos feitos por experientes profissionais, especialmente norte-americanos. Roberto Townsend, autor de *Viva (morra) a organização* e *Dane-se a organização*, é responsável pelo sucesso da Avis, nos anos 1960. De pequena locadora de automóveis, transformou-se na mais famosa vice-líder de mercado em todo o mundo, logo atrás da Hertz. Como não poderia deixar de ser, o trunfo de Townsend foi a simplicidade no trato dos problemas.

Aparentemente, o discurso da simplicidade é como um ovo de Colombo: encontrando-se o jeito, tudo fica muito fácil. Infelizmente, as coisas são mais complexas do que os relatos de casos bem-sucedidos.

Analisando alguns fenômenos que estão por trás do conceito de simplicidade, veremos que eles assumem intensidade maior ou menor em cada tipo de organização. A começar, por exemplo, pelo problema do enxugamento de pessoal. A primeira condição apregoada pelos *"entrepreneurs"* de sucesso reside no corte das gorduras, o que significa corte de pessoal e compressão dos níveis hierárquicos, com sensível redução dos organogramas. Os relatos têm demonstrado que a limpeza na estrutura confere maior agilidade aos processos, maior fluidez às comunicações, melhor *performance* individual e grupal e, portanto, maior eficácia aos resultados.

Tais medidas, evidentemente, são acompanhadas de amplo programa de desburocratização, redundando em racionalização de métodos de trabalho, brutal diminuição dos papéis, maior nivelamento entre posições hierárquicas, incentivo ao trabalho grupal e substantiva melhoria dos climas de recompensas que inclui, até, participação dos empregados nos lucros da empresa. No caso da Avis, por exemplo, 15% dos lucros eram distribuídos aos empregados.

Tudo seria muito bonito se as empresas tivessem a mesma cultura e, para ser mais exato, o mesmo tipo de executivo e o mesmo pensamento decisório. Ocorre que as empresas se encaixam na moldura de complexidade e diferenciação tecnológica entre países. Uma cultura arraigadamente paternalista, modelos mais centralizados, formais e autoritários, estilos descontraídos e abertos, estruturas informais, sistemas altamente profissionalizados e tipos de gestão que mesclam profissionalismo com esquemas familiares são algumas propostas que podem ser vistas no cenário empresarial brasileiro. É praticamente impossível transplantar para a diversidade dos modelos de gestão o receituário da simplicidade, por mais ajustado e lógico que ele possa parecer.

Ademais, convivemos no mundo de hoje com dois fenômenos que trabalham contra os valores da simplicidade. O primeiro é a crescente tendência para a especialização, marca de uma sociedade que se reparte em pedaços, abrindo compartimentos para novos grupos de pessoas, os especialistas. Em consequência, as organizações multiplicam seus espaços de poder, abrigando estafes, conselhos, setores específicos, em uma costura especialmente desenhada para equilibrar os contrários e criar a emolução necessária aos avanços.

Outro fato inquestionável é o crescente aumento do número de profissionais, consequência da própria evolução do conhecimento humano e do acesso de imensos contingentes às estruturas empresariais. O modelo da simplicidade, de alguma forma, atenua o crescimento quantitativo das organizações, na medida em que agrega espaços de responsabilidade e atribuições em um só cargo. A pressão social pelo acesso profissional será, sem dúvida, grande empecilho à cristalização dos ideais da simplicidade nas organizações.

Esse feixe de situações não pode, no entanto, obscurecer a importância de um programa embasado nos princípios de simplicidade, desburocratização, enxugamento de estruturas, transparência, fluidez nas comunicações e forte orientação para negócios. Também não se pode dizer que a simplicidade é o remédio para todos os males da empresa. Fosse verdade, as organizações com modelos complexos jamais conheceriam o sucesso. O mais prudente seria afirmar que as circunstâncias de cada empresa fazem sua história.

Os cuidados no programa de inovações

Atenção, pessoal, inovação tem limite! O aviso vem a propósito das inúmeras inovações, criações tresloucadas, renovações e mudanças realizadas, frequentemente, no ambiente de trabalho. Essa situação acontece obedecendo mais ou menos ao seguinte roteiro: uma pessoa ou um grupo tem uma ideia, discute-a com companheiros de trabalho, recebe um incentivo e aprovação, toma coragem e encaminha a sugestão para a frente. São mudanças nos fluxos de trabalho, reorganização de cronogramas, supressão de tarefas, adição de serviços, abrangência de pessoas envolvidas em um programa, roteiro para corrida dos papéis etc.

A febre de renovação (aliás, bastante saudável) que toma conta de muitas empresas não pode desequilibrar o sistema organizacional a ponto de gerar conflitos e situações insustentáveis. Ocorre que muita gente, desejosa de adquirir *status* e aparecer no cenário interno, fica com as antenas permanentemente ligadas à cata de definições que possam melhorar o clima e aumentar a produtividade. As empresas abertas promovem esse tipo de cultura. O objetivo é louvável. O perigo está nos exageros que se cometem. As mudanças organizacionais não podem sair da cabeça de uma pessoa. Devem ser planejadas por equipes profissionais.

Para que o processo de inovação e mudanças flua, de maneira natural e concernente com a cultura organizacional, será necessário analisar um conjunto de elementos e posições, a saber:

a) *Preparação sociopsicológica da comunidade interna* – O processo de mudança não sofrerá grandes ruídos quando a comunidade estiver psicologicamente preparada para enfrentar as alterações. Esse preparo é tarefa a ser cumprida com bastante antecedência, por meio de um detalhado e bem checado programa de comunicação.
b) *Natureza da mudança e inovação* – As transformações assumem uma gradação qualitativa, havendo aquelas de alta prioridade e importância, pela magnitude, e outras, simples, que não afetam profundamente a vida comunitária. O grau de transformação ditará o cronograma para a implementação da mudança. Não se aconselha queimar etapas.
c) *Preparação dos agentes da mudança* – Em todo processo de mudanças, deve existir uma equipe bem preparada para cuidar de todas as fases, detalhes e operações. O sucesso de um programa frequentemente depende da qualificação e treinamento da equipe. Um grupo pequeno é mais desejável que um amontoado de pessoas.
d) *Definições conceituais, técnicas e operacionais* – As mudanças, para alcançar a mente dos participantes, precisam estar convenientemente apresentadas, em termos de conceitos, significações, importância, resultados que se pretende atingir. Quando se trata de reorientação de natureza técnica ou operacional, o desafio é bem maior pela complexidade de linguagem. A transparência precisa marcar todas as etapas do programa.
e) *Cronograma de ações* – A credibilidade é fundamental para que os ruídos sejam atenuados. Consegue-se credibilidade quando, ao lado da transparência, se oferece cronograma adequado. O cumprimento das datas certamente amplia a dose de confiança das pessoas.
f) *Simplificação e racionalidade* – Aconselha-se cercar o programa com um toque de simplicidade e racionalidade. Em algumas propostas, o exagerado detalhamento chega a complicar, e todos os agentes responsáveis pela implementação acabam por se atropelar, confundindo-se com a carga informativa do planejamento.

g) *Controle frequente dos climas* – O acompanhamento dos climas internos, especialmente nos setores que serão mais diretamente afetados, fornecerá *inputs* para redirecionamento e aperfeiçoamento da programação.

h) *Priorização das mudanças* – Há situações em que se exige uma priorização de mudanças pela impossibilidade de se implantar o conjunto. Mas nem por isso as situações que podem ser consideradas de menor importância devem ser relegadas e abandonadas. Há casos em que pequenos detalhes, esquecidos, jogam por terra todo um esforço.

A improvisação no campo da mudança organizacional é um verdadeiro suicídio. É por isso que os grupos participativos, com suas ideias geniais (algumas são baboseiras), precisam tomar cuidado. Não adianta criar o programa sem pensar em como implementá-lo. A fase de implantação recebe, infelizmente, pouca atenção.

A abertura de RH

Felizmente, depois de muito tempo atrelados a uma visão estático--conservadora, os profissionais de Recursos Humanos (RH) estão "caindo na real" e saindo do casulo conceitual em que se meteram nas últimas décadas. Desafiados, historicamente, a oferecer um contraponto ao modelo da Administração Científica de Taylor e Fayol, os profissionais de RH, inspirados na Escola de Relações Humanas de Elton Mayo, deslocaram o foco de interesse da administração da organização formal para os grupos informais e suas inter-relações, bem como dos incentivos monetários para os psicossociais.

Até aí, tudo bem. Demonstrar que o homem não pode ser reduzido a um esquema simplesmente mecanicista e que é regido pelo sistema social amplo, além de suas demandas de ordem biológica, foi fundamental para o ajustamento e o equilíbrio das culturas organizacionais e a atenuação dos conflitos humanos ambientais internos. Ocorre que os profissionais de RH, por alguma distorção formacional e outros fatores que não cabem aqui descrever, criaram uma redoma em torno do conceito do "homem-social", isolaram-se, como categoria profissional, passando a transmitir uma ideia de *feudo corporativo* diferenciado nas organizações.

Os profissionais de RH, em muitas empresas, constituem uma espécie de casta separada de outros grupos ou setores técnicos especializados. Dão a impressão de que trabalham *para dentro*, e não para fora, elaborando políticas sobre as quais as comunidades são raramente chamadas a se manifestar, discutindo diretrizes a serem emanadas das cúpulas, atribuindo posições, cargos e salários, de acordo com seu rico e variado cardápio de funções.

Esse é o paradoxo. O grupo de RH deveria veicular a imagem de profissionais proativos, exuberantes, criativos, espontâneos e extrovertidos, abertos ao meio interno, dispostos a ouvir permanentemente os empregados. Pelo menos, em muitas organizações brasileiras, não é o que ocorre, fato que tem gerado críticas e alguma dose de negativismo. A sensação é de que eles se consideram autossuficientes, acreditam piamente nos preceitos de suas áreas e setores e estão pouco dispostos a abrir mão de conhecimentos testados e batizados em reuniões fechadas da categoria.

O que ocorreu foi um isolamento dos profissionais de RH em torno de suas posições. Definiram tecnicamente produtos, repartiram-se, adequadamente, nas áreas de recrutamento, seleção, admissão, demissão, integração, reintegração, salários, treinamento, relações trabalhistas, benefícios e assistência médico-hospitalar, assistência social, questões de cultura e clima, desenvolvimento organizacional. Mas não fizeram questão de oxigenar essas áreas, alimentando-as com insumos contemporâneos.

Pavimentar a estrutura de RH unicamente com a argamassa de teorias administrativas é um crasso erro nos dias de hoje. A interdependência dos sistemas políticos, o intercâmbio das políticas econômicas internacionais, as permanentes trocas culturais entre países convidam os profissionais de RH a enveredar por outros caminhos. Na busca de novos insumos, pelo menos quatro áreas de conhecimento se apresentam como absolutamente necessárias: política, economia, sociologia e psicologia das massas e multidões.

Os profissionais de RH têm um imenso desafio pela frente: preparar as comunidades de trabalhadores para ingressar no terceiro milênio. Para isso deverão ser intérpretes de um mundo em exuberante mutação e acompanhantes cuidadosos das variáveis controláveis e incontroláveis que promovem a dinâmica social. As questões políticas e econômicas, a tendência de amalgamento entre posições clássicas do capitalismo e socialismo, as mudanças comportamentais, a partir da introjeção de fatores tecnológicos no sistema produtivo, passando, ainda, pela afetação social ditada pela mídia impressa e eletrônica definem um conjunto de questões que devem ser tratadas por disciplinas ligadas ao estudo da contemporaneidade.

É bastante animador perceber que alguns profissionais de RH, nas empresas brasileiras, começam a abandonar o jargão clássico da área e a introduzir em sua linguagem conceitos modernos de ciência política. Só esperamos que resistam aos apelos tradicionalistas, conservadores, de feudos e grupinhos, e não se deixem encantar com alguns seminários, reuniões, simpósios, congressos infindáveis, que alimentam visões arcaicas e vaidades pessoais. O estilo *déjà-vu* morreu.

Roteiro para a participação

Há três conceitos que exprimem, com bastante propriedade, os objetivos finais das políticas de Recursos Humanos e Comunicação de uma empresa. São os conceitos de concordância, engajamento e participação. Repousa sobre essa trilogia parte da eficácia dos processos, serviços e atividades empresariais, razão pela qual é oportuno entendê-la e interpretá-la.

Por concordância, deve-se entender a aceitação das regras do jogo pelos empregados. Políticas, normas, sistemas, maneiras de atuação precisam ser aceitos pela comunidade a fim de que se possa preservar a normalidade da vida empresarial e, consequentemente, o fluxo produtivo. O primeiro passo, portanto, de um amplo esforço de Recursos Humanos e Comunicação é fazer que as pessoas concordem com o que lhes exibe a empresa.

Quando não há rejeição, é possível que a comunidade ou parte dela se engaje, de maneira positiva, nas regras. O engajamento abrange a internalização das normas pelos empregados e uma atitude de predisposição proativa, colando os interesses e sentimentos comunitários aos objetivos empresariais. Com o engajamento, atenuam-se as distâncias entre a administração e a comunidade, aplainando-se o campo para a implementação do terceiro conceito, a participação.

Aceitando as situações, o empregado engajado parte para participar do processo. E o faz de maneira positiva e não alienativa. Essa é, aliás, outra distinção que se torna necessária. Nem sempre as pessoas que cumprem funções e atividades estão trabalhando de modo construtivo e positivo. Frequentemente, elas agem de maneira fria e automática, deixando-se conduzir por uma cadeia de alienação e negativismo.

Já a participação positiva afasta os sentimentos negativos, envolvendo os empregados com uma aura de entusiasmo, vibração, coragem, vitalidade, espírito grupal, solidariedade e resultados crescentes. Essa é a meta final de todos os programas da área psicossociocultural da empresa.

Agora, cabe a pergunta: o que faz um empregado engajar-se e participar de maneira produtiva na vida organizacional? Relaciono, adiante, dez áreas que têm influência sobre a motivação, o engajamento e a participação. Checar cada uma delas, periodicamente, pode ser útil.

1) *Salário* – não é por acaso que vem na cabeça da lista a política de salários. Muitas queixas, insatisfações, frustrações, que funcionam como alimento do negativismo, são decorrentes de problemas gerados pelos salários. Um exame periódico sobre defasagens, homogeneidade de posições, feudos salariais pode ser o começo de um programa de correções.

2) *Benefícios* – constituem, em muitas empresas, verdadeira força motivadora. Benefícios nas áreas médica, odontológica, de seguros, carro, assistência social, cooperativas etc. formam um sistema de compensações de natureza material e também psicológica. Geram tranquilidade e dão segurança aos empregados que, equilibrados, motivam-se à participação.

3) *Sistema normativo* – em muitas empresas, especialmente nos grandes complexos e corporações, os empregados se queixam da falta de transparência. Muitos se perdem no cipoal normativo, outros se confundem. Alguns não têm ideia sobre os rumos do grupo, as grandes metas, ou mesmo não sabem a quem se dirigir para tirar dúvidas e encaminhar sugestões. Um sistema normativo claro dá segurança.

ROTEIRO PARA A PARTICIPAÇÃO

4) *Comunicações* – existem empresas que são ágeis na transmissão de mensagens, outras que são lerdas; algumas entopem os canais descendentes (de cima para baixo), com imensa quantidade de informações, e sufocam as comunicações ascendentes (de baixo para cima). Setores que deveriam estar próximos comunicam-se pouco (e mal). Quando as comunicações correm por todos os lados, límpidas e claras, objetivas e certeiras, respira-se um clima saudável. A recíproca é verdadeira.

5) *Lazer* – uma sólida política de lazer, apoiada e conduzida pelas associações desportivas, anima grupos comunitários, irradiando entusiasmo, emulação e alegria por diversos cantos da empresa, banhando, concentricamente, até áreas isoladas e feudos.

6) *Promoções* – parte das queixas, frustrações e reclamações contra as empresas provém da precária política de promoções. Muitos empregados deparam, constantemente, com reversão de expectativas, ao verem desabar seu projeto de escalada profissional. Desmotivados, caem na passividade e no negativismo. Entram no bloco da desesperança.

7) *Associativismo* – quando há predisposição grupal para os trabalhos integrados e quando as relações intersetoriais são estreitas, percebe-se uma faceta associativa. Essa característica apoia-se na solidariedade e no espírito de equipe, fatores decisivos para a eficácia de muitos serviços.

8) *Mérito* – reconhecimento de mérito é uma simbologia que toca de perto os sentimentos. As pessoas querem se sentir reconhecidas, agraciadas. O mérito, em espécie ou em símbolos, agasalha psicologicamente os trabalhadores.

9) *Sistema participativo ascendente* – as formas de participação ascendente – CCQ, caixas de sugestões, grupos informais etc. apresentam a vantagem de oferecer uma oportunidade para que muitos empregados se sintam partícipes do processo decisório. Quanto maior a participação ascendente, tanto maior será o engajamento.

10) *Cultura corporativa* – as formas culturais também acionam as bases de participação. Nas empresas formais, autoritárias e fechadas, corre um medo geral e as pessoas evitam participar. Nos sistemas mais abertos, empresas informais e modernas, a tendência para a participação é maior. A cultura é consequência da tradição e história da organização, e a sua composição reúne subsídios das políticas relatadas anteriormente.

Identificar áreas de atrito é meio caminho para a superação dos obstáculos do engajamento e participação. O convite está feito aos profissionais de Recursos Humanos e Comunicação.

Priorização nos programas de desenvolvimento

Se fôssemos classificar os empregados de uma organização em duas grandes categorias, eu não teria dúvidas em enquadrá-los nas seguintes posições: um grupo *pensante,* que gosta de lidar com o abstrato, e que, sob certo aspecto, cria as condições para o avanço das empresas, e um *grupo da ação,* que constrói o dia a dia, aplainando os caminhos delineados pelo primeiro grupo, realizando o plano concreto. Ambos se completam e sua repartida missão fornece a tessitura para o equilíbrio organizacional.

O primeiro grupo constitui a força energético-criativa da organização e o escopo de suas funções aponta para a adoção de novos sistemas, métodos, fórmulas originais. De seu pensamento se extrai o sumo que sedimentará os avanços conceituais significativos, os planos e metas que colocarão a empresa numa escala desenvolvimentista, compromissada com o futuro. O segundo grupo, cumprindo a tarefa da formiguinha, efetua a caminhada do *leva-e-traz*, movimentando as máquinas e equipamentos, viabilizando os ideais criativos.

Ocorre que o excesso de trabalho no dia a dia acaba comprometendo o necessário equilíbrio entre esses dois grupos, fazendo que o primeiro seja engolido pelo segundo, o que, paulatinamente, vai transformando a empresa numa vasta planície, vazia de pensamento, e num canteiro desordenado de obras. Tal fato é altamente danoso, porque prejudica a dinâmica do crescimento, na medida em que quadros humanos, tolhidos em sua capacidade inventiva e transformadora, passam a adquirir hábitos autômatos, realizando tarefas de maneira fria, como robôs.

Esse processo, que em algumas organizações assume a natureza de um imenso cordão de automatismo e prática repetitiva, corrói, de modo imperceptível e subjacente, as metas de crescimento, neutralizando esforços renovadores e canibalizando a base de aperfeiçoamento organizacional. Superar essa ameaça é um desafio que, em certos casos, nem mesmo os mais avançados métodos de avaliação de desempenho e potencial conseguem vencer. E as razões para a dificuldade de superação do obstáculo são muitas.

Observa-se, frequentemente, a utilização de práticas de avaliação, alicerçadas em interesses individualistas, estruturadas pelo jogo recíproco de benefícios entre chefes e subordinados. Os resultados, quando tal prática se concretiza, exibem, inevitavelmente, grande distanciamento entre as soluções propostas pelas avaliações e as metas definidas pela empresa.

As distorções que se observam nas avaliações de desempenho e potencial precisam, portanto, que os profissionais de Recursos Humanos criem mecanismos rígidos de controle e acompanhamento, que consigam, objetivamente, indicar as curvas de erros e apontar soluções adequadas, consubstanciadas em programas de treinamento bem elaborados e orientados para suprir eficazmente as necessidades detectadas.

Um programa de treinamento bem estruturado é aquele que, em seu escopo, jamais deixará que o grupo potencialmente pensante e criativo da organização seja sufocado pela prática repetitiva, procurando, por isso mesmo, balancear os grupos com propostas voltadas para enriquecimento do pensamento e aprimoramento dos métodos de gestão.

Com esse objetivo, um programa de treinamento procurará rastrear o ambiente interno, identificando necessidades de aperfeiçoamento técnico-operacional, de melhoria nos processos administrativos, capacitação adequada e atualizada para o quadro gerencial, incorporação e absorção de conhecimentos originais, sistemas e modelos avançados, acompanhamento das modernas técnicas em todas as áreas de especialização,

PRIORIZAÇÃO NOS PROGRAMAS DE DESENVOLVIMENTO

ajustamento de situações e pontos de vista, compreensão clara das transformações e ocorrências sócio-político-econômico-ambientais.

Organizado com a finalidade de atender às metas do planejamento estratégico da organização, um programa de treinamento se transforma em força impulsionadora do crescimento, evitando caracterizar-se como uma parcela integrante da política de benefícios. Políticas paternalistas, ainda muito fortes em certas empresas, procuram tratar as necessidades de treinamento como uma maneira de apaziguar os ânimos de algumas pessoas ou compensar psicologicamente interesses que se sentem contrariados. Tal prática só serve para corroborar a multiplicação de grupos que criam raízes em alguns setores e cujos compromissos não se voltam, com certeza, para mudança e melhoria de métodos.

A batalha da reciclagem dos contingentes humanos deverá obedecer, do ponto de vista tático, a uma visão de prioridades que contemple as maiores necessidades no planejamento global. Assim, se o momento é bastante propício para uma agressiva política de vendas, ou se a retração da demanda exige mecanismos criativos e ágeis de uma política de marketing, naturalmente as atenções do treinamento deverão estar voltadas para aquelas situações. Todavia, algum cuidado será preciso para evitar o aparecimento de castas geniais privilegiadas que, bafejadas por todo tipo de treinamento, passam a se considerar um grupo superior. Os comandos conceituais da organização, quando não devidamente administrados, comportam-se como se outros grupos fossem inferiores, estabelecendo, dessa forma, rivalidades e sentimentos negativos. Por último, há que cuidar dos controles sobre os programas de treinamento com o objetivo de conhecer os melhores investimentos e ajustar a relação custo/benefício. Não há dúvida de que o maior e melhor investimento que uma organização pode fazer, no mundo contemporâneo, é na área de aquisição de informações. Sem dúvida, os tempos da incerteza e as disputas empresariais por fatias de mercado apontam para um vertiginoso crescimento no setor do conhecimento. Mas não se pode esquecer que o investimento em informação, por parte das empresas, é uma tarefa que exige muito mais que a simples verificação das ofertas do mercado, a detecção das necessidades apontadas pelas avaliações internas e a montagem apressada de cursos. Exige, acima de tudo, bom senso e capacidade analítica para fazer que os quadros comprometidos com o plano da administração sejam organizados, qualitativa e quantitativamente, de forma a fornecer oxigênio constante ao modelo de gestão, equilibrando-se, harmoniosamente, com os quadros orientados para o plano das coisas concretas.

Negociar com os sindicatos

O fortalecimento do poder dos sindicatos de trabalhadores e, consequentemente, o aperfeiçoamento das estratégias na maneira de conduzir as reivindicações trabalhistas constituem importantes e recentes fatos do universo que rege as relações entre o capital e o trabalho no Brasil contemporâneo. As centrais sindicais expressam a força do sindicalismo laboral no país. É visível o esforço inovador de algumas categorias sindicais, fruto de aguda sensibilidade e percepção do meio ambiente.

O que chama a atenção em todo o processo de organização das categorias trabalhistas é o senso de responsabilidade que parece guiar condutas e comportamentos, apesar de um ou outro movimento paredista generalizado, orientado por colorações de natureza político-ideológica. As posturas radicalizadas, os movimentos irracionais e suicidas, as condutas exclusivamente emotivas, pelo menos temporariamente, cedem lugar a pressões tendo em vista a obtenção de posições realistas.

Não se desconhece, evidentemente, a capacidade de aglutinação e excitação da massa trabalhadora, especialmente quando enfrenta situações insuportáveis acarretadas pelo quadro econômico. Mas, no momento, vislumbro, até onde a vista enxerga, um pano de fundo com traços de firmeza e responsabilidade.

O quadro que se desenha, longe de significar tranquilidade para as empresas, expõe uma rota de muitos e complexos desafios. Por diversas razões, acredito que a maturidade alcançada por alguns segmentos trabalhistas implicará futuras rodadas de árduas conversações, que não deixarão espaços para recuos ou abandonos de posições.

Em primeiro lugar, há que considerar o nível de organização obtido por certas categorias sindicais, consequência de um adequado aproveitamento de espaços e substantivo apoio político, expresso tanto por entidades organizadas da sociedade quanto por figuras renomadas dos partidos políticos. Tal feixe de apoios confere aos sindicatos maior legitimidade e um poder de fogo certeiro, livre de injunções ou repressões, como no passado.

Observa-se, a seguir, minuciosa pauta de reivindicações, que denota crescente especialização dos sindicatos na arte e técnica das negociações coletivas. É de supor que há equipes bem treinadas em apurar e selecionar os avanços trabalhistas em diversas partes do mundo, em estudar a natureza específica de cada atividade, em analisar o porte industrial do setor, o momento político, o quadro econômico, a dinâmica social. A evolução no campo das relações entre trabalhadores e empresários no Brasil tende, assim, a incorporar novos modelos, podendo-se prever o abandono gradativo das experiências caracterizadas pela troca rancorosa e radical de pontos de vista, típica do autoritarismo, e implantação de um estágio, simbolizado pela defesa firme e enérgica, porém cordial, de posições, mais condizente com o que poderíamos chamar de democracia de compromisso.

Os avanços que se observam na conduta dos sindicatos trabalhistas apontam, ainda, para a melhoria das formas de apresentação de propostas, enriquecimento da linguagem técnica de exposição de argumentos e ideias. Colocando-se em pé de igualdade com as organizações e federações empresariais, os sindicatos, atuando com forte apoio político, descobriram as técnicas da argumentação e as maravilhas da comunicação. Não é por acaso que as entidades máximas do sindicalismo trabalhista ostentam, atualmente, uma imensa e bem-estruturada rede de comunicação, aparelhada com equipamentos modernos de rádio e televisão e sistemas tecnológicos de gravação e reprodução que permitem, rapidamente, irradiar e multiplicar o discurso das categorias. É também visível o extraordinário esforço de atualização demonstrado pela cúpula do empresariado brasileiro, representado pelos dirigentes à frente da poderosa Federação das Indústrias de São Paulo.

Visões e políticas paternalistas, atitudes preconcebidas, manifestações desairosas sobre categorias trabalhistas e, sobretudo, um sentimento negativista que não acredita na possibilidade de diálogo entre trabalhadores e empresários compõem, ainda, porém, a moldura das salas de muitos negociadores empresariais. Torna-se imprescindível e urgente a formação de novos quadros de negociadores, orientados para a administração moderna de conflitos, vocacionados para o diálogo e comprometidos com o aperfeiçoamento das instituições sociais e políticas.

Conviver com as greves

O grau de convivência com os movimentos grevistas e os paredões que eclodirão no compasso da dinâmica social e da maior liberdade sindical, previstas para os anos que precedem o início do terceiro milênio, será o principal termômetro para medição da eficácia das políticas empresariais no campo das relações trabalhistas. As áreas mais sensíveis às pressões trabalhistas certamente poderão contar com a simpatia de imensos contingentes sociais, formando, assim, climas favoráveis para o melhor desenvolvimento dos negócios.

É evidente que a ruptura de processos autoritários, responsáveis por intervenções em sindicatos e políticas altamente restritivas no campo das negociações coletivas, conduzirá o país a um novo modelo de relacionamento entre o empresariado e os trabalhadores. Caminhar-se-á, inequivocamente, para uma prática de relações francas, ásperas, às vezes, porém inspiradas por maior confiança nos acordos e melhor disposição para ajustes. A sociedade será o juiz maior dos possíveis conflitos e o governo necessitará de grande habilidade para não se desgastar perante os dois polos das questões.

Aumento real de salário, direito de greve, redução da jornada de trabalho, garantia de emprego, acordos coletivos condizentes com as realidades das categorias, implantação de comissões de fábricas constituem, entre outros, os eixos das discussões e a plataforma já estabelecida pelos movimentos trabalhistas.

O quadro que se apresenta para o empresariado, além das reivindicações objetivas dos programas trabalhistas, é enriquecido pela pressão da classe média, pela força catalisadora dos grandes meios de comunicação, pelo empenho dos grupos de pressão, que se multiplicam intensamente, pela agressividade de partidos que realizarão campanhas públicas para seu reconhecimento e por focos de tensão e eletricidade que despontam na periferia dos grandes centros, em razão, frequentemente, da precariedade dos serviços públicos.

As organizações que, deliberada ou inconscientemente, minimizarem a importância de tais fatos estarão fadadas a enfrentar desfechos negativos. A menor intervenção governamental na área dos acordos trabalhistas aumentará o poder dos sindicatos, garantindo-lhes maior autonomia de ação; consequentemente, imensa força decisória no momento das negociações. Com o reforço que, fatalmente, a sociedade dará aos movimentos, é de prever extraordinário vigor nas pressões, tornando imprescindível para as empresas a elaboração de um amplo, moderno e objetivo programa de relações trabalhistas.

Cordialidade, franqueza, determinação para negociar propostas adequadas e de acordo com padrões das categorias econômicas, aceitar a greve como um fenômeno normal e incorporado à dinâmica empresarial do sistema capitalista, procurar compreender o trabalhador à luz de seus direitos e necessidades e não considerá-lo inimigo que precisa ser combatido constituem premissas de um programa sadio de relacionamento.

O importante, no espectro de situações a serem enfrentadas, é procurar administrar os conflitos em uma prática democrática que objetive salvaguardar os interesses dos cidadãos, respeitando-se os valores do sistema empresarial. Essa visão poderá oferecer ao país um novo modelo de negociações coletivas, diferente das práticas antigas, nas quais imperavam a desconfiança, as intervenções autoritárias e o desrespeito.

Ao lado das conversações, procurar-se-á aperfeiçoar a legislação no campo das relações de trabalho, incorporando-se conquistas e posições das classes trabalhadoras das modernas economias capitalistas. Inclinações nesse sentido não apenas permitirão que os trabalhadores se posicionem melhor em suas campanhas, mas darão mais credibilidade ao sistema empresarial, tornando o empresariado mais respeitável e confiável.

Torna-se claro que o bom desfecho para os conflitos dependerá da condução da ordem econômica do país e de sua capacidade em administrar os apertos provocados pela dívida externa. Nesse sentido, haverá necessidade de um tipo de negociação que leve em conta as questões maiores da nação, sob pena de as reivindicações trabalhistas se transformarem em fator de desestabilização, o que seria perigoso para a normalidade democrática.

Altas responsabilidades estão, assim, destinadas aos empresários e aos trabalhadores nos novos tempos que se iniciam. Da habilidade de ambos na condução do processo das negociações e das medidas justas que se derem aos pontos de vista das partes dependerá o equilíbrio do sistema político-econômico do país.

Roteiro para viabilizar projetos

Os planos são otimamente estruturados, as reuniões, brilhantemente conduzidas, os cursos constituem primor de alta significação e conteúdo, as ideias fluem de maneira criativa e até original, mas a verdade é que, na prática, as coisas não andam lá muito bem. Esse é um retrato bastante comum no dia a dia das empresas. O plano do discurso é excelente; o plano da prática, apenas razoável. Por que isso ocorre? E como diminuir as distâncias entre a teoria e a prática?

Tentemos pôr as coisas no lugar. Primeiramente, devemos reconhecer que existe um planejamento ideal na cabeça das pessoas, algo bem acima das propostas realmente factíveis. É como se as pessoas procurassem, num primeiro instante, trilhar os rumos mais idealistas de sua imaginação, numa espécie de recompensa psicológica à sua capacidade de fazer abstrações. Preenchida essa lacuna, as pessoas caem na realidade e verificam que os projetos ideais existem apenas em suas cabeças, pois, para serem aplicados, precisam descer alguns níveis, até o patamar da operacionalização.

O plano teórico, portanto, num primeiro momento, procura preencher o ego. A seguir, as pessoas responsáveis por tais planos sabem que as outras – colegas, chefes ou subordinados – também terão acesso às suas ideias. Nesse caso, dependendo da qualidade da criação e da originalidade, os leitores do plano se derramarão em elogiar a grande capacidade de formulação e inventividade do autor. O que acontece? Mais ego acariciado e *status* elevado. Isso mesmo. Com um bom plano, as pessoas procuram soerguer seu perfil, por meio da exibição da inteligência, cultura, originalidade, competência etc. Com o perfil em alta, o profissional se candidata a um posto mais elevado.

Ocorre, porém, que os planos geniais que aparecem de todos os lados, nas empresas, mostrando saída para os problemas, apontando métodos gerenciais racionais, indicando sistemas operacionais mais consentâneos com a modernidade, nem sempre dão certo. Entre as diversas razões para as dificuldades de implementação, lembro apenas uma: as ideias frequentemente se chocam com a realidade da empresa, com sua cultura organizacional, e terminam no arquivo morto. Parte do desgosto e angústia que permeia o tecido organizacional deriva da frustração ocasionada pelos planos condenados à morte.

Diminuir essa frustração, aumentar o nível de viabilização dos planos e projetos, incentivar o ordenamento de ideias que batam certeiramente – eis aqui alguns pontos de um programa de Recursos Humanos. Como roteiro preliminar, sugiro cercar as seguintes situações:

1) *Procurar um objetivo correto para seu plano* – Sem um objetivo certeiro, o plano morre no nascedouro. O plano precisa dizer para que vem, quais os meios necessários para sua viabilização e recursos para sua execução temporal.
2) *Observar a adequação do plano à cultura da empresa* – É bastante arriscado preparar algo que não combine com a cultura empresarial. Ou o plano não passa pelos níveis de aprovação, ou não se viabiliza porque o segmento que vai atingir simplesmente não o aceita. A sondagem e verificação dos níveis de interesse dos públicos-alvo constituem aspectos interessantes a serem observados.
3) *Preparar* o *terreno para* o *plano* – A preparação do terreno pode ser feita com discussões prévias com grupos e pessoas-chave, sondagens com os chefes a respeito das questões a serem abordadas e análises dos sistemas e métodos possivelmente abrangidos pelo plano antes de sua definitiva apresentação.

ROTEIRO PARA VIABILIZAR PROJETOS

4) *Apresentar o plano em momento oportuno* – A oportunidade para lançamento de uma ideia é a base para seu sucesso inicial. As pessoas se envolvem, o interesse se manifesta dependendo das circunstâncias temporais que cercam o acontecimento. A apresentação oportuna significa, por sua vez, o preenchimento de uma lacuna espiritual no clima da empresa. Aproveite-a.

5) *Evitar situações polêmicas e polarizadas* – Se as ideias contidas no plano exibem algum conteúdo altamente polêmico ou se em torno delas origina-se uma polarização conceitual, o melhor é retirar-se, pois, mesmo que seu plano seja aprovado, há muitas possibilidades de ser queimado por grupos que não compraram suas ideias. Espere por uma oportunidade, depois de negociar ajuizadamente com os grupos.

6) *Direcione o plano para a simplicidade e racionalidade* – Evite as ideias e os sistemas complicados. Quanto mais simples e racional for seu plano, mais sucesso alcançará. Seja direto, objetivo, transparente. Esses são os valores dos tempos atuais.

7) *Não desista se tem certeza em seus resultados* – Se tem absoluta certeza da viabilidade de suas ideias e dos bons resultados, não desista. Vá em frente. Lute por elas. Assim você se sentirá um herói quando conseguir realizar sua capacidade criativa.

Com essas precauções, os planejadores podem diminuir as distâncias entre a teoria e a prática nas empresas, economizando tempo, papel, tinta e palavras.

Cenário para a nova empresa

O planejamento estratégico das organizações tem se tornado um exercício cada vez mais desafiante. Os administradores se defrontam com um elenco de variáveis controláveis e incontroláveis, um universo de intensas transformações, uma ampliação da rede tecnológica e avanços significativos nas formas de gerenciamento. O ato decisório, nesse contexto, afigura-se como um comportamento de crescente complexidade.

Essa é a razão pela qual os sistemas de decodificação do meio ambiente, estruturados pelas empresas, necessitam de permanente e acurada manutenção. A cultura organizacional há que se integrar ao espírito de um novo tempo. Com o objetivo de ajudar nessa tarefa, alinhamos, aqui, algumas posições que merecem uma análise em profundidade, especialmente por parte daqueles que se dedicam a projetar cenários ambientais, nos quais se apresentam alternativas para decisão:

❏ *Crescimento da interdependência* – Temos observado, nos últimos anos, uma ampliação considerável no espaço de interdependência no campo político-econômico. As economias contemporâneas, do mundo capitalista e socialista, aproximam-se, as trocas políticas multiplicam-se entre países, e o conceito de um pensamento global deixa de ser uma quimera. O sistema empresarial, para sua expansão, exige um acompanhamento dessa realidade.

CENÁRIO PARA A NOVA EMPRESA

❏ *Interação com outros sistemas* – Ocorre um fabuloso progresso em diversos subsistemas, em decorrência dos avanços em setores da ciência. Divulgam-se, diariamente, no mundo, cerca de oito mil trabalhos científicos. O sistema empresarial deve acompanhar atentamente as conquistas nos campos tecnológico, cultural, científico, político, administrativo. A empresa não pode ser uma ilha.

❏ *Agudização das relações sociais* – As crises se sucedem, em escala mundial, intensificando as tensões sociais, os conflitos de grupos, ampliando os raios de sensibilidade ambiental e a polarização política. As insatisfações se irradiam por toda parte, simbolizando as novas relações sociais.

❏ *Despertar do cidadão* – Os cidadãos, como átomo social, adotam posturas mais participativas, questionando os deveres e obrigações do Estado, abrindo novos leques de reivindicações, libertando o discurso. Cristalizando esse comportamento, aparece o conceito de autogestão técnica, pelo qual o indivíduo assume sua cidadania e sentimento cívico, determina padrões de vida, estabelece meios para consegui-los, formando uma autonomia sem precedentes na história. O cidadão organiza seu próprio sistema de gestão, seu modelo de vida.

❏ *Multiplicação dos grupos de pressão* – A nova consciência volta-se para a mobilização. Os grupos de pressão cristalizam os sentimentos e constituem o cavalo de batalha das sociedades contemporâneas. O escopo de tais movimentos está centrado no desejo de maior participação na obra do desenvolvimento, maiores conquistas na área dos benefícios sociais, melhor distribuição das riquezas e bens.

❏ *Promoção humana* – O conceito de crescimento, voltado exclusivamente para o lucro, cede lugar ao conceito de desenvolvimento integral, onde emerge a figura do Homem, como agente, meio e fim do processo econômico. A nova cartilha da empresa abre espaço para o desenvolvimento e promoção dos recursos humanos.

❏ *Responsabilidade social* – Está deixando de ser uma panaceia para se constituir na mola de grandes transformações sociais. Os programas de ação social respaldam-se no conceito de empresa como bem social, voltada para os fins mais nobres da sociedade. A empresa não é e nem deve ser apenas fonte de lucros.

❏ *Influência na tecnologia* – Os novos meios tecnológicos, ao lado dos benefícios relacionados à produtividade, criam situações de conflito, disparando um feixe de linguagens e padrões, liberando mão de obra e energia e, por conseguinte, ditando novos comportamentos grupais.

❏ *Conquistas trabalhistas* – A interdependência mundial e a homogeneização das economias passam a codificar um novo discurso e novas exigências. As mais recentes conquistas trabalhistas do mundo ocidental atravessam fronteiras e começam a invadir o espaço organizacional – redução da jornada de trabalho, participação em lucros, participação no processo decisório, aumentos rápidos de salários, ampliação de benefícios.

❏ *Inserção nos blocos econômicos mundiais* – Um dos maiores desafios desta década consiste na preparação para a inserção das empresas nos mercados mundiais. Significa, em linhas gerais, melhoria dos níveis de qualidade dos produtos, maior agressividade nas vendas, rapidez na absorção de tecnologia, criação de *joint-ventures*, identificação de nichos de produtos e nichos geográficos, adaptação das empresas às diferenças locais, regionais e internacionais, melhor preparação de quadros e reorganização de estruturas internas com redução de organograma e simplificação de processos.

Esse conjunto deve ser examinado à luz das circunstâncias específicas de cada empresa. Não há mais vez para as empresas que se fecham ao meio ambiente. Quanto mais respiram o ar externo, quanto mais ligam suas antenas, mais probabilidades terão de acertar. E, acertando, sairão sem muitas rachaduras dos períodos de crise.

Planejamento para um novo tempo

A competição não é apenas um dos capítulos mais instigantes dos livros de marketing, mas um fenômeno que, a cada dia, incorpora novos conceitos, ideias e posições. Atingir o consumidor em um contexto de conturbação, mutações sociais e econômicas, variações comportamentais, e em meio a um verdadeiro bombardeio de comunicações tem sido um desafio sem tréguas para o universo de profissionais de vendas, marketing e comunicação. Um dos maiores desafios das empresas reside em preparar uma cultura para a adequação aos novos tempos.

A rigor, não existe uma receita preparada para ganhar o consumidor, porque as condições ambientais e as conjunturas socioeconômicas exigem um permanente esforço de atualização de técnicas e flexibilidade no campo das decisões. Mas é possível relacionar um conjunto de definições que podem ser aplicadas a cada momento e a cada circunstância. Com essa intenção, aqui está um rápido roteiro para aproximar as empresas das novas exigências dos consumidores e públicos-alvo.

1) *Conhecer bem o perfil* – Gostos, atitudes, preferências, hábitos, costumes, relações sociais e grupais de referência do consumidor – eis a base inicial de um trabalho de aproximação. Sabe-se, por exemplo, que o consumidor está se tornando cada vez mais exigente, seletivo, desconfiado, racional. Sem se averiguar as reais medidas que moldam essa hipótese, qualquer trabalho pode

fracassar. O rastreamento do consumidor é uma tarefa que não se esgota de uma só vez, porque suas atitudes são dinâmicas, o que exige análise permanente de seu perfil.

2) *Ter um objetivo* – Muitas campanhas morrem no nascedouro por falta de objetivos claros e concretos. Certas empresas alinham objetivos múltiplos e variados, confundindo o principal com o acessório, o prioritário com o secundário. Essa confusão acaba por prejudicar a essência dos projetos e campanhas, e o consumidor termina não sendo fisgado pela bateria de comunicações que se instala em sua direção.

3) *Escolher a linguagem* – As linguagens estão se tornando cada vez mais especializadas. A linguagem correta é a que permite uma sintonização quase empática entre uma fonte de comunicação e um receptor. É condicionada a um meio social, a um contexto técnico, a um grupo de referência e aos fatores tecnológicos que permeiam os canais de comunicação. Implica selecionar cores, formas, palavras-chave, conceitos-chave, ordenamento lógico de ideias, precisão, concisão, clareza, oportunidade.

4) *Definir o canal* – Há uma multiplicidade de canais à disposição das empresas. Cada um tem natureza e exige linguagem própria. Malas diretas, folders, folhetos, catálogos, cartazes, volantes, *outdoors*, anúncios impressos, rádios, TV, jornais, revistas, telemarketing constituem, entre outros, o arsenal de mídia. Mas, por falta de criatividade, muitos desses canais são mal produzidos e chegam aos consumidores com mensagens confusas, cansativas, repetitivas, enfadonhas. Os consumidores, especialmente em relação aos canais impressos, imaginam que já viram aquilo antes.

5) *Organizar a promoção* – Em torno dos produtos, canais e linguagens será oportuno compor uma ação promocional, uma espécie de chamariz para atrair a atenção dos consumidores, esquentando os climas ambientais e criando uma auréola de sucesso e bom posicionamento para a linha que se está promovendo. Trata-se de organizar a festa e o cenário para o produto.

6) *Visibilidade e sinalização* – Os códigos visuais externos – placas, indicativos, marcas, luzes, luminosos – permitem estabelecer uma ponte entre os produtos, as organizações e os mapas visuais/cognitivos dos consumidores. Com a repetição da bateria de comunicação visual, o consumidor acaba por compor, associativamente, um conceito da organização e de seus produtos. É evidente que essa bateria não pode destoar da temperatura visual do meio ambiente.

7) *Treinar pessoas* – O sistema de aproximação passa por uma treinada equipe de vendas e outros profissionais que lidam com consumidores. Esse contingente, quando orientado para usar a linguagem integrada e uniforme da campanha ou adotar padrões coerentes, reforça a comunicação. O conselho que se dá, nesse caso, é oferecer à equipe um escopo mais amplo que o mero referencial de vendas, como conhecimentos sobre psicologia, sociologia, ciências políticas, economia, história das empresas, entre outras disciplinas.

8) *Adequação socioambiental* – Qualquer iniciativa para maior aproximação com o consumidor carece de uma acurada análise das condições socioambientais. É aqui que se farão ajustes de tons, adequação de linguagens, arremate de posições. Verifica-se a oportunidade para lançar uma campanha, analisa-se a demanda social, pesquisam-se os dados sobre oferta e procura.

9) *Controlar reações* – Quando se dispõe de um eficiente sistema de controle das reações do consumidor, pode-se fazer um correto programa de ajustes, calibrando, sequencialmente, a intensidade, o volume e a linguagem das campanhas. Ao lado dessas sugestões, pode-se adicionar, ainda, uma razoável dose de risco. É preciso um pouco de coragem para formular ideias novas, sem o que se trabalhará com a mesmice. E a rotina afasta consumidores.

O marketing do profissional

Milhares de pessoas dentro do universo empresarial estão insatisfeitas com a sua situação. Ou ganham pouco, ou estão desajustadas no ambiente de trabalho, têm atritos com os chefes, ou mesmo se frustram ante as remotas possibilidades de crescimento profissional. Abate-se sobre elas uma terrível frustração, que vai corroendo seu ânimo e exaurindo suas energias. Que fazer? Deixar que o processo de obsolescência acabe por mergulhar a pessoa em uma depressão profunda, tomar uma grande decisão e mudar completamente de rumo, ou encontrar meios e formas que, integradamente, possam tirar a pessoa do estado letárgico em que se encontra? Pessoalmente, sou favorável à última sugestão. É arriscado mudar radicalmente de posição, aconselhando-se o bom senso de se procurar via mais lógica de medidas que venham soerguer paulatinamente a pessoa.

Planejar o projeto de vida, eis aqui uma fórmula que pode funcionar para a pessoa como uma "varinha de condão" do crescimento. Para muita gente, o conceito de planejamento é algo abstrato, longínquo, difícil de ser alcançado. No entanto, trata-se de um preconceito que precisa ser enfrentado. Planejar é simplesmente definir rumos, escolher meios e decidir sobre a oportunidade das ações.

Acredito que todas as pessoas que tenham agido com mentalidade de marketing se deram bem. O desafio que se coloca de modo preliminar é o de pensar mercadologicamente. O treino cotidiano faz parte da estra-

O MARKETING DO PROFISSIONAL

tégia de incorporar o marketing às rotinas profissionais. Portanto, o primeiro passo é acreditar que um bom planejamento de marketing pessoal pode favorecer o crescimento profissional. Para facilitar a decisão e a compreensão em torno do marketing pessoal, passo a apresentar um decálogo que pode ajudar a quem acha que já é tempo de mudar de posição.

1) *Definir objetivos* – A definição dos objetivos começa pelos limites até onde uma pessoa quer chegar. Significa decidir-se por uma posição, posto, profissão ou cargo. Quando os objetivos não ficam claros, as pessoas tendem a cair no vazio das indecisões, arrefecendo o ânimo e amortecendo a vontade.

2) *Adequar a apresentação pessoal* – Essa recomendação tem por objetivo ajustar a identidade e a imagem da pessoa. Isso se consegue estabelecendo-se ajustes na forma de apresentação pessoal – trajes, comportamento, gesticulação – procurando-se, evidentemente, incorporar detalhes, formas e posições que estejam concernentes à sua identidade e aos seus objetivos.

3) *Aperfeiçoar a comunicação* – Abrange um conjunto de ações relacionadas à melhoria do discurso (substância) e maneira de interlocução (forma de comunicar-se). Aconselho leituras de jornais, revistas (economia, política, ciência, artes e espetáculos, cultura etc.), livros de ciência política, economia e administração, perfis de grandes realizadores, história contemporânea. O homem moderno não pode estar à margem dos acontecimentos que fazem a vida, nos diversos campos do conhecimento. Saber usar tais conhecimentos, em momentos adequados, é uma estratégia que dará bons resultados.

4) *Aprofundar-se no campo da especialização* – Além do entendimento geral das coisas, será necessário um domínio mais completo e profundo em torno de determinadas áreas de interesse profissional. Nesse sentido, aconselho a leitura permanente de conteúdos especializados, por meio de consulta a periódicos, participação em cursos, palestras e eventos específicos no campo da especiali-

zação. Princípio recomendado: querer ser o melhor no campo. (É difícil, mas o princípio ajuda as pessoas a saírem da redoma.)

5) *Ampliar faixa de relações* – As rotinas levam as pessoas à acomodação, tornando-as participantes de feudos mentais. É preciso quebrar o círculo de amigos e vizinhos, ampliando o circuito de conhecimentos com a incorporação de novas pessoas no jogo da interlocução. O enriquecimento sociocultural depende também da ampliação do discurso. Se possível, procurar contatar líderes, pessoas que fazem trabalhos comunitários, gente que está situada no chamado circuito da formação de opinião.

6) *Aproveitar melhor os conhecimentos* – As pessoas tendem, normalmente, a ficar quietas em seu canto, numa atitude de recatado uso dos conhecimentos. Tal atitude não combina com o sentido proativo dos tempos modernos. Se uma pessoa leu algo que a interessou, deve tentar passar adiante tal conhecimento; se aprendeu nova técnica, deve procurar implementá-la; se travou amizade com uma pessoa, deve procurar estreitar a relação. A recomendação é no sentido de fazer girar o conhecimento adquirido. Não trancá-lo a sete chaves. A medida dará resultados positivos.

7) *Formar uma base mínima de organização e memória* – Muitos conhecimentos, situações e fatos do dia a dia profissional são rapidamente esquecidos. Há pessoas que estão sempre começando coisas, porque perderam parcela substancial de sua memória profissional. Aconselho o mínimo de organização: um bom arquivo, fichas de situações, catálogos, listas de endereços e telefones, cópias de trabalhos, próprios e de outros autores. Se puder utilizar-se de um computador, melhor. A memória é extremamente importante para o avanço profissional. Tente comprovar.

8) *Estar atento às mudanças e circunstâncias* – Acompanhar as mudanças nas áreas da política, economia, negócios, expansão empresarial, posições e cargos na empresa, possibilidades de crescimento profissional – eis aí um resumo dos itens que um profissional deve eleger. Suas antenas precisam estar ligadas a

qualquer alteração de rota, pois poderá precisar tomar decisões rápidas ante circunstâncias. Se estiver por fora dos fatos, certamente vai dançar...

10) *Fazer as coisas com emoção* – "A emoção é necessária, porque sem ela não se pode viver. O importante é sonhar e ser sincero com seu sonho." A frase é de Jorge Luis Borges, o grande escritor argentino, que deu à literatura latino-americana um *status* de primeira grandeza. Sem emoção, a vida perde a graça. Para um profissional, vida sem emoção não tem sentido.

11) *Ter coragem de arriscar-se* – "Somente aqueles que se arriscam a ir muito longe têm possibilidades de descobrir até onde podem chegar." A frase é de T. S. Eliot e, certamente, resume um projeto de crescimento. Quem quer ir longe não pode ficar no mesmo lugar sempre. Quem quer enfrentar novos desafios não pode se acovardar. Quem quer sentir diferentes gostos da vida deve procurar novos temperos. Para crescer, o risco é importante.

O ciclo do executivo

Há, na vida de um executivo, momentos de alta e períodos de baixa. Os primeiros representam o convívio com o poder, o brilho, o dinheiro, o equilíbrio no desempenho profissional, boa *performance*, prestígio, crescimento. Os períodos de crise jogam o executivo no "fundo do poço", desprestigiados, pressionados e cercados de fatos negativos de natureza variada. Diante dessa realidade, coloco a pergunta: Como pode um executivo ampliar seu ciclo de vida dentro da fase positiva?

Entre as muitas respostas que, eventualmente, poderiam ser oferecidas à indagação, ofereço uma. Trata-se da aplicação de alguns conhecimentos de marketing. Evidentemente, tal aplicação não significa a transposição direta e fechada de princípios do marketing, mas sua adequação ao comportamento e ao trabalho de um executivo. O marketing, portanto, como campo de conhecimento, pode efetivamente ajudar uma pessoa a encontrar seu "ponto ótimo" e de equilíbrio.

Justifico inicialmente a premissa lembrando que o marketing lida permanentemente com o desafio de viabilizar o lançamento de um produto tecnicamente ajustado, para um consumidor-alvo, em um momento adequado, por meio de comunicação certeira e eficaz e uma rede de distribuição consolidada. Depreende-se do conceito a necessidade de que todas as variáveis sejam rigorosamente analisadas. A precisão aparece como um valor fundamental ao marketing. O conhecimento do mercado é outro valor que sobressai.

Pois bem, procurando tomar posição como produto, um executivo pode começar o exercício de aplicação dos conhecimentos, estabelecendo valores e objetivos fundamentais de vida, ajustando e adequando suas posições aos momentos, escolhendo interlocutores-alvo, na linha abaixo ou acima da escala hierárquica, definindo as maneiras corretas de articulação e controlando, periodicamente, as variáveis que influirão para o sucesso.

Essa procura de ajustes interiores, quando sistematizada, criará mecanismos que o ajudarão a encontrar a precisão necessária para o bom desempenho. Ao mesmo tempo, se empenhará em conhecer as realidades internas e externas, lendo analiticamente os cenários e estabelecendo correlações com seu comportamento. A partir dessa compreensão, será possível ao executivo programar melhor as tarefas, ampliando os períodos de maturidade e prestígio em seu ciclo de vida profissional.

A propósito, defino cinco etapas no ciclo de vida profissional de um executivo, à semelhança do ciclo de vida de um produto, na perspectiva do marketing. A primeira fase é a do início da decolagem. Recém-formado, irradiando entusiasmo e vigor, o jovem executivo ganha as primeiras posições, abrindo as porteiras da empresa, como um touro bravo à procura de espaços e ação. Recebe ensinamentos, e passa a conviver com os primeiros atrativos do poder.

A segunda fase é a do crescimento e deslumbramento. O executivo recebe missões mais importantes, muda para uma posição superior, maiores salários e já anda sozinho, sem ajuda. Essa fase é de muito risco, pois, deslumbrado, acaba frequentemente mergulhado num sonho, povoado por fama, dinheiro, poder. A fase de deslumbramento afasta o executivo da realidade, fazendo-o mentalmente conviver com os deuses e afastando-o dos "pobres mortais". Um safanão de natureza administrativo-profissional ou uma "puxada de tapete" trazem-no de volta ao mundo dos terrestres.

A terceira fase é a da maturidade. Com experiência e bons conhecimentos, especialmente em sua especialidade, o executivo amadurece sua vivência profissional, amplia o raio de amizade na empresa, decide com competência e afasta receios que, não raro, mesclavam seus comportamentos normativos. A maturidade pode, também, conduzir o executivo a um processo de acomodação, na medida em que, convivendo profundamente com a organização, conhece os limites até onde pode chegar, desmotivando-se se não encontra perspectivas.

A quarta fase é a da consolidação do prestígio e segurança. Nessa fase, o executivo já é considerado *prata da casa,* sendo uma de suas peças-chave para o crescimento e expansão. Ele chegou aos patamares mais altos e convive com o *top,* tendo uma visão sistêmica e integrada dos processos e atividades. Esse período também é propício para o desenvolvimento de novos conhecimentos em outras áreas, ampliando sua visão generalista.

A última etapa do ciclo de vida profissional é a do declínio. Aqui, as coisas começam a se complicar. O declínio nem sempre está relacionado à idade. Simplesmente, não encontra perspectivas, consome imensas frustrações, e vai definhando, com a consequente paralisia de seu raciocínio e apatia comportamental. São cinco etapas que, bem administradas, podem dar ao executivo equilíbrio e maior tempo de permanência nos períodos de crescimento e prestígio. Administrar a si mesmo é o exercício e o desafio que se impõem a quem não quer chegar rapidamente à última fase de seu ciclo. O conhecimento das variáveis de sucesso, o posicionamento correto em relação aos mercados-alvo, a escolha de formas e processos eficazes constituem, assim, os ingredientes fundamentais que tornam a carreira do executivo um produto bem-sucedido.

Os sete pecados do executivo

Os compêndios de Administração, quando tratam das chefias, enumeram um conjunto de qualidades necessárias ao bom desempenho dos chefes. Os requisitos apontados classificam-se, de maneira geral, nos compartimentos de capacidade administrativa, capacidade técnica e qualidades pessoais. Invariavelmente, os atributos arrolados estão condicionados às missões de planejar, organizar, comandar, coordenar e controlar atividades.

Em complemento aos elementos defendidos, arrisco-me, também, a fazer uma listinha, mas opto pelo caminho da contramão, isto é, pelos defeitos ou, se preferirem, atributos negativos. Reconheço ser muito precário reduzir as fórmulas de sucesso ou insucesso de um chefe a um pequeno número de requisitos. Mas não se pode negar que algumas características inerentes ao gerenciamento eficaz podem ser facilmente estabelecidas.

Para que o roteiro não fique preso aos parâmetros técnicos que medem os atributos de chefia, sugiro que os conceitos aqui levantados sirvam para interpretar o desempenho do executivo, figura que nem sempre exerce cargos de chefia. Aponto, então, a cartilha dos "Sete Pecados do Executivo", como um pequeno manual de reflexão que pode ajudá-lo a se livrar das "profundezas do inferno". Lembro, ainda, que os "pecados" da cartilha não têm duração eterna, podendo, quem sabe, noutros contextos e oportunidades, até se transformar em qualidades positivas. Com a ressalva feita, vamos ao roteiro:

Cartunista Gilmar

1) *A inveja* – O executivo invejoso é tomado por sentimentos negativistas. Ofuscado pelo sucesso de outros, desenvolve, a seu redor, um clima de incertezas, fofocas e mal-estar. A onda negativa que ele irradia corrompe grupos, invade pessoas de sua influência e subordinados. O invejoso procura esconder sua própria incapacidade sob a capa de acusações, construção de falsidades e meias-verdades, quebra de hierarquia e desorganização de sistemas e serviços.
2) *A covardia* – A ausência de coragem moral imprime ao executivo comportamentos dúbios, que o transformam em um ser amorfo e frequentemente desprezado por colegas e subordinados. Os covardes não gostam de decidir, temem represálias pessoais, afastam-se de questões contundentes. A covardia afasta o executivo do vértice decisório, da matriz conceitual da empresa. Covarde será sempre um elemento acessório. Não tem vocação para ocupar cargos principais. A história não perdoa os covardes.
3) *A ignorância* – Os impactos tecnológicos, sociais e econômicos do mundo contemporâneo apontam para a necessidade de um executivo sistêmico, que seja, ao mesmo tempo, generalista e especialista; que seja respeitado pela competência técnica em sua especialidade e que, igualmente, tenha razoável noção dos sistemas empresariais em todas as áreas. A ignorância isola o executivo em ilhas e feudos, tornando-o um mero observador de cena, e não um ativo participante do processo de avanço da organização.
4) *A prepotência* – Sob o argumento de preservação da autoridade, muitos executivos exibem um comportamento prepotente, abusando das atribuições do cargo e extrapolando suas funções de executivo e coordenação. A prepotência denota, em muitos casos, insegurança e incompetência. Preservar a autoridade, ao contrário, é conservar o respeito dos subordinados, pela competência técnica, pelo zelo administrativo, pelas formas de condução interpessoal, pelas preocupações com o destino do grupo. Para ser respeitado, um executivo precisa saber respeitar. A prepotência é parente do desrespeito e falta de civilidade.

5) O *comodismo* – É comum dizer-se que "o bonde da história só passa uma vez na vida de uma pessoa". Os comodistas estão sempre perdendo o bonde. A acomodação gera a letargia, que cria a passividade, que mata a vontade e a possibilidade de o executivo crescer. Acomodar-se é deixar as coisas como estão "para ver o que vai dar", é isolar-se no casulo, é protelar decisões confiando na solução dada pelo tempo. Os comodistas são pessoas reativas, reacionárias, atrasadas, e entram, muito facilmente, no buraco da obsolescência, física e mental.

6) *A inflexibilidade* – Ser inflexível é querer permanecer no passado. A relatividade das situações organizacionais, as mudanças culturais e tecnológicas, os avanços e novas criações, as experiências e testes sugerem posturas flexíveis. O velho ditado de nossas avós está mais do que nunca na ordem do dia: "Meu filho, nunca digas que desta água não beberás". Ter flexibilidade é reconhecer as limitações individuais, é aceitar o princípio da aprendizagem pelo erro, é um constante reconstruir e renascer. O jogo de cintura, em muitas circunstâncias, é tática ideal para expressivas vitórias. Há momentos de avançar e há momentos de recuar. Há momentos de muita *fala* e momentos de grande silêncio.

7) *O desleixo* – Um executivo desleixado não se preocupa em priorizar agenda, em administrar o tempo ou comportar-se de maneira equânime diante de questões que envolvem seu ponto de vista. O desleixo detona problemas de desorganização, descoordenação e ausência de controles. Um executivo desleixado está sempre perdendo a hora, faltando a reuniões, esquecendo nomes de pessoas e compromissos, confundindo casos ou colocando o carro na frente dos bois. Os desleixados até podem ser gênios. Ou poetas e pintores. Mas, para esses, há o perdão de Virgílio, o clássico que, em sua *Eneida*, já proclamava: "*poetis et pictoribus omnia licet*" ["aos poetas e pintores tudo é permitido"]. Na empresa, porém, lugar de poeta ainda está vago. Só existe nas editoras. (Ou será que estarei errado?)

Há outros pecados, mas vamos ficar por aqui. A continuar a lista, certamente aumentarão os pecadores. E a intenção não é essa, mesmo porque, para todos os executivos, o que desejo mesmo é o caminho dos céus. Com as bênçãos e virtudes de rápidas promoções e recompensas de grandes salários.

Os executivos sistêmicos

A escala de valorização dos executivos de empresas sempre esteve à mercê das condições ambientais. Nas épocas de alta competitividade, os profissionais de vendas e marketing assumem a posição de vanguarda do processo de valorização, perdendo alguns pontos para os quadros da área humano-psicossocial, quando o momento é de turbulência, greves e manifestações de amplo alcance.

A bolsa de profissionais tem, tradicionalmente, se repartido em três grandes áreas: a de sistemas administrativos (administração financeira e geral), planejamento e controles, a de tecnologia e produção e a área social, esta última envolvendo os setores de recursos humanos, comunicação e relações ambientais. Qual seria a área a receber priorização no contexto socioeconômico por que passamos?

Quando a economia vai bem e o mercado se comporta de acordo com as previsões empresariais, a tendência é a de se contemplar, por igual, as áreas profissionais, apesar de haver, sempre, ligeira ênfase para uma ou outra especialização. Quando a situação econômica beira indefinições e as regras do jogo permanecem confusas, provocando insegurança às empresas e ameaça de tensão social, os profissionais encarregados de lidar com o meio ambiente e de auscultar a sociedade são, geralmente, os mais valorizados. Cremos que essa visão tradicional deve ser objeto de aperfeiçoamento.

OS EXECUTIVOS SISTÊMICOS

A evolução social, a dinâmica empresarial, o espaço político em que vive o país, a extrema precariedade dos instrumentos de política econômica do governo, o agigantamento dos grupos de pressão, os movimentos lobistas constituem, entre outros, vetores que indicam a necessidade de as empresas recomporem seu quadro de valores para seleção, enquadramento ou promoção.

Além de domínio absoluto da área, que deve constituir o cerne de suas funções e atribuições, os profissionais dos novos tempos precisam ganhar contornos mais flexíveis, uma gama de qualidades e conhecimentos que os posicionem como executivos de uma interdisciplinaridade cada vez mais necessária à empresa moderna.

Os perfis de potencialidade das empresas e os efeitos sinérgicos, que constituem objetivos intensamente procurados pelos modelos avançados de gestão, recebem grande impulso quando os agentes são executivos que, sem abandonar seu vértice funcional, mantêm fluxos de comunicação em permanente contato e interação com os diversos setores da empresa. Executam tarefas, discutem com colegas novas opções, planejam, fazem adequadas leituras do ambiente interno e do meio social, acompanham o setor político, analisam profundamente as medidas econômicas, descobrem tendências sociais, esmiúçam os interesses dos grupos organizados da sociedade, participam efetivamente dos movimentos de sua categoria social, repartem-se em atendimentos diferenciados na empresa, desdobrando-se em suas funções, acolhem com gentileza as pessoas, empenham-se em apresentar soluções criativas, evitam expor em demasia problemas e dificuldades.

São os executivos sistêmicos. Estão ligados em tudo e em todos. Não trabalham com receio de serem analisados, investigados, nem exibem o orgulho dos "gênios" frustrados. Os executivos sistêmicos são persistentes, corajosos, denodados, francos, fiéis, cultos e modestos, quando a modéstia for necessária. Divisam muito além da porta de seu gabinete, captam as necessidades da empresa com muita sensibilidade, fazem, quase sempre, previsões acertadas e, frequentemente, estão um passo adiante dos métodos organizacionais, pelo que, geralmente, são incompreendidos por blocos ortodoxos.

Permanecem ágeis em todas as fases do ciclo de vida da empresa. Na época de tranquilidade, procuram inovações que permitam o crescimento ordenado. Na fase de intranquilidade passageira (períodos de dissídio coletivo), engajam-se no esforço de intermediação de interesses. Nas tensões organizacionais, motivadas por mudanças no organograma ou políticas de enxugamento, ficam extremamente nervosos, apesar de confiarem em sua capacidade. Em situações de tensão social grave, turbulência econômica ou política, demonstram boa *performance* na leitura dos ambientes internos e externos.

Onde está esse profissional? Certamente, não se trata de um tipo comum nas organizações, mas é um profissional que já começa a surgir com alguma frequência. Os *head-hunters* [caça-talentos] do nosso mercado sabem exatamente onde encontrá-los. Esse executivo dos desafios, que gosta muito de ler e sentir-se perfeitamente equilibrado no mundo, consegue unir, com habilidade e paciência, seu nível de abstração, responsável pela originalidade e criatividade, aos processos racionais, aos jogos lógicos e às normas preestabelecidas pela empresa.

Respondendo, agora, à indagação inicial sobre o setor que deve receber tratamento preferencial por parte da empresa, dentro da conjuntura que atravessamos, fica bastante clara minha opção pela categoria do que chamo de executivos sistêmicos, de qualquer especialização. Em tempos de incerteza, possuem eles a flexibilidade desejável para adaptação a novas estratégias e condições gerais para oferecer o ajustamento necessário ao corpo funcional.

O gerentinho raivoso

Há, na tipologia humana da administração, uma figura que desperta atenção pelo seu comportamento ligeiramente tortuoso. Trata-se do chamado gerentinho raivoso, sujeito nervoso, imprevisível, cheio de manias e capaz de vomitar sua cólera, de maneira descontrolada e em momentos inimagináveis. Esse tipo, levado à gerência por um desses indecifráveis mistérios que cercam muitas decisões administrativas, é, geralmente, um poço de recalques e frustrações. Para seu próprio benefício e no interesse de seus subordinados, vale a pena uma rápida análise de sua personalidade.

O gerentinho raivoso, se usarmos a classificação de Hipócrates (médico da Grécia antiga, 460-377 a.C.), o patrono da medicina, integra o grupo dos temperamentos coléricos, ao lado dos melancólicos, fleumáticos e sanguíneos. Seu sistema nervoso apresenta certo desequilíbrio, prevalecendo suas qualidades de excitação sobre a faculdade de inibição. A qualquer ameaça, explícita ou latente, reage intensamente, provocando fortes danos com suas maneiras de defesa.

Ele é, sobretudo, uma pessoa insegura. Não tem brilho, é recalcado e procura compensar suas frustrações com um ar de grandeza, que só o deixa mais ridículo. As pessoas o temem, porque não querem dar motivos para vinganças, ou o evitam. O gerentinho raivoso é também uma pessoa completamente desatualizada. Como passou muito tempo numa função só, bitolou-se e não teve motivação para crescer. Frequentemente, usa gírias antigas da profissão, conta casos e mais casos do que fez em outras empresas, elogia chefes à moda antiga; enfim, é, decididamente, uma pessoa do passado.

Sua desatualização é a raiz de muitos de seus problemas. Por não acompanhar a alavancagem das empresas (aliás, detesta conceitos que não entende), sente-se inferiorizado, razão pela qual luta para se igualar a outros. Nessa batalha, porém, suas armas são o revide, a cólera, os trejeitos nervosos e a aspereza com que responde a situações de que discorda. A figura está sempre se imaginando cercada de inimigos, desafetos, opositores, quando, na verdade, é ele o centro das dificuldades.

O pior de tudo é o sistema decisório que usa. Cabeça dura, ninguém consegue provar-lhe que está errado em seus argumentos e julgamentos. Ele acha que está correto e decide erradamente, "matando" grandes ideias, tirando o impacto de outras, contrariando o bom senso e, o que é grave, jogando pela janela o dinheiro da empresa. Pouco se interessa pela qualidade de um projeto, pela forma adequada e pela substância. Para ele, o que interessa é "tocar as coisas" à sua maneira. Por isso mesmo, é fácil conhecer um gerentinho nervoso. Basta verificar o que ele faz e como ele age. E estabelecer comparações com projetos de áreas idênticas de outras empresas.

Outro traço que lhe é característico é a covardia. Quando sente alguma marcação ou observação por parte de superiores ou pessoas que teme, acovarda-se, muda de posição, torna-se uma massa flácida, dócil e amedrontada. E despe toda a arrogância que marca seu comportamento. É como se, diante de um poder maior, recuasse em sua insignificância e indigência mental. Para completar o perfil, o sujeito se veste mal, constituindo-se numa espécie de contraponto ao aspecto visual das empresas. Resultado: é uma pessoa detestada, como se pode observar pelos poucos cumprimentos que recebe.

Existe saída para o tipo? Claro que sim. Basta uma reciclagem geral, começando pela atualização de conhecimentos em sua área específica. A seguir, o elemento precisa mergulhar em uma reflexão sobre seu tipo e seus modos, tentando, da maneira mais objetiva possível, identificar as

Cartunista Gilmar

raízes de seus problemas. Com a planilha de seus valores à mão, deverá buscar mudanças e receber a ajuda das pessoas que o cercam. Essas, percebendo alguns pontos que merecem correção, podem oferecer-lhe indicações. Com jeito, é claro, se não a figura explode.

Papel maior tem o sistema de avaliação de desempenho e potencial de Recursos Humanos, na medida em que o traçado comportamental desse tipo de gerente deve figurar nas escalas de avaliação periódica. A multiplicação dos campos negativos de influência, a partir da proliferação dos comportamentos desajustados, acarreta frequentes ruídos nos serviços e processos. Criam-se rumores, fofocas, alimentam-se feudos, atiçam-se expectativas, geram-se ondas de contrariedade, e tudo vai desaguar na eficácia global da empresa.

O indeciso

Passar um papel adiante, sem se comprometer; emitir um parecer que não leva a nenhuma conclusão; enrustir um ponto de vista, com receio de represálias; tirar o corpo fora de decisões rotineiras e temer apor a assinatura em documentos constituem, entre outras, situações que caracterizam uma categoria de profissional, bem conhecido, por sua tipologia, em quase todas as partes de uma empresa.

Essa figura é o indeciso. Para uns, covarde; para outros, fisiológico e aproveitador; e, para muitos, simplesmente uma pessoa que não quer se comprometer. Como constitui uma espécie em crescimento, ao contrário do que se poderia supor, e diante das consequências maléficas que sua atuação, de modo geral, acarreta para as organizações, creio ser oportuno discorrer a seu respeito.

Há, pelo menos, cinco fatores que colaboram para formar e desenvolver o espírito do indeciso. O primeiro, o mais genérico, é o modelo global de gestão da empresa, que pode abrigar estilos abertos, fechados e autoritários, centralizados ou descentralizados. Dependendo do tipo, o indeciso tende a aumentar seu receio para enfrentar decisões.

O segundo fator é o modelo de gerenciamento dos superiores. Se o chefe é fechado, autoritário e centralizador, a coisa fica mais complicada para o indeciso. O fator seguinte é o tempo de casa. Evidentemente. Quanto menor o tempo de empresa, menor o conhecimento sobre pessoas, processos, estilos, e maior o receio de tomar decisões. A seguir, aparece como fator contributivo para as indecisões o pouco tempo do profissional no cargo. Ele não se sente suficientemente seguro para decidir, não tem ideia acabada sobre os afazeres, o fluxo do trabalho, a capacidade da equipe e os problemas administrativos internos.

O quinto fator está dentro dele mesmo. São suas qualidades e atributos pessoais, de natureza fisiológica e psicológica, que o tornam, implícita ou explicitamente, um indeciso. Não é o caso, agora, de analisar a base biológica da divisão de caracteres humanos, que poderia, por exemplo, demonstrar alguma relação entre os indecisos e os tipos melancólicos, fleumáticos, coléricos e sanguíneos, de acordo com a velha divisão de Hipócrates, posteriormente confirmada pelos estudos de Pavlov, o autor da famosa teoria dos reflexos condicionados.

Prefiro ficar no terreno das constatações imediatas para arrematar que os fatores relacionados antes e mais o medo de perder o emprego, no contexto da incerteza, estão aumentando a corrente dos indecisos, o que é muito ruim para as empresas. A conjuntura, ameaçando com desemprego, introjeta, nas organizações, o medo, que, por sua vez, provoca reações em cadeia.

A tendência para a acomodação origina um estado de letargia e dormência, pelo qual as pessoas desenvolvem quase automaticamente as atividades. A passividade encontra na figura do indeciso seu polo de atração, irradiando-se, a partir dele, de maneira concêntrica, um clima de energia perdida, frustrações, além de um vocabulário negativista, no qual são comuns expressões do tipo "Isso não é comigo"; "Não tenho condições de decidir"; "Infelizmente, vamos deixar para quando o meu chefe chegar"; "Não sei o que fazer"; "Não posso decidir"; "Isso não é de minha alçada".

É bastante difícil contabilizar, em reais, a crise da indecisão nas empresas, mas não tenho dúvidas de que, em algumas delas, somaria cifras fantásticas. Aos incrédulos, basta imaginar a situação interna, na qual cada um age rapidamente, encaminha soluções, agiliza questões, toma iniciativas, cria fatos de vanguarda e prevenção, não espera por outro; enfim, decide. É nas crises que o processo decisório precisa ficar mais ágil. As decisões podem voltar-se para o ambiente interno, sobre revisão de sistemas e métodos, racionalização de tarefas, reestruturação de setores e áreas, integração setorial, ajustamento de quadros, verificação de "magreza e gordura" de estruturas, necessidades de reciclagem, desburocratização, melhor administração do tempo.

Aos indecisos resta a saída de buscar o caminho das ações concretas. Não devem esperar o alerta de outros. Os superiores podem incentivar os indecisos à participação, dando força a suas decisões.

As empresas, diante de um estado geral de dolência e indecisão, têm duas opções: deixar as coisas como estão ou rever os modelos gerenciais e examinar a qualidade, a intensidade e a fluidez do processo decisório. Cursos de treinamento, orientações grupais e específicas, exemplos e debates internos certamente diminuirão o número de indecisos. Consequentemente, atenuarão o medo que paralisa a administração.

O Astro-Rei

Ele aglutina pessoas, irradia opiniões e ideias, fustiga sentimentos de áreas e chefias, desperta atenção e interesse, procura manter-se constantemente informado sobre tudo e todos, cria em torno de si uma mística e um repertório de histórias, é admirado e também odiado. Trata-se do Astro-Rei da empresa, em torno do qual gravita imensa parcela do sistema de influência e poder.

O Astro-Rei não é, como se pode imaginar à primeira leitura, o presidente da empresa, mas seu perfil recai tanto sobre o executivo principal ou um dos principais dirigentes de topo como sobre um vice-presidente ou mesmo sobre um diretor de área forte e tradicional. As características de astro principal derivam, sobretudo, de sua capacidade de influenciar decisões, de tomar iniciativas, de ambicionar o poder, de circular, com desenvoltura, por todos os setores da empresa, e de sua vontade de querer se ver espelhado no comportamento de outros. Ele gosta muito de espelhos.

Dotado de boa sensibilidade para perceber as fases de avanço e os momentos de recuo, o Astro-Rei é um homem obcecado por estratégias e táticas. Seu contentamento resulta de uma equação, onde a soma de seus atos reflete-se em maior conquista de espaço organizacional e poder. Por isso mesmo, o astro principal sofre e se angustia diante de algum insucesso, decisão catastrófica que tomou, ou, mesmo, ante o sucesso dos rivais, que ameaçam chegar a seus calcanhares.

A importância desse tipo de profissional para a organização se mede pelos resultados, geralmente positivos, que seus atos e decisões provocam, e também pela emulação e mimese que seu comportamento desperta. Estas últimas situações se observam mediante a efervescência competitiva que agita setores e imitações que alguns executivos passam a adquirir pela simples conferência das rotinas administrativas do Astro-Rei. É natural que um clima organizacional povoado de energia, criatividade, cobranças, controles e decisões propicia condições mais razoáveis para a obtenção de eficácia.

Mas nem tudo são flores e positividade no reino daquela majestade. Sobra uma réstea de malefícios que, mal administrados, detonam uma série de comportamentos indesejáveis. Em primeiro lugar, a constatação de que todo Astro-Rei, apesar de pregar o contrário, gosta de centralizar.

Por ele deve passar tudo, desde a contratação de um funcionário subalterno até mudanças de sistemas administrativos. E, se ele exerce fabuloso fascínio sobre outros executivos, já dá para inferir os aspectos negativos advindos de um processo mimético, no qual alguns procurariam imitá-lo quanto ao aspecto da centralização administrativa.

Outro ângulo diz respeito aos grupos que cercam o Astro-Rei. Pela dificuldade de manter uma distância psicológica com todas as áreas e grupos de uma empresa, a majestade organiza, de maneira até inconsciente, um séquito de assistentes, auxiliares e colaboradores próximos, formando uma espécie de casta que chega a desagradar a diversos segmentos. Dessa forma origina-se um feudo, que passa a ser malvisto ou, quando não é esse o caso, o próprio grupo de colaboradores constrói uma redoma em torno do chefe. Fatalmente, isso acarretará prejuízos sérios para o processo de tomada de decisões.

Quem não tem condições de chegar perto do Astro desenvolve uma tendência para a contrariedade e repulsa, esboçando-se, a partir dessa semente, uma onda de rumores e mal-estar. O efeito-espelho, por sua vez, não permite que a figura perceba as insatisfações que se espraiam pela organização. O efeito-espelho ocorre quando o astro principal dirige-se ao grupo, que funciona como uma espécie de espelho, para checar alguma posição, ponto de vista ou ação a ser decidida. O grupo, numa manobra psicológica de autodefesa grupal, espalha e retrata exatamente aquilo que o Astro-Rei quer ver, isto é, a si próprio. É natural que ele se veja no espelho, achando que suas ideias são as melhores, que suas ações são as mais acertadas e seu comportamento, o mais elogiável. A vaidade, assim, fica locupletada. E a realidade empresarial, muito distante.

Outro perigo reside na possibilidade de se passar para a malha organizacional um pensamento, fundamentado exclusivamente em táticas, estratégias, guerra de guerrilhas, combates, recuos, estocadas, cacetadas, porradas, e orientado pelo maquiavélico princípio de que "os fins justificam os meios". Por esse ideário, a empresa é o cenário de uma guerra, onde há inimigos por todos os lados e onde é necessário fazer valer o axioma "Cada um por si, Deus por todos".

Infelizmente, esse pensamento que, de algum modo, acolhe as paranoias dos executivos que ambicionam desmesuradamente o poder tende a se alastrar por segmentos inferiores, compondo bolsões de disputa incontroláveis. Em determinado momento da empresa, as pessoas estarão mais preocupadas em disputar espaço que cumprir as obrigações rotineiras. Quando caem na realidade, já é tarde para mudar.

O processo de reflexão faz bem ao Astro-Rei. Assim, ele não se deixa encantar por completo, desenvolvendo contrapontos que só fazem bem a seu estilo gerencial. Se já estiver totalmente consumido pelo fogo do poder, haverá poucas chances de sobrevivência. Concluo com a posição de Robert Lane que, em seu livro *Political life*, dá um conselho que, por extensão, aplico aos Astros-Reis, asteroides, estrelas e planetas existentes numa empresa: "Para ser bem-sucedida em política, uma pessoa deve ter suficiente habilidade interpessoal para estabelecer relações efetivas com outras e não deve deixar se consumir por impulsos de poder a ponto de perder contato com a realidade. A pessoa possuída por um ardente e incontrolável desejo de poder afastará, constantemente, os que a apoiam, tornando, assim, impossível a conquista do poder".

Os mutantes

Cena número 1: Estamos diante de uma pessoa afável, modesta, simples, espirituosa e com alto grau de comunicação interpessoal. Essa pessoa é reconhecida na empresa por seu espírito aberto e jovial, sua imensa capacidade de atender às demandas e resolver problemas.

Cena número 2: Estamos diante de uma pessoa que olha para os outros de cima para baixo, empinando o queixo arrogante, mal-educada, pouco comunicativa, complicada e antipática. Essa pessoa é completamente diferente do tipo anterior.

Você ficaria surpreso se soubesse que ambas são a mesma pessoa? Pois é o que ocorre, frequentemente, nas empresas. As pessoas mudam de comportamento como se estivessem mudando de roupa. Transformam-se em outras, adotam estilos que não combinam com sua postura anterior, vestem um figurino que pouco se parece com o perfil de sua primeira personalidade. Refiro-me aos mutantes empresariais, um tipo-camaleão, que muda de cor, todas as vezes que ganha uma promoçãozinha.

Quando a vaidade baixa, a partir de mais um degrau na carreira, não há quem aguente. Aquele profissional simples e querido de muita gente transforma-se num tipo arrogante, fechado em torno de si mesmo, pouco transparente e, sobretudo, transpirando antipatia por todos os poros.

O que, na verdade, ocorre com essas pessoas? Que processo é capaz de alterar, de modo tão significativo, a personalidade de uma pessoa?

A resposta não é complicada. Simplesmente, insegurança. Pessoas que não têm maturidade para galgar postos mais altos, quando a eles têm acesso, são capazes de violentar-se, invertendo valores, incorporando conceitos incompatíveis com sua personalidade.

Elas imaginam que, tornando-se difíceis e complicadas, passam a ser mais respeitadas. Creem firmemente que manter distância dos outros confere *status* e poder. Acreditam que o isolamento é uma medida de prestígio. Passam a defender a rigidez de postura como sinônimo de seriedade. Confundem capacidade de gerenciamento e energia com um mandonismo autoritário e feroz.

No dia a dia, os pequenos detalhes vão exibindo os contornos nefastos dessa personalidade. Para falar com um *mutante empresarial*, os subordinados têm de aguardar horas e, às vezes, dias. No corredor, os cumprimentos não passam de um rápido aceno, como se um tocar de mãos viesse sujar os dedos. Os telefonemas externos são atendidos com desdém. E o mais engraçado é que o mutante imagina que se tornou, de repente, importante para as pessoas. E que seus interlocutores, da noite para o dia, passam a respeitá-lo diante de sua nova postura. Ledo engano.

Ele não percebe que sua radical transformação surpreende as pessoas, deixando-as mal impressionadas. Especialmente quando seu relacionamento com o grupo, em determinado momento da vida empresarial, era aberto, sereno e agradável. Os subordinados, quase intuitivamente, vão criando mecanismos de autopreservação e defesa contra o novo tipo de gestão, formando um polo de irradiação negativa no Departamento ou Divisão. À medida que o tempo avança, o mutante empina cada vez mais o queixo e seu grupo dele mais se afasta. Chegará um momento de completa incompatibilidade departamental.

Quando a promoção é ganha, por capacidade e mérito, os profissionais ascendem na carreira, alegremente, mas não promovem mudanças obtusas de postura. Alguns chegam até a ser mais modestos. Esses são, verdadeiramente, o fermento da unidade e participação grupal. Exibem capacidade ideativa e realizadora, não são tolhidos pela vaidade burra nem deixam que as questões de natureza estrutural invadam a esfera de amizade e relacionamento pessoal.

Há muita gente torcendo para os mutantes mudarem de empresa. Para seu equilíbrio, aqui segue um pensamento: o ser humano, como o caniço, é muito batido pelo vento. O caniço se enverga, mas volta à sua posição. Ele tem raiz forte. Um homem que zela por sua personalidade deve manter a dignidade suficiente para manter o equilíbrio de sua coluna vertebral. E de seus valores morais. As mudanças conceituais, técnicas, profissionais enriquecem a vida. Mas mudar de personalidade é um gesto que só denota fraqueza.

O chefe: do pragmático ao chato

As relações interpessoais e grupais nas organizações são comumente afetadas por falta de conhecimento entre interlocutores. Apesar de se constatar razoável grau de homogeneização no discurso organizacional, consequência de padrões normativos e operacionais impostos pela burocracia, tem-se observado, cada vez com mais frequência, nos últimos tempos, acentuada diferença de estilos por parte dos executivos. As diferenças de personalidade influem de maneira tão significativa nas decisões que, não raro, chegam a fazer que seus conteúdos sejam menos importantes que as formas de tomá-las. Quando isso ocorre, estamos diante de uma indesejável inversão de valores.

Para evitar situações negativas e diminuir as distâncias entre superiores e subordinados, o bom-senso indica a necessidade de maior conhecimento entre intenções de quem decide e de quem operacionaliza as decisões. Uma maneira de efetuar essa aproximação é procurar conhecer a tipologia dos principais agentes do processo decisório. Eis aqui um pequeno roteiro que pode ser ampliado pelo exercício de observação e imaginação de cada um que deseje aperfeiçoar suas relações internas. Podemos distinguir, entre outros, os seguintes tipos nas empresas:

Os *pragmáticos* – Tipos imediatistas, que gostam mais de agir do que de planejar. Objetivos, diretos, frequentemente são duros e frios nas relações interpessoais. Procuram queimar etapas no processo de implementação para ganhar tempo. Integram-se facilmente ao ritmo tecnológico das organizações, engajando-se adequadamente na produção, como se estivessem fisicamente ligados às máquinas e métodos.

Os *carismáticos* – Tipos que apresentam muitas qualidades e uma inata vocação para liderança. Sensíveis, observadores, captam com facilidade sentimentos, angústias, desejos, intenções e frustrações dos grupos que os rodeiam, canalizando os anseios gerais e aproveitando determinadas situações para explorar, com competência, os acontecimentos do universo empresarial. Muitos têm luz própria, um brilho de inteligência criativa e expressividade gestual e corporal que chama a atenção. Estão sempre com pessoas a seu redor, provocando nelas respeito, admiração, interesse e estima.

Os *conceituais* – Colocam as ideias, os conceitos e os planos abstratos acima da realidade ou dos projetos racionais. Pensadores, idealizadores, fazem da utopia sua principal marca. Sonham com uma empresa equilibrada em todos os sentidos, com satisfação plena nos diversos níveis funcionais e altos índices de produtividade. Mas não conseguem apresentar soluções concretas e imediatas para as metas idealizadas. São importantes porque, de alguma forma, colocam a empresa numa base reflexiva, estabelecendo um contraponto ao perfil dos tipos pragmáticos.

Os *fisiológicos* – Mudam constantemente de posição e pensamento, adaptando-se às circunstâncias e aos novos chefes com relativa facilidade. São capazes de alterar radicalmente seu estilo de ver as coisas só para agradar aos superiores. São os "peixinhos do aquário", sempre dispostos a seguir o rumo das ondas do momento. Matreiros, não tomam posições definidas em quase nada. Estão sempre em cima do muro.

Os *apáticos* – Assumem uma posição reativa e acomodada, não gostam de fustigar nem de ser fustigados. São adeptos do estilo "não mexa comigo e não mexerei com você". Tudo está bem para eles: "As coisas são assim mesmo, não adianta fazer algo, pois tudo continuará como antes". Não se aferram a ideias criativas e ações mobilizadoras. Contemplam a cena empresarial com um eterno ar de mesmice e quietude. Não querem saber de planos, apenas ficar em seu canto, sem serem incomodados.

Cartunista Gilmar

Os *proativos* – São considerados os "tratores" da empresa, pessoas que executam tarefas, pensam, dão ideias, mobilizam grupos, submetem-se aos mutirões para concluir metas e projetos. Não esperam pelos outros, eles mesmos passam à iniciativa, adiantando-se às decisões. Meia dúzia de proativos provoca uma pequena "revolução" na empresa, pois efetivamente constituem a mola de propulsão de grandes avanços e empreendimentos.

Os *politiqueiros* – Poucos se interessam pelo andamento administrativo de seus setores, pois passam grande parte de seu tempo ocupando-se de "política de bastidores", envolvendo-se com intrigas, querelas, boatos, tudo com o objetivo de ampliar espaço e poder. Ambiciosos, geralmente conseguem se encostar nos escalões mais altos da organização. Procuram criar "grupinhos e feudos", constituídos por pessoas de sua confiança.

Os *conciliadores* – Tipos que exibem alta qualificação na costura de situações problemáticas, conflitos intersetores e dramas pessoais. São exímios conselheiros, muito educados e respeitados. Sabem ouvir com paciência e falam o estritamente necessário. Por sua conduta, são recebidos com atenção em reuniões de grupos de trabalho. Quando não conseguem conciliar uma questão conflituosa, retiram-se em isolamento tático, aguardando oportunidade para nova mediação.

Os *almofadinhas* – Colocam grande ênfase na maneira de se vestir, exagerando os cuidados nas formas de apresentação visual, fugindo, quase sempre, aos padrões rotineiros da empresa. A ideia que se tem deles é que estão posicionados alguns pontos acima da proposta visual dos colegas, o que sugere superficialidade e gosto pelo extravagante. Pouco profundos e reflexivos, esses janotas são normalmente alcunhados de "bebês Johnson", inclusive pelo público feminino, de quem estão sempre querendo se aproximar, por interesses exclusivamente donjuanescos.

Os *"prata da casa"* – Executivos que fizeram uma história muito bonita na empresa, saindo de posições baixas e escalando postos cada vez mais altos. Estimados pela administração superior, sua concepção de empresa é a de que seu ambiente profissional é uma extensão do lar. Gostam imensamente da "casa" (é assim que chamam a empresa) e de seus dirigentes, são exemplares na conduta profissional e "vestem a camisa" da organização em qualquer circunstância.

Os *informais* – Procuram sair das rotinas burocráticas, apelando para maneiras informais de relacionamento, como conversas diretas com subalternos de subalternos. Evitam manifestações formais, são espontâneos e francos, e chegam a quebrar a monotonia empresarial com sua conduta inusual e quase sempre surpreendente. Chegam aos lugares sem aviso prévio, conversam descontraidamente, fazem brincadeiras e criam alguma anarquia interna. Mas são "queimados" por colegas que condenam seu estilo improvisado. As barreiras hierárquicas não constituem, a rigor, dificuldades para expressão de sua personalidade.

Os *vingativos* – Estão sempre batalhando para afastar de seu caminho aqueles que consideram indesejáveis, inimigos ou prejudiciais às suas metas. Maquinam pequenas e grandes maldades, soltam balões de ensaio contra adversários, despacham agentes e acionam métodos para ofuscar pessoas que atrapalham sua ascensão profissional.

Os *normativos* – Extremamente formais no trato com as pessoas e com as rotinas, assentam sua visão sobre princípios burocráticos. Preferem assumir posição normativa a uma conduta racional, mesmo quando o bom-senso e a oportunidade sugerem a necessidade de decisões não muito rígidas. Para eles, a norma está acima de tudo. Se a lei empresarial diz que assim deve ser feito, nada fará mudar seu pensamento, mesmo que a lei seja considerada coisa ultrapassada pela comunidade.

Os *disponíveis* – Constituem um grupo que está sempre à disposição da organização para tarefas especiais. Flexíveis, do ponto de vista de especialização, podem mudar rapidamente de posição na empresa, assumindo novas funções com desenvoltura e competência, especialmente em momentos de crise ou substituição de nomes. São de inteira confiança dos dirigentes, mas não são muito bem vistos por níveis gerenciais médios. Consideram-se privilegiados e não procuram esconder essa característica, o que lhes confere *status* e maior poder.

Os *chatos* – Quando aparecem diante de um grupo que está discutindo, o rumo da conversa muda. Arrogantes, carregam a indefectível capacidade de aborrecer pessoas. Gostam de "ser do contra", querem se apresentar de maneira superior, adoram atrair a atenção e fazer valer suas ideias. E quase nunca chegam a perceber que são objeto de "gozação" dos colegas. Ou, quando percebem, não procuram mudar o comportamento. São chatos mesmo.

A receita para o bom relacionamento começa, portanto, com a identificação dos personagens. "Com quem estarei falando?", deve ser a pergunta. Um exercício de observação poderá ajudar os interlocutores a compreender as expectativas de cada um, o que fatalmente redundará em maior equilíbrio entre as partes.

Os centristas

Que existe um "centrão" na empresa, isso não há dúvida. O "centrão" empresarial é o grupo que faz convergir posições opostas, unificando interesses, o que procura contemporizar situações, aliviando as ênfases de um lado e outro, o que canaliza as aspirações das pessoas, homogeneizando comportamentos, aplainando arestas, quebrando resistências. O "centrão" da empresa, como indica o próprio nome, joga para a frente, para trás e para a plateia. Distribui cartas, de forma a agradar a todos.

Para não ficarmos no terreno das generalizações, vamos aos fatos. Primeiramente, podemos dizer que há pessoas e setores que pertencem ao "centrão". Pense na figura de um gerente que não toma posições extremadas, está sempre querendo ouvir um lado e outro, conversa com todos, ouve angulações opostas e acaba por proclamar: "Então, minha gente, a questão é complicada, vamos analisar cuidadosamente a situação. Minha impressão é de que todos têm um pouco de razão etc. e tal". Se você tem em mente esse modelo, certamente estará diante de um centrista.

A maneira mais evidente que detona a capacidade centrista das pessoas, sobretudo a dos chefes, é o processo de avaliação. Os critérios de avaliação dos subordinados mudam de empresa para empresa, mas, geralmente, assumem o mesmo posicionamento global: notas de 0 a 10; conceitos de excepcional, muito bom, bom, razoável, fraco e péssimo; ou altamente qualificado, bem qualificado, razoavelmente qualificado, não muito qualificado, pessimamente qualificado. Você está imaginando o que vai ocorrer? Não há dúvida. Os chefes geralmente estão mediando as posições e atribuindo notas médias, conceitos médios, critérios médios para os subordinados. Os chefes são muito vivos e não querem se comprometer. Os chefes pertencem ao chamado "centrão" da empresa.

Os processos de avaliação, isto é bastante conhecido, falham porque tendem a mediar posições. A tendência para a média na curva de avaliação ocorre em quase todas as empresas. Poderíamos concluir que os critérios ou estão errados ou os chefes não têm condições de avaliar seus subordinados. Será que é isso mesmo? Tenho cá minhas dúvidas.

Os chefes, evidentemente, quando acompanham de perto as atividades de seus comandados, sabem quais são seus pontos fortes e fracos. Os critérios, bem ou mal, do ponto de vista meramente estatístico, também apuram situações, especialmente se seus valores indicarem conceitos claros para cada nível de qualificação. A questão, portanto, não é de critério, nem de falta de condições para avaliar pessoas. A questão é, sobretudo, cultural.

Desse aspecto, afloram na discussão situações de índole, pressões socioambientais, desemprego, falta de segurança, caráter do brasileiro em geral etc. Para começar: há no povo brasileiro uma tendência para fazer média. A cultura dos nossos não tão tristes trópicos é descontraída, alegre, descomprometida. Em termos de resultados para as organizações, isso significa que as pessoas querem "continuar na sua". Raciocinam mais ou menos assim: "Estou no meu cantinho, quieto, não quero que ninguém venha atrapalhar meu astral. Por isso, não admito que ninguém me encha a paciência. E, eu, por meu lado, não vou querer bagunçar o coreto de ninguém". Resultado: a avaliação tende a ser para a média.

Mas, na empresa, há setores ou grupos que pensam de maneira homogênea, assumindo posições centristas para não contrariar interesses de outras áreas mais fortes. Esses setores, geralmente chefiados por um líder do "centrão", procuram ocupar espaço, avaliando os melhores momentos para avançar ou recuar, mas sempre conservando posições intermediárias. A questão que se coloca, diante de todo esse quadro, é: como quebrar a tendência para se fazer média na empresa?

A resposta é simples: procurando injetar valores novos na cultura organizacional, tentando oxigenar os pulmões das chefias, promovendo um verdadeiro jogo de produtividade, estimulando a criatividade, demonstrando a necessidade de julgamentos corretos. A tendência para se fazer média não será quebrada se não existir um sério, planejado, pensado trabalho de marketing de Recursos Humanos. Os profissionais de RH, em um primeiro momento, necessitam legitimar-se perante a comunidade. Precisam ter seu trabalho reconhecido, avaliado corretamente, precisam ser compreendidos. A partir daí, criam-se as pontes para um relacionamento cordial com a comunidade. Quando chegarem a esse ponto, poderão mudar a cultura. E acabar ou atenuar a tendência para se fazer média. Nesse dia, a empresa vai chegar mais próxima à verdade. O que será ótimo para ela e para a sociedade.

Os generalistas

Os *generalistas* estão chegando! Disso não tenho dúvidas. A escala das transformações tecnológicas, a crescente interdependência da economia mundial, a dinâmica das mutações sociais, a aplicação de novos princípios de geopolítica, que tendem, cada vez mais, a quebrar os clássicos limites das fronteiras Norte-Sul e Leste-Oeste constituem, entre outros, parâmetros norteadores de um comportamento administrativo que privilegiará os chamados *generalistas*.

A premissa que apresento parte do princípio de que, para enfrentar um mundo com as características aqui descritas, será necessária a figura do administrador com capacidade abrangente de análise, interpretação e correlação, o planejador por excelência, com visão sistêmica para ler correta e adequadamente os cenários sociais, as turbulências políticas, econômicas, o ambiente de competição, as forças do mercado, as tendências culturais dos grupos, os nichos negociais e as possibilidades de integração das economias contemporâneas.

Nessa Era da Informação, caracterizada pela explosão das redes tecnológicas da internet, os profissionais e consultores de visão sistêmica se multiplicam nos grupamentos empresariais, fazendo suas leituras sobre as teias e influências das economias interdependentes do mundo globalizado. Exercem suas funções, assessorando as decisões do *top* diretivo, fornecendo as grandes linhas de ação, indicando os caminhos a serem seguidos, os meios, as formas, os processos e sistemas mais consentâneos com as realidades circunstanciais e sempre levando em consideração a necessidade de dar respostas tempestivas aos eventos e às crises intermitentes que assolam as economias mundiais.

Há quem veja na tendência para privilegiar os generalistas uma carga de contradição. Pois a crescente especialização no trabalho, a informatização que irrompe em todos os segmentos empresariais, a procura da originalidade, em um contexto de acirrada competitividade, só poderiam favorecer a figura do *especialista*, o homem do conhecimento técnico específico. A observação pode parecer lógica, mas não invalida minha inferência sobre o êxito dos generalistas.

Explico. Inicialmente, não vejo a emergência do generalista como ameaça ou atenuação das funções e da missão que cabem ao especialista. Não há como negar a importância de pessoas altamente especializadas num universo de extraordinárias descobertas e avanços. Mas o especialista terá seu lugar reservado, em qualquer circunstância, pois caberá a ele planejar e implementar o processo de inovações e aperfeiçoamento tecnológico das organizações. Ao generalista ficará reservado o desafio de planejar o crescimento ordenado das empresas, estabelecendo os cruzamentos necessários para a tomada de decisões, oferecendo *inputs* para a escolha dos melhores processos.

Os papéis de ambos, portanto, estão bem definidos, sem perigo de alguma forma de "canibalização". O que pretendo realçar é a importância do generalista para os tempos de turbulência e competitividade. Cabe, agora, discorrer um pouco sobre seu perfil. O que é, afinal de contas, um generalista? Qual é a receita básica para sua formação? Vou tentar responder. Dotado de extraordinária capacidade de criar relações entre as partes, o generalista sempre vê o todo, procurando decidir, depois de medir as consequências, incorporando as informações ambientais e processando, analiticamente, os dados que capta. Internamente, o generalista é capaz de vivenciar sentimentos da comunidade, pela pesquisa e procura dos anseios grupais. Dispõe de imenso tirocínio para cristalizar pontos essenciais, ver prioridades das situações com acuidade, em um ordenamento lógico. É também exímio avaliador de desempenhos e potenciais dos recursos humanos. Sua sensibilidade será decisiva para importantes decisões na área de marketing e vendas.

Como o generalista pode assumir uma postura tão eclética? Utilizando-se de um corpo de conhecimentos e pessoas, estudando, lendo, atualizando-se, consumindo informações de natureza diferenciada, avançando no tempo, não deixando sua mente mofar pelo lado da mesmice e da rotina da empresa. Ele é capaz de organizar eficientes sistemas de apoio, como grupos de *estafe,* compostos de pessoas bem treinadas e instruídas, uma equipe jovial, alegre, dinâmica e, sobretudo, comprometida com o futuro. O generalista não quer ver apenas o hoje, a coisa imediata. Na verdade, ele é um visionário – no bom sentido –, um sonhador que é capaz de ver claramente sua empresa projetada 10, 15, 20 anos na frente.

Com esse perfil, resta distinguir o campo formacional do "gigante". As Ciências Humanas (sem nenhum demérito para outras áreas) constituirão o vértice de sua formação. Pois delas os generalistas extrairão conhecimentos de Administração, Economia, Política, Sociologia, História, Artes. Até Artes? Sim. Anos atrás, seria motivo de chacota apontar Psicologia ou Artes para dar base à formação de um administrador. Mas essas disciplinas garantirão o desenvolvimento de sua sensibilidade. Em um ambiente de conflitos, permeado de tensões, será necessário um tipo de administrador com muita sensibilidade e criatividade. O generalista, com aquelas ferramentas de conhecimento, saberá mexer com pessoas e grupos, entender melhor o mundo, traçar paralelos históricos, fazer projeções, definir estratégias e táticas. Enfim, eles estão chegando simplesmente porque seu estilo é uma extensão da própria realidade. Agora, quem tem viseira não enxerga essas coisas...

Os veteranos

Quais os efeitos benéficos e maléficos de uma cultura de veteranos sobre a malha interna de uma empresa? Essa pergunta tem inquietado os profissionais de RH, que enfrentam o desafio de encontrar a dosagem exata para equilibrar o corpo dos antigos empregados, de forma a retirar de sua cultura valores positivos para a comunidade e a eliminar ou atenuar naturais desvios comportamentais que afetam a produtividade e a eficiência administrativa.

Os veteranos de uma empresa constituem um grupo que, por sua condição de conhecimento e integração ao chamado *espírito da casa*, irradia opinião, gera influências, arregimenta setores, exerce liderança e faz a comunidade caminhar em determinada direção. Nesse sentido, exercem o papel privilegiado de ditar as regras do jogo ou mesmo interpretá-las, de acordo com suas conveniências e aspirações. Em consequência, exercem extraordinário poder sobre o tecido organizacional.

Uma cultura regada por veteranos contabiliza aspectos mais positivos. Cria uma aura de segurança e tranquilidade sobre os setores, imprime uma forte característica integrativa, realçada pelo famoso dito "É preciso vestir a camisa da empresa", estabelece laços intergrupais e interpessoais importantes e reforçadores do sentimento de solidariedade e trabalho integrativo. Quando os veteranos assumem a posição de *prata da casa* pode-se até garantir à empresa a certeza de que, mesmo nas crises, ela contará com a participação efetiva de seus empregados, motivados a dar o máximo para reerguer as forças produtivas.

Não se pode esquecer, contudo, a cota de aspectos negativos determinada pela cultura de veteranos. A começar por certa passividade e acomodação, naturais em quem passou muito tempo numa empresa e se considera tão dono de si e de seu cargo que não se preocupa em estimular a criatividade ou em aumentar a eficiência. Os veteranos também são chegados a um *feudozinho,* um curral-abrigo, onde poucos podem entrar ou têm acesso. Os castelos criados pelos veteranos representam uma espécie de poder visível, um cartão de apresentação que permite a seguinte leitura: "Atenção, vocês, aí, este aqui é meu feudo, aqui mando eu. Como vocês percebem, deverão gramar muito até chegarem à posição onde eu cheguei".

Esse é o motivo pelo qual as políticas de RH devem promover uma ação permanente a fim de reciclar o corpo de veteranos, oxigenando-lhes o espírito, treinando e atualizando técnicas, motivando-os para novos desafios profissionais. Esse programa de reciclagem pode ser acompanhado de uma movimentação horizontal a fim de evitar as conformações de feudos e os estilos imperiais. Com alguma criatividade, pode-se originar uma poderosa cadeia movida pelos veteranos.

A complementação do programa abarca algumas posições no sistema de recompensas e prêmios. Nesse sentido, bastante coisa pode ser feita, desde uma completa reformulação nos prêmios, honrarias, eventos de confraternização até a criação de estruturas e/ou fundações encarregadas de estruturar e amplificar as atividades de lazer dos veteranos. Para que o programa atinja resultados positivos, nada mais lógico que a realização de uma pesquisa em profundidade. A pesquisa, com amostras significativas em todas as faixas de veteranos, procurará auscultar anseios, vontades, frustrações, efetivo engajamento corporativo, influência sobre os empregados mais novos e sistemas de prêmios em vigor ou sugestões para novas programações.

Alicerçada na comunidade, organizada de acordo com os objetivos da empresa e contemplando diversas posições, uma programação para veteranos há de se constituir em ferramenta de valioso significado para a energização positiva do espírito corporativo. Só assim as empresas revitalizam suas culturas, sem perder o calor de um passado tradicional e a dedicação de seus empregados mais antigos. Para eles, um revigoramento cai muito bem. Deixarão de ser considerados "ferro-velho".

O presidente

O poder, como muitas coisas na vida, tem uma dupla face. Para ser visível e, portanto, ser considerado como tal, há que se mostrar. Mas, para se constituir como força e influência, há que se apoiar em elementos de mistério, encanto e fuga. O conceito fica mais claro quando imaginamos o poder das pessoas. Para serem consideradas poderosas as pessoas devem exibir sinais de sua força. E, paradoxalmente, quanto maior o mistério em torno delas, parece crescer o halo de poder em sua volta.

A imagem é adequada para presidentes, superintendentes e principais executivos de empresas. Eles detêm, por força do cargo, um poder extraordinário, capaz de decidir sobre coisas e pessoas, sendo sua palavra o fim ou o começo de um processo. Talvez por essa razão e também em consequência de situações que independem de sua vontade, os principais executivos da empresa são guardados a "sete chaves", escondidos da comunidade interna, presos em confortáveis salas, por conta do estigma do cargo de presidente ou superintendente.

Pois bem, muita gente acredita que esse esconderijo é altamente benéfico para o dito cujo presidente, sob a alegação de que estaria ele preservado de pressões de grupos e pessoas, conservando as condições ideais para avaliar o andamento das situações e tomar decisões. Para o grupo de assessores, secretários e auxiliares diretos, a *"redoma do presidente"* constitui uma espécie de plataforma de visibilidade do poder presidencial.

O PODEROSO, O INIGUALÁVEL, O INSUPERÁVEL, O INATINGÍVEL, O VENERÁVEL, O....

O PRESIDENTE

Cartunista Gilmar

O PRESIDENTE

O esconderijo dos presidentes ainda é um fato corrente e comum em nosso meio. Centenas de empresas, de portes variados, armazenam seus presidentes, sob a escolta de milhares de assessores e "bajuladores". Trata-se de uma situação bastante lamentável, pois representa nada mais que o resquício de uma visão caolha e tradicional de poder: o poder misterioso, que relembra passado, autoritarismo, arbítrio, a força do cutelo em substituição à força da inteligência.

Confesso, aqui, minha completa objeção a essa forma manifesta de poder, apesar de admitir – e mesmo achar legítimo – alguma espécie de liturgia de poder. Mas a liturgia de poder a que me refiro não condiz com o arcaísmo que é a *"redoma* do presidente". Explico. Um presidente de empresa, para exercer poder, não precisa se esconder da comunidade. O poder mais legítimo é consequência do conjunto de ações e comportamentos, reconhecidos pela comunidade em termos de valores de grandeza, dignidade, fortaleza, segurança, carisma, simpatia, generosidade e firmeza de propósitos. O circo, sozinho, não sinaliza a ideia de poder. E "redoma", "cantinho", "esconderijo" de presidente parecem circo.

Um presidente precisa conhecer muito bem a comunidade em que vive profissionalmente. Deve percorrer as áreas das unidades fabris, dos escritórios, indagar, perscrutar, conversar naturalmente, em passeios rotineiros, que não sejam classificados como *"abruptos* e completamente inesperados". Não se faz imagem interna com "incertas" tempestuosas, que podem descambar para o perigoso terreno da galhofa.

Mas, afinal, qual deve ser o espaço do presidente de uma empresa? O espaço do presidente deve ser o espaço da empresa. Se ele tiver condições de ocupar os espaços físicos, psicológicos e mentais, traduzidos na compreensão razoável das questões rotineiras, dos programas comuns das áreas, dos conflitos intergrupais, e até do clima global da organização, por certo decidirá mais acertadamente.

A liturgia do poder não significa abuso das formas de exibição externa de mando. Sabemos que, pelo fato de se investir do mais alto cargo na empresa, um presidente deflagra, naturalmente, toques litúrgicos. São as deferências, mesuras, maneiras de interlocução; é o respeito que sua presença acarreta, a deferência com que é tratado por todos. Esses pequenos gestos integram uma liturgia compatível com sua posição. Quando as formas de manifestação do poder são exageradas – do tipo "tirar pessoas do ambiente, de um elevador, porque o presidente está chegando e ele deve passar sozinho" – o ridículo fica visível. Com sérios prejuízos para a imagem do presidente.

O encanto, o mistério e a fuga que plasmam o toque mágico do poder não são resultantes do processo de recolhimento a que os presidentes são submetidos. A simpatia irradiada por um executivo pela sua maneira de tratar com os subalternos pode agregar muito encantamento. A simplicidade de um homem poderoso certamente provoca mais mistério que a de um homem orgulhoso. E o conceito de fuga deve ser substituído pelo de *presença*, que poderá carrear ao presidente a imagem do homem onisciente, presente em todos os compartimentos e situações da empresa. Como vocês perceberam, estou querendo furar a *"redoma* do presidente". Para conferir-lhe mais transparência, para o equilíbrio da comunidade e o bem-estar geral da empresa.

Secretária: canal de comunicação

É bem provável que dezenas de milhares de chefes espalhados por empresas e entidades de espectros variados tenham, na ponta da língua, uma frase, um conceito ou um simples elogio referente ao desempenho de suas secretárias. Mas é muito pouco provável que eles percebam a importância da secretária como um dos mais eficientes canais de comunicação das organizações. As secretárias formam, em seu conjunto, dentro de uma empresa, uma rede de comunicação que exerce extraordinários poderes.

As atividades de uma secretária são determinadas, frequentemente, pelo porte do setor onde atuam, posição do chefe, natureza técnica e administrativa de sua formação, tempo de empresa, classificação profissional e escala salarial. Sua avaliação, dessa forma, obedece a um conjunto de funções e atividades explícitas, estabelecidas por padrões formais e acompanhadas pelo sistema normativo. Sob a capa das rotinas visíveis, porém, esconde-se uma gama de interessantes funções.

Começando pelos ambientes, as secretárias aí exercitam seu gosto estético, povoando seu espaço físico com toques plásticos transformadores, fazendo salas feias parecerem bonitas, mesas apinhadas aparentarem um ar de coisa organizada, móveis e objetos apresentarem um cheiro asséptico e aspecto higiênico. Até algum sabor romântico pode-se sentir eventualmente. As mudanças plásticas também podem caminhar para o lado errado e gerar má impressão. O que ressalto é o efeito estético dos ambientes, plasmado pelas secretárias, que pode criar uma aura de envolvimento, simpatia, romantismo, agilidade, calor humano, simplicidade, desburocratização, amizade, ou, contrariamente, frieza, mau gosto, desorganização, coisa espalhafatosa, complicação, falta de higiene, morosidade.

Os espaços físicos desenvolvem um laço psicológico sobre os interlocutores, pelo qual se podem abrir veredas para maior aproximação ou, inversamente, o afastamento. Como a eficácia do ato comunicativo depende de um conjunto de variáveis, que incluem habilidades dos interlocutores, tipos de canais usados, formas e posições, fica patente a importância dos elementos ambientais para os contatos interpessoais e grupais.

Aceitando-se essa premissa, é lógico concluir que a cara dos chefes é razoavelmente moldada, do ponto de vista de primeira impressão, pelos ambientes preparados pelas secretárias. De algum modo, elas colaboram para formar o composto de conceito e imagem dos chefes. Mas essa responsabilidade também decorre de outras habilidades que as secretárias desenvolvem.

A maneira de falar, de perguntar, de querer saber qual o assunto, a cordialidade, formalidade/informalidade, a petulância, a simplicidade são alguns atributos que marcam o comportamento da secretária. Essas características, dosadas, se impregnam nas mentes dos interlocutores e vão contribuir na formação das primeiras impressões a respeito dos chefes.

Vistas desse ângulo, as secretárias desempenham funções de um canal de comunicação, na medida em que transportam um feixe de valores significativos para a composição da imagem de seus superiores. Há, porém, outros aspectos relacionados à secretária como canal de comunicação. Trata-se da rede de comunicação informal, alinhada espontânea e naturalmente pelas secretárias.

A rede informal troca informações, passa mensagens, dinamiza ideias, sensibiliza setores, resguarda os chefes. Ela se forma em razão da massa de informações acumuladas pelas secretárias. Normalmente, são elas as primeiras a tomar conhecimento sobre decisões importantes. Acostumadas ao convívio nos gabinetes fechados, às conversas de portas trancadas, as secretárias formam um verdadeiro batalhão do sigilo e da confiança dos chefes.

Não é de estranhar, portanto, que sejam pessoas bem-informadas e comprometidas com a malha de segredos e questões estratégicas e polêmicas. Carregando informações variadas, muitas têm necessidades de ajustes psicológicos, o que ocorre pela troca de confidências com colegas. A informação passada significa não apenas uma exibição de *status* e poder, porque a informação grave não deixa de ser um domínio de gente poderosa, mas uma saída psicológica para interação pessoal e grupal e fortalecimento de vínculos de amizade e solidariedade.

A rede de secretárias é forte e altamente penetrante, banhando todo o tecido organizacional. Seu movimento é cíclico, evidenciando um gráfico com altos e baixos, por períodos de prestígio e desprestígio dos chefes. Quando os superiores estão em ponto alto, a rede de comunicação informal das secretárias tende a reforçar seu prestígio, multiplicando os valores positivos de suas áreas. O retraimento ocorre em períodos de baixa, o que significa constantemente um movimento de fluxo e refluxo.

A identificação da rede informal das secretárias pode servir aos objetivos da organização, especialmente na utilização de mensagens para combater efeitos funestos de outras redes. As secretárias apresentam a vantagem da agilidade e precisão. Elas sabem conferir, avaliar, investigar e não se cansam enquanto não conseguem atingir o alvo.

Compreendendo-se o efetivo papel da secretária, será possível maior ajustamento intersetores. A secretária, por sua vez, deve estudar o comportamento do chefe, seu estilo gerencial, os valores que defende, atitudes e ambições, pois só assim poderá realizar um trabalho eficaz de equilíbrio e ajustamento. Do vaso de flores, passando pelos telefonemas, pelas anotações, digitação e arquivo, até as posturas pessoais, tudo precisa estar combinado. Há um discurso plástico-estético-visual que não pode ficar distante do discurso semântico, que é a essência do trabalho. E ambos devem se integrar ao *design* global da empresa e ao espírito do chefe, formando uma identidade forte, homogênea e permanente. Como canal de comunicação, as secretárias são, portanto, peças fundamentais para o ajustamento nas empresas.

Secretária: trinta perfis

"Conheça os outros, conhecendo-te a ti mesmo." O aforismo milenar, cunhado por Sócrates, é uma ferramenta valiosa para todos aqueles que trabalham com comunicação nas organizações. A lembrança vem a propósito da secretária, sem a qual o fluxo administrativo fica obstruído.

Sempre que perguntam como a secretária pode aperfeiçoar suas atividades, como canal de comunicação, recordo a máxima socrática e indago se elas têm uma ideia da imagem que construíram para si. É bem possível que, a partir desse conhecimento, possam melhorar seu desempenho e ampliar o espaço de trabalho, incorporando, além de funções de rotina administrativa, papéis de liderança em importantes programas empresariais – como de desburocratização, por exemplo – e alguma assessoria de aconselhamento ao chefe.

Como contribuição ao conhecimento sobre os tipos de secretárias, imaginei um calendário, com trinta perfis, correspondendo cada um a um dia do mês. Diariamente, a secretária vira a folhinha e vê estampado um perfil, associando-o a uma amiga, colega de trabalho, ou mesmo colocando-se no papel comportamental traçado. Provavelmente, as comparações mentais inevitáveis, além de naturais brincadeiras, ajudarão as secretárias a aperfeiçoar sua autoimagem e estabelecer correções no sentido do desempenho positivo. Vamos aos tipos do calendário:

Dia 1º – *A mandona* – De tipo autoritário, muito burocrática, vive dando ordens aos subordinados e, mesmo quando se dirige aos superiores, mantém uma clássica postura de autoridade investida de poder. Eficiente, segura de si, gosta de ser respeitada e não admite improvisação nem clima descontraído. Formal, atrelada aos horários, pouco sorri.

Dia 2 – *A conformada* – Dócil, sempre à disposição de todos, é uma espécie de burro de carga, suportando o peso do seu setor. Não sabe dizer não, tem medo de ferir o brio das pessoas, comportamento modesto. Sofre muito por não conseguir colocar o trabalho em dia. Ao final do expediente, exibe cara de desânimo, quando, não raras vezes, exprime todo seu cansaço por meio de lamentos e suspiros.

Dia 3 – *A telefônica* – Não consegue passar cinco minutos sem o telefone no ouvido. De longe, dá para ver a moça dependurada no aparelho, quase cochichando, como se estivesse num bate-papo gostoso, onde gestos, risos, indagação e ar de surpresa são constantes. O telefone não chama duas vezes e ela já está levantando a mão. O trabalho se acumula sobre a mesa. O tempo é pouco para as tarefas rotineiras.

Dia 4 – *A centralizadora* – Gosta de fazer tudo, mesmo que disponha de assistentes. Não confia no trabalho de subordinados, acha que só ela é eficiente. Muito competente para tarefas administrativas, a *faz-tudo* não para um minuto. Escreve, atende telefone, arquiva, despacha com o chefe, dá ordens, reclama e corre pelos andares para entregar correspondência, porque o *office-boy* deu uma saidinha.

Dia 5 – *A convencional* – Não tem muitas ideias próprias. Faz o que mandam e como o chefe quer. Mesmo que tenha uma ideia melhor, é incapaz de dar sugestão. Automática, uma espécie de robô, muito medrosa, teme receber críticas. Pouco afeita ao planejamento de situações, o que sabe mesmo é executar.

Dia 6 – *A especialista* – Domina bem todas as técnicas do secretariado, mas tem particular interesse por alguma área, como o acompanhamento do *budget* da área. Faz questão de ressaltar que é uma espécie de assessora do chefe, mais que secretária. Em determinados temas, por seu íntimo conhecimento, é "cobra" e, por isso mesmo, respeitada.

Dia 7 – *A misteriosa* – Ninguém sabe o que pensa. Carrega um eterno ar de mistério. Não se sabe se seu sorriso é de ironia ou mesmo se está sorrindo. Tem algo de Mona Lisa. Discreta, pouco afeita aos grupos, mantém-se afastada de conversas e contatos. Mas, no fundo, percebe tudo, está ligadíssima nas coisas ao redor.

Dia 8 – *A supermãe* – Tem-se a impressão de que ela passa o dia inteiro pensando nos filhos, nos amigos dos filhos, na alimentação dos filhos, nas brigas de escola. Telefona para sua casa muitas vezes ao dia para perguntar como estão as coisas etc. e tal. Olha no relógio o tempo inteiro, esperando a hora de... ver os filhos. O trabalho? Bom, fica em segundo plano. Há exceções.

Dia 9 – *A metódica* – Não pode ver um clip fora do lugar. Tem chilique com coisas fora do lugar e do tempo. Tem hora para tudo. Hora de arquivar, hora de receber correspondências, hora de responder telefonemas, hora de regar as plantas do escritório, hora de pensar. Atrapalha-se quando o chefe exige alteração no seu fluxograma de serviços. Nervosa, irrita-se e acha que está tudo errado.

Dia 10 – *A briguenta* – Não pode passar um dia sem um entrevero, pequeno ou grande, com alguém. Solta a língua, quando acha que seu espaço está sendo invadido. Cobra dos outros, lança farpas, responde à altura da ofensa e defende seu setor como um touro bravio. Autêntica, dá medo em muita gente, receia receber algum comentário atrevido.

Dia 11 – *A ambiciosa* – Não descansa até conseguir o que quer. Não dá murro em ponta de faca, como diz o ditado. Perde uma vez, mas ganha, adiante, duas vezes. Acumula poder e vai ampliando sua influência, a ponto de representar, no espaço organizacional, uma fonte de indução e persuasão. Cria um império, onde ela é a rainha.

Dia 12 – *A sonhadora* – Vive seu sonho e não gosta que ninguém da empresa participe dele. Olhar obtuso, vago, mente desligada. As coisas concretas, próximas, não a afetam. Desliga-se dos "pobres mortais" ao seu redor, pois o que interessa é viver seu sonho, longe dos teclados de computadores e dos despachos rotineiros. Mas não deixa de cumprir as obrigações. Até para poder continuar seu sonho.

Dia 13 – *A leão de chácara* – A guardiã do templo do chefe. Não deixa ninguém se encostar no chefe. "Qual é o assunto?" "Quanto tempo terá sua entrevista?" "Hoje ele está sem tempo, vamos marcar para daqui a 15 dias?" Ela acha que conservar o chefe na sala, livre das pessoas é sinal de importância e *status*. E, inconscientemente, vai isolando o chefe. Com muita dignidade.

Dia 14 – *A sociável* – Integrada a todos e a tudo. Dá-se bem com todo mundo. Não tem preconceitos, não forma grupos, está sempre à disposição, entusiasma-se com qualquer coisa, é uma locomotiva de integração e sociabilidade. Apoia eventos, fala a favor de causas perdidas, é a primeira da lista, quando não é ela mesma a organizar as listas para arrecadar dinheiro nos aniversários e casamentos.

Dia 15 – *A psicóloga* – Entende a conversa pelo lado que lhe convém. Vê segundas e terceiras intenções em tudo. Analisa as palavras, as frases, tira conclusões e gosta de traçar paralelos entre pessoas e comportamentos. É uma espécie de analista, procurando, ela mesma, esconder-se. Julga as pessoas em compartimentos e, por isso mesmo, é bastante desconfiada.

Dia 16 – *A equilibrista* – Não tem palpites e opiniões definidas. Está sempre a reboque dos acontecimentos. Se a situação mudar de curso, ela vai junto. Muda de posição constantemente. Não se pode dizer que é covarde, porque, numa organização, estar a favor dos ventos não pode ser considerado covardia. A equilibrista, por isso mesmo, é um meio-termo, um leite pasteurizado ou tipo *frappé*, nem isso nem aquilo.

Cartunista Gilmar

Dia 17 – *A transitória* – Ser secretária nunca foi sua vontade e intenção. Ela está de passagem. Quer outros cargos e funções na organização e o cargo de secretária é apenas uma etapa em sua vida profissional. Por isso mesmo, não se empenha no que faz. Não conhece, a rigor, as técnicas, não procura descobrir formas de aperfeiçoamento. É inteligente e faz curso superior em outras áreas. Não tem bom relacionamento com as colegas.

Dia 18 – *A sistêmica* – Competente em conteúdo e forma, compreende a natureza da organização, procura ler sobre os objetivos e metas anuais, ausculta o chefe sobre objetivos, enfim, quer entender a empresa, em sua globalidade. Gosta de ser secretária, mas defronta-se com uma questão: está acima da média da empresa e, por isso mesmo, cria problemas de relacionamento. Ganha ótimo salário e nenhum chefe quer perdê-la.

Dia 19 – *A intelectual* – Não gosta de agenda, não anota, não sistematiza as rotinas e tem profundo desprezo por "pessoas certinhas". É indagadora, inteligente, profunda, mas a rotina, para ela, é abominável. É ótima conselheira, mas pouco funcional e eficaz, do ponto de vista administrativo.

Dia 20 – *A tia* – Geralmente mais idosa que as outras, esse tipo é uma espécie de âncora para todos. Carinhosa, gentil, afável, educada, mas também dura, quando necessário, a tia é porto onde muitos vão ancorar, com suas angústias, problemas salariais, pedidos ao chefe, queixas administrativas e problemas domésticos. A tia ouve a todos e dá uma palavrinha de consolo e esperança.

Dia 21 – *A holofote* – Deslumbrante em sua apresentação visual e cosmética, esse tipo consegue iluminar os olhares mais distantes. Cheirosa, irradiando sensação de que está acabando de sair do banho, acende interesses e chama a atenção, mesmo que isso seja inconsciente. Não se trata de vulgaridade, como se pensa comumente. O holofote quer brilhar, primeiramente para si, porque gosta de estar muito bem composta.

Dia 22 – *A prata da casa* – Muitos anos de casa, conhece meandros, pessoas com tradição na empresa, costumes e situações. "Sua a camisa" e faz da empresa uma extensão de seu lar. Não tem hora para sair do trabalho. Se for preciso, vira a noite trabalhando. Gosta da empresa, adora os chefes e tem profunda admiração pelos proprietários/acionistas e presidente. A recíproca é verdadeira.

Dia 23 – *A musa inspiradora* – É a paixão de todos. Muito bonita, educada, simples, atenciosa, modesta, geralmente jovem, tem palavras afetivas para cada um, não tem ressentimentos contra ninguém. Só que poucos a veem como secretária. Está constantemente sendo convidada para almoços e drinques, mas é profundamente respeitada em seu espaço e ninguém se atreve a invadir sua privacidade. Quando isso ocorre, quem perde é o *don Juan*. E ela continua a exibir suavemente seu *fairplay*.

Dia 24 – *A fingida* – Trata a todos com meia dúzia de termos carinhosos, que saem da boca, mas não dos sentimentos. Meu bem para cá, meu querido para lá, olá queridinho, olá gostosão, são vocábulos muito conhecidos e, incrivelmente, pouco apreciados por quem ouve. São termos fingidos. Isso não tem nada a ver com a competência, pois esse tipo pode ser extremamente ágil e eficiente.

Dia 25 – *A brincalhona* – Não perde oportunidade para contar um caso, fazer uma gozação, tirar um sarro e contar uma piada. Leva tudo na brincadeira e, mesmo que tenha de apresentar relatórios ou cumprir tarefas em horários preestabelecidos, não perde o humor e a descontração. Tira de letra tudo que lhe é pedido e leva a vida com muita tranquilidade.

Dia 26 – *A festeira* – Na segunda-feira está preocupada em saber quais os eventos festivos que os amigos ou a empresa estão preparando para a semana. Adora um coquetel e um drinque no meio de muita gente. Circula com facilidade no meio das pessoas, mas não gosta de encontrar o chefe em acontecimentos sociais. Para ela, a vida é uma festa.

Dia 27 – *A chata* – Não tem o que, no vulgo, se chama de "mancômetro", isto é, capacidade de entender o clima de uma situação ou o estágio de uma conversa. Chega nos ambientes, atravessa as conversas, fala alto, perturba as interlocuções e acha que está tudo ótimo. Não se incomoda com os olhares ameaçadores que sua presença provoca. Ela mesma parece estar convicta de que é uma chata.

Dia 28 – *A fofoqueira* – Seu prato predileto: aumentar, com excesso interpretativo, as situações ouvidas. Ou nivelar, por baixo, os acontecimentos. Gosta de ver o circo pegar fogo. Instiga sentimentos, provoca disputas entre áreas, acende paixões e raivas e sai de fininho para não se queimar com as situações maquinadas. Típico começo de conversa: "Menina, você sabe o que aconteceu?".

Dia 29 – *A amiga da família* – As secretárias, geralmente, são amigas do chefe, mas esse tipo, particularmente, cultiva uma amizade com a família do chefe. Relaciona-se muito bem com a mulher do chefe, dá conta de todos os recados relacionados com escolas dos meninos, contas domésticas, procura de empregados etc. É uma espécie de primeiro-ministro do lar, deixando, é claro, o papel de rainha para a dona da casa. No trabalho, não tem grandes problemas.

Dia 30 – *A carismática* – Tem um brilho próprio inato, uma aura que irradia simpatia, empatia, liderança. As pessoas se sentem bem ao seu redor. Inteligente, psicológica, racional, emotiva – quando necessário –, a carismática desenvolve um tipo de liderança natural, mesmo que não esteja secretariando níveis hierárquicos altos. Para onde caminha, leva muita gente atrás.

O calendário pode ter, ainda, o dia 31. Esse fica para a imaginação de cada secretária, que deve ocupar o espaço da folhinha com o tipo que não distinguiu entre os trinta tipos selecionados. Não se trata, também, de um calendário ortodoxo, rígido. A secretária se obriga a estabelecer um perfil com o somatório de tipos, pois, afinal de contas, uma pessoa carrega muitos valores. O importante, como se afirmou anteriormente, é o conhecimento. Conhecendo-se melhor, uma secretária pode criar um calendário onde os valores positivos predominem sobre os negativos. Apesar de, na escala de valores, ser muito difícil apontar o que é ruim e o que é bom.

Secretária como assessora

A evolução dos modelos de gestão tem exigido melhor qualificação de todos os quadros profissionais. Um dos grupamentos mais concentrados pelas exigências da modernidade organizacional tem sido o que abriga as secretárias. Como vimos anteriormente, as secretárias exercem papel fundamental como elos entre as partes organizacionais, fazendo fluir as interlocuções, acelerando despachos, fazendo o *follow-up* rotineiro e aproximando as chefias das bases.

Desta feita, procuro imaginar um leque de novas responsabilidades para a secretária, em um reequacionamento das atividades administrativas rotineiras. Minha previsão é de que a secretária tende a assumir maiores responsabilidades na administração dos seus respectivos departamentos, passando a gerenciar as questões rotineiras e a assessorar os chefes, recebendo, para isso, maior soma de poderes decisórios. Em termos de novas funções, imagino, por exemplo, que a secretária será a responsável pela coleta de dados, organização e planejamento do *budget* e planilhas de custos de alguns serviços, controle de despesas, organização e operacionalização do sistema de informações e banco de dados computadorizados, assessoria especial aos chefes para tomada de decisões sobre clima ambiental e reordenamento de estruturas, supervisão de serviços de terceiros prestados aos departamentos etc.

Pela rápida amostragem da nova situação, percebe-se que teremos pela frente uma secretária-executiva, de alto nível, que funcionará, efetivamente, como braço direito do chefe e não apenas como suporte da área administrativo-operacional, que parece ser sua atual configuração. Antevejo secretárias debruçando-se sobre planilhas, consultando mapas de computador, tirando listagens e conferindo posições para, logo em seguida, oferecer ao chefe real posicionamento dos serviços.

E ninguém venha contra-argumentar que ela estará tirando funções de outro. Não. Ela estará, possivelmente, acelerando alguns serviços que outros departamentos executam e que chegam à mesa do chefe, tardiamente. E também estará criando novas tarefas, modernizando fluxos de papéis de seu departamento, dominando técnicas de informatização, fazendo fluir mais rapidamente o processo decisório. É evidente que ela continuará com suas clássicas funções de arquivamento, digitação, expedição, *follow-up*, correspondência, atendimento e recepção. Mas terá auxiliares para essas tarefas que, mesmo assim, ganharão novas roupagens, pelo processamento informatizado das mensagens. A nova secretária cumprirá a missão de verdadeira executiva de serviços, despontando, então, como a base de alavancagem de departamentos, setores, divisões, áreas.

As maiores responsabilidades darão à secretária forte poder decisório, ficando sob sua alçada aprovações rotineiras de serviços, dentro do orçamento departamental. Poderão efetuar contatos com outros níveis, operacionalizando com eficiência as comunicações horizontais e verticais. Os chefes, por sua vez, se libertarão de rotinas que tomam tempo e dão dor de cabeça, ampliando espaços para supervisão e controle de metas, aperfeiçoamento de sistemas operativos, coordenação de tarefas e acompanhamento do desempenho individual e grupal. As vantagens também vão ser observadas no nível da melhoria dos climas do ambiente de trabalho, na medida em que a secretária, com sua assessoria, vai indicar as posições adequadas e melhores soluções para melhoria da *performance* global.

Para escalar esse novo patamar, a secretária passará por uma formação mais completa, que incluirá cursos de técnicas de administração, planejamento, liderança, comunicação, informática, cultura e clima organizacional, além de conhecimentos específicos relacionados às respectivas áreas de atuação (vendas, marketing, finanças etc.). Não se exigirá da nova secretária o domínio completo de conhecimentos abrangentes, mas as informações fundamentais para que possa atuar, com desenvoltura, em seus novos desafios.

Tenho certeza de que todos se beneficiarão, pois uma secretária eficiente, com a proposta funcional anteriormente descrita, promoverá uma dinâmica operacional que repercutirá no desempenho global das empresas. Para que isso aconteça, porém, é preciso, antes de mais nada, que as empresas deixem de tratar a secretária como categoria de segundo time. E que os chefes não a vejam como simples administradora do espaço físico do departamento.

Pode ser até que minha lupa tenha exagerado na leitura do futuro da secretária. Mas é preferível exagerar e abrir os conceitos, quando se acredita em sua exequibilidade, a aceitar, passivamente, as situações atuais do universo organizacional. As secretárias, como em outras profissões, precisam ampliar fronteiras e efetuar novas descobertas. Precisam, para tanto, da compreensão dos seus chefes e do patrocínio das empresas.

Parte 2

PODER
COMUNICAÇÃO E IMAGEM

O poder nas organizações

Conceitos de poder

As situações, análises e conceitos tratados na Parte 2 deste livro amparam-se numa premissa central: a questão do poder. Para melhor compreensão desse complexo escopo, apresentamos uma base de conceitos sobre o poder, a partir dos quais podemos compor uma análise objetiva da comunicação organizacional e política nas esferas privada e pública.

O poder, numa concepção bem simples, é a habilidade de alguém para influenciar ou induzir outra pessoa a seguir suas diretrizes ou quaisquer normas por ele apoiadas. Uma pessoa possui poder até o ponto em que influencia o comportamento de outros de acordo com suas próprias intenções. Poder, portanto, tem sido definido como a capacidade de alterar a probabilidade dos resultados a se obter. De outra forma, a capacidade de fazer que aconteçam coisas, como a produção de uma mudança na distribuição dos acontecimentos. Acima de tudo, o poder consiste em comandar a natureza e os homens.

Comecemos com um pensamento do filósofo inglês Bertrand Russel sobre poder: "O poder, juntamente com a glória, permanece como a mais alta aspiração e recompensa do gênero humano". Para ele, o poder é a capacidade de fazer que as coisas aconteçam. É uma definição mais forte de que a do sociólogo alemão Max Weber, que viu o poder da perspectiva do resultado, sendo, assim, a possibilidade de alguém impor a vontade sobre a conduta de outras pessoas. Weber enfatiza que o poder é a probabilidade de certo comando com um conteúdo específico a ser obedecido por determinado grupo.

Na definição de Alfred Adler, o poder é a força motivadora básica do ser humano, organizada em torno de um alvo preponderante: compensar as feridas da primeira infância. Na visão marxista, o conceito de poder se relaciona ao campo das práticas de classe. As relações entre as classes são, assim, relações de poder. Harold Lasswell conceitua poder como o fato de se participar na tomada das decisões. Talcott Parsons distingue o poder como a capacidade de exercer certas funções em proveito do sistema social considerado em seu conjunto. Trata-se da visão funcionalista-integracionista do sistema social.

Merece, portanto, o poder ser estudado em sua complexidade e em várias abordagens. O poder está no centro da arena política e seguramente se faz presente no cotidiano das organizações privadas e de seus profissionais. Poder conota conceitos como segurança, autoridade, supremacia, luta, conflito, guerra.

O cientista social alemão Karl Deutsch (1979), em *Política e governo*, usa a imagem da rede e do peixe:

> Consideremos o poder como o instrumento por meio do qual se obtêm todos os outros valores, qual rede usada para apanhar peixe. Muitas pessoas consideram, também, o poder um valor em si mesmo: na realidade, para alguns é, não raras vezes, o peixe capturado. Já que o poder serve ao mesmo tempo de meio e de fim, como rede e peixe, é um valor--chave em política. No entanto, é um valor-chave apenas no contexto de outros valores, pois os homens não vivem regidos por um valor único.

Poder lembra força e força expressa o conceito de luta, guerra. São comuns as metáforas bélicas usadas pelas pessoas nas conversas mais banais. E por que se usa tanto a linguagem de guerra? Por que são tão comuns na vida das pessoas expressões como "Vamos à luta"; "Temos de lutar"; "Vencemos a primeira batalha, mas não a guerra"; "Nossos adversários estão à espreita"; "Unidos venceremos"; "A nossa meta é a vitória"? A resposta aponta para os mecanismos psicológicos mais profundos do ser humano. Um dos estudiosos da literatura política, Sergei Tchakhotine (1967), em seu estudo *A mistificação das massas pela propaganda política*, esboça uma ampla compreensão sobre o tema. E, de certa forma, traça uma análise ampla sobre questões envolvendo o poder.

O papa da Ciência Política, Norberto Bobbio (Bobbio, Matteucci & Pasquino, 2000), por sua vez, define assim o poder:

> Em seu significado mais geral, a palavra Poder designa a capacidade ou a possibilidade de agir, de produzir efeitos. Tanto pode ser referida a indivíduos e a grupos humanos como a objetos ou a fenômenos naturais (como na expressão poder calorífico, poder de absorção).
>
> Se o entendermos em sentido especificamente social, ou seja, na sua relação com a vida do homem em sociedade, o Poder torna-se mais preciso, e seu espaço conceptual pode ir desde a capacidade geral de agir até a capacidade do homem em determinar o comportamento do homem: Poder do homem sobre o homem. O homem é não só o sujeito mas também o objeto do Poder social. É Poder social a capacidade que um pai tem para dar ordens a seus filhos ou a capacidade de um Governo de dar ordens aos cidadãos. Por outro lado, não é Poder social a capacidade de controle que o homem tem sobre a natureza nem a utilização que faz dos recursos naturais.
>
> Naturalmente existem relações significativas entre o Poder sobre o homem e o Poder sobre a natureza ou sobre as coisas inanimadas. Muitas vezes, o primeiro é condição do segundo e vice-versa. Vamos dar um exemplo: determinada empresa extrai petróleo de um pedaço do solo terrestre porque tem o Poder de impedir que outros se appropriem ou

usem aquele mesmo solo. Da mesma forma, um Governo pode obter concessões de outro Governo, porque tem em seu Poder certos recursos materiais que se tornam instrumentos de pressão econômica ou militar. Todavia, em linha de princípio, o Poder sobre o homem é sempre distinto do Poder sobre as coisas. E este último é relevante no estudo do Poder social, na medida em que pode se converter num recurso para exercer o Poder sobre o homem.

Poder, comunicação e imagem: relações

O poder tem sido o conceito-chave em torno do qual gravitam outros conceitos organizacionais. Rotinas, processos, programas, políticas, modelos, estruturas, símbolos e ritos possuem, em seu cerne, uma parcela ponderável daquilo que se conceitua como poder.

Como as organizações lidam com a questão do poder? As organizações usam o poder para obter o consentimento. Esse uso depende fundamentalmente das características organizacionais – especificidade, tamanho e porte, complexidade, recursos, capital, eficácia e produtividade. O consentimento refere-se basicamente a uma relação em que um indivíduo se comporta de acordo com a diretriz apoiada pelo poder de outro indivíduo, bem como se refere à orientação do subordinado em face do poder empregado.

Nas organizações, três tipos de poder são usados para a obtenção da meta do consentimento. O poder normativo, definido como o conjunto de regras, princípios e diretrizes distribuídos e manipulados por meio de recompensas simbólicas e privações. O poder remunerativo, alicerçado sobre os recursos materiais e recompensas, por meio de salários, gratificações, comissões e contribuições. E o poder coercitivo, entendido como a aplicação ou ameaça de sanções físicas, restrição de movimentos e controle por meio de força.

A comunicação também exerce um formidável poder. Já se conhece a expressão "A imprensa é o quarto poder". Por meio da comunicação, uma pessoa convence, persuade, atrai, muda ideias, influi, gera atitudes, desperta sentimentos, provoca expectativas e induz comportamento. Por meio da comunicação, uma organização estabelece uma tipologia de consentimento, formando congruência, equalização, homogeneização de ideias, integração de propósitos. Dessa forma, a comunicação é uma ferramenta importante de eficácia e produtividade.

A comunicação, como conceito, abriga uma vasta área multidisciplinar. Está presente praticamente em todas as formas de interação social. Significa que comunicação é um conceito que se liga a influência, poder, consentimento, cooperação, participação, imitação, liderança e solidariedade. O poder da comunicação pode ser designado como poder expressivo. Ele é capaz de alterar estados de comportamento e, dependendo das formas como é utilizado, poderá ser decisivo para o tipo de participação do funcionário e para a eficácia global dos programas empresariais. O poder expressivo viabiliza concordância em torno de metas e objetivos, valores e normas, meios, políticas e práticas, grau de participação e obrigações de desempenho.

Muitos problemas organizacionais têm origem na questão de comunicação. Relacionamento entre setores, retenção de informação por parte de determinados grupos, constrangimento entre áreas, rotinas emperradas, fluxo informativo saturado pelo grande volume de mensagens, dificuldade para fazer chegar uma mensagem até o destinatário final, incompreensão de mensagens, incapacidade de uma mensagem subir aos níveis superiores, relacionamento lateral entre grupos hierárquicos de mesmo nível, pouca visibilidade de canais, pouco acesso das pessoas aos canais de comunicação, indefinição de fontes de comunicação, os boatos, a grande quantidade de comunicações técnicas constituem, entre outras, posições acentuadamente relacionadas ao eixo da comunicação.

Um terceiro importante conceito de ampla significação para as empresas modernas é o de imagem, que, na verdade, resulta do desenvolvimento do conceito de comunicação. Por imagem, deve-se entender aquilo que a empresa deseja projetar. Diferencia-se, portanto, da identidade. A identidade é o caráter, o conceito básico, a personalidade da organização.

PODER, COMUNICAÇÃO E IMAGEM: RELAÇÕES

A imagem é a extensão (a sombra) dessa identidade. Veja-se a Figura 1. Tomemos como base de comparação o Sol do meio-dia, cujos raios incidem sobre a cabeça de uma pessoa. A sombra se projeta muito próxima ao corpo. Próxima aos pés. À medida que o Sol vai descendo no poente, a sombra da pessoa se agiganta, distanciando-se do corpo. Quanto mais longínqua a sombra, maior deformação acarreta ao corpo. Pois bem, a identidade é a pessoa, em sua totalidade, sem deformações. Nesse caso, imagem e identidade se fundem. Já a imagem é a projeção da identidade, sua sombra. Quanto mais próxima, mais fiel à identidade. Daí o esforço dos comunicadores para evitar sombras (imagens) muito distantes da identidade.

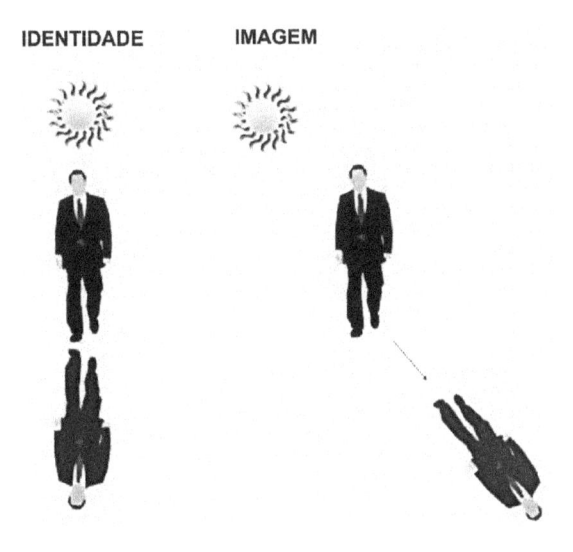

Figura 1
Fonte: GT Marketing e Comunicação.

Quando entre identidade e imagem há enorme distância, ocorre um profundo processo de desgaste. Trata-se do que se chama de dissonância. Os públicos-alvo, os consumidores acabam tendo uma imagem distorcida do conceito-chave. Nesse caso, desvios e distorções acabam embaralhando as ideias básicas, os valores e os propósitos que se pretende agregar à imagem desejada.

Nos textos deste livro, diversas passagens referem-se a esse problema. A sequência temática objetiva apontar situações rotineiras e de fácil identificação por todos aqueles que trabalham em organizações. A maneira como a situação é relatada permite examinar aspectos diferenciados e encontrar saídas para as questões detectadas. Essa é a proposta básica desta antologia.

A retenção de informações

Num jogo de futebol, os jogadores do meio de campo exercem decisiva missão para o sucesso do time. Recebendo a bola dos companheiros de retaguarda, armam as jogadas, controlam as posições do ataque e, com alguma habilidade, vão construindo as táticas, os passes que permitem à linha da frente arrematar os finais com a eficácia do gol.

Na empresa, os jogadores do meio de campo executam função semelhante. De sua eficiente conduta dependem as jogadas que permitem aos grupos dianteiros executar com sucesso as tarefas. Refiro-me à atuação das chefias intermediárias, consideradas em todas as organizações peças-chave da árdua batalha da produtividade.

Análises de relatórios de pesquisas de clima organizacional têm, invariavelmente, apontado para o desempenho das chefias intermediárias como um dos grandes gargalos da administração. A questão, expressa de forma bem simples e genérica, consiste, fundamentalmente, na retenção de informações, pelos níveis médios. Recebendo informações e dados dos superiores e dos escalões mais altos, os chefes de nível médio deveriam repassá-las para os subordinados, dando vazão e fluidez ao processo operacional e decisório. Tal comportamento nem sempre ocorre de maneira desejável, fazendo emergir problemas com algum teor de gravidade.

Esbarrando no meio de campo, sem possibilidades de correr até o fim da linha, a bola parada dificulta o andamento do jogo, impedindo a participação do conjunto e dificultando, enormemente, a vitória do time. É isso o que acontece. Os contingentes localizados nos degraus iniciais da empresa – supervisores, por exemplo – estão sempre a se queixar de que não contam com suficientes informações e orientação para dar ordens claras e corretas aos peões, o grupo que trabalha "com a mão na massa". Os resultados florescem em forma de sistemas e processos confusos, decisões vagarosas, duplicação de tarefas, estocadas recíprocas entre áreas e setores, ausência de transparência normativa, perdas de energia e diminuição da produtividade.

Essa constatação tem permitido aos analistas se debruçarem exaustivamente sobre as causas detonadoras do fenômeno da retenção de informações. A pergunta central é esta: Por que as chefias intermediárias costumam segurar a bola, criando obstáculos e evitando passá-la para adiante? Entre as respostas, algumas merecem análise mais cuidadosa.

Reter informações faz parte do disputado jogo do poder. Quem possui muitas informações, via de regra, consegue ocupar razoável espaço organizacional. Dependendo da qualidade do fluxo informativo e do tipo de fonte, o espaço é maior e inexpugnável, impedindo eventuais fustigações e, até mesmo, a investida curiosa de companheiros do mesmo setor.

O fenômeno de guardar informações explica-se, dessa forma, como tática na escalada do poder organizacional. Há algumas informações não operacionais – como medidas estratégicas, políticas e diretrizes gerais – que conferem *status* a quem as detém. Os possuidores daquelas informações sentem-se, psicologicamente, envaidecidos e prestigiados. O repasse só ocorre quando a medida serve para fortalecer seu poder ou quando percebem que a informação transmitida contribuirá, taticamente, para exibir aos outros a intimidade que mantêm com os escalões decisórios. Isso dá prestígio.

Sucede que, frequentemente, o fluxo de informações descendente – dos níveis mais altos para a base – assume uma feição operacional, para uso imediato, devendo, por essa razão, ser repassado. Como o uso do cachimbo faz a boca torta, o costume de preservar mensagens finda por colocar na mesma cachola informações estratégicas, normativas, técnicas, operacionais. Entopem-se, assim, os canais da administração, paralisando a dinâmica produtiva ou atrapalhando sua normalidade.

Além dessa causa, identifica-se outra, também relacionada ao poder. Trata-se da competição grupal, entre áreas e setores. A competição entre departamentos acaba por "prender" o processo informativo, privando muitos segmentos de informações básicas para a eficácia de tarefas rotineiras. Há, ainda, razões de natureza diferenciada, como a distância física entre outras áreas afins, que dificulta o percurso da informação, o estilo centralizador do chefe (que não pode estar ligado à questão do poder) ou mesmo desleixo e esquecimento.

O enfrentamento desse problema pode ser feito por meio de um conjunto de ações, que passam, inicialmente, pela correta identificação das origens (locais e fontes), cursos de treinamento, reuniões integrativas até redefinição de políticas e normas técnicas, organizando-se, de modo transparente, o fluxo informativo. Casos mais drásticos recebem tratamento de choque à base de movimentação horizontal, com o deslocamento e trocas de chefias.

Como no futebol, a bola tem de correr. Com uma única diferença. No futebol, o time que está ganhando costuma, perto do final, fazer cera. O goleiro prende a bola, o meio de campo faz firulas, o jogo fica meio parado. Na empresa, "prender" o jogo é bastante arriscado. O dono da bola não costuma tirar a bola do campo, não. Costuma tirar os jogadores, quando o time faz cera.

O poder das janelas

Não tenho mais dúvidas. De uma tênue e remota desconfiança, passei a ter a mais absoluta certeza: os executivos padecem de um irresistível fascínio pelas janelas. De vidro fumê ou simples, armação de ferro ou alumínio, abrindo-se por completo ou pela metade, dando para vielas sujas ou parques verdes, as janelas das salas dos executivos constituem a face mais simples e visível de um dos mais complexos jogos da administração moderna: o jogo do poder.

Diz-me quantas janelas tens e dir-te-ei quem és, esse parece ser o axioma predileto do vocabulário dos executivos, mais mentalizado que pronunciado, porque a briga surda pela conquista de postos mais altos na administração obedece a certa ética, em que não é interessante para os contendores falar abertamente das janelas como sinal de influência e poder. Mas, no fundo, um gerente que possui três janelas sonha com uma sala de quatro divisões, símbolo de prestígio dos diretores.

O fato que chama a atenção em relação ao que podemos cunhar de "poder das janelas" é o acirramento, a excitação e ansiedade que aquelas aberturas na parede provocam nos executivos em época de crise e indefinições como a que vivemos. A explicação é bastante simples. Os reordenamentos de uma organização ditados pelas estratégias para administrar a crise promovem mudanças internas, movimentações verticais e horizontais (promoção de pessoas ou simplesmente transferência de cargos). E é natural que muitos executivos estejam enxergando no meio da tempestade alguma janela a mais para mudar de posição e ampliar seu raio de ação.

A luta por um maior número de janelas coloca em discussão um ponto muito controvertido na sociologia e na psicologia das organizações. A empresa ganha com essa guerra? O que faz que o executivo se empenhe tanto para exibir maior poder? Tentando dar algumas respostas, começo por lembrar que os conflitos de interesse são, frequentemente, alimentados pela própria organização, desejosa de extrair insumos criativos pelo fomento à emulação interna.

A partir desse ponto de vista, compreende-se a velha e polêmica premissa de que é necessário dividir para a empresa somar, estratégia que tem guiado altos dirigentes de empresas privadas e públicas. Com esse modelo de gestão, conseguem manobrar as rédeas ao fazer que os executivos em conflito, preocupados com a reciprocidade de ações táticas, percam a noção de conjunto e passem a ter como ponto de equilíbrio e salvação o alto dirigente, responsável pela estratégia divisionista.

É evidente que tal manobra ocorre com algum benefício para a organização, em forma de projetos e programas eficazes, originários de uma efervescência criativa, bastante natural em climas de divisão. Mas não se pode dizer que tudo é benéfico. A ansiedade e a angústia geradas por essa política deixam sequelas e impasses de difícil superação.

Os executivos, por seu lado, entram nesse jogo por diversos motivos. Em primeiro lugar, buscam mais poder, de maneira consciente, não apenas pelo poder em si, mas por seu valor instrumental. Com poder, adquirem fama, admiração, segurança, respeito, afeição e, claro, riqueza e outros bens materiais. Mas a busca de poder pode ter motivos inconscientes, explicados pela psicologia como uma forma de compensação às privações psicológicas sofridas na infância.

Há, ainda, quem veja na luta pelo poder motivos altruístas de um esforço pelo bem coletivo, ou seja, a defesa dos interesses dos outros, justiça para todos, a busca de felicidade para as comunidades.

As razões para a ampliação do jogo de influências são muitas. Mas, no caso das empresas, não se deve perder de vista as consequências negativas que uma briga por mais janelas provoca, especialmente numa quadra de extrema sensibilidade que pode desestabilizar o ambiente interno.

As "panelinhas" e agrupamentos informais, os boatos, as fofocas são meios socialmente arquitetados para amortecer os efeitos da ansiedade, numa organização que se rege pela política de fomento ao conflito entre executivos. Essas válvulas de escape podem estourar, sem muito controle pelos dirigentes.

O planejamento de novas estruturas formais, sucessão na administração, promoções, fusões entre empresas ou modelos integrados de administração, ingresso de novos executivos, implantação de novas medidas e mudanças constituem, entre outros, fatores de detonação de uma paranoia responsável por climas de suspeita, desconfiança e conflitos. Os tempos aconselham muita cautela na adoção de situações que possam ocasionar balbúrdia.

E, finalmente, para os executivos que não podem viver longe de muitas janelas, um conselhinho do general Sun Tzu, escrito há 2.500 anos, pode fazer bem:

> Quando em região difícil, não acampe. Em regiões onde se cruzam boas estradas, una-se aos seus aliados. Não se demore em posições perigosamente isoladas. Em situação de cerco, recorra a estratagemas. Em posição desesperada, lute. Há estradas que não devem ser percorridas e cidades que não devem ser sitiadas.

O poder invisível

O poder nas empresas não é privilégio dos quadros diretivos. Enganam-se aqueles que imaginam estar o poder subordinado a presidentes, vices, diretores, gerentes. Pois existe uma imensa fatia de poder submersa nos escalões de chefia, supervisão e mesmo nas gavetas de pessoas sem posições de mando. Há um fabuloso poder invisível. Que poder é esse?

Sabemos que poder é a capacidade de uma pessoa ou de uma determinada organização de gerar influência, fazendo que uma segunda pessoa (ou organização) assuma o comportamento da primeira. Sabemos que poder é a capacidade de gerar consentimento, de irradiar posições que sejam aceitas por um grupo de pessoas. Mas o poder também envolve a manipulação das sistemáticas operacionais. Isto é, envolve-se com poder uma pessoa que, de alguma forma, exerce atividades que redundem em maior ou menor eficácia da organização – empresa ou instituição.

Por aí, podemos perceber a existência de um poder invisível, tão importante quanto o poder normativo, formal. Vamos aos exemplos: uma pessoa que guarda na gaveta um processo que deveria tramitar rapidamente está exercendo, burocraticamente, uma forma de poder; uma promoção já aprovada ou em fase de aprovação é segura por um profissional de RH, por uma simples querela ou inimizade com o promovido. Ele atrasa o processamento e, assim, vai exercendo seu poderzinho; um telefonema não atendido ou não respondido também é uma maneira de alguém dizer que a outra pessoa não é importante, que não está interessada em ouvi-la. É igualmente uma forma de exercer poder. E assim por diante.

Se projetarmos esses pequenos exemplos sobre a malha de uma grande empresa, certamente descobriremos uma intensa atividade relacionada ao poder. Poder de dilatar prazos, de diminuir e queimar etapas, poder de influenciar outros a assumirem comportamentos; poder de alguém conseguir passar por cima de situações e pessoas, quebrando o fluxo e a hierarquia da estrutura; poder de listar fornecedores barganhando posições; poder de receber prioritariamente uma pessoa, dando-lhe preferência.

O interessante é que essa faixa de poder confere certo equilíbrio às estruturas. Se não houvesse tais formas, as atividades seriam frias, automatizadas e sem graça. Esse poder realça a pessoa em sua posição, na medida em que lhe atribui *status*. Por pequeno que seja o cargo, a pessoa se sente mais motivada quando sabe que detém poder para fazer as coisas acontecerem ou parar processos. No fundo, ela está querendo dizer ao seu grupo social que procure vê-la desse prisma. Assim, sentir-se-á mais aceita e legitimada pelo grupo, o que redunda em grande satisfação psicológica e equilíbrio social.

Acontece que nem tudo são flores nesse terreno. As pessoas exageram no tratamento das formas de poder, ampliando suas condições de barganha, criando desavenças, gerando dúvidas, incertezas e irradiando uma corrente de insatisfações no ambiente em que atuam. O desajuste compromete o esforço coletivo e a eficácia da empresa.

Para evitar o uso nefasto do poder invisível, a empresa (ou instituição) deve criar um sistema permanente de controle de situações, identificando pontos de estrangulamento interno, conflitos acentuados, gerados por emulação intersetores e profissionais, turbulências originadas a partir de entraves burocráticos congestionadores de processo. Um rodízio de posições pode ser uma saída para lubrificação da cadeia do poder invisível.

As medidas, evidentemente, serão tomadas com discrição e bom-senso. Sob pena de criarem novos estímulos, acendendo a ansiedade dos grupos de profissionais. O tratamento elegante e educado também ajuda a administrar os entraves. Por isso, quando você, leitor, desconfiar que a mulher (ou o homem) do cafezinho está atrasada(o), ou que exibe certa má vontade, não tenha dúvida: ela(ele) também está, à sua maneira, utilizando uma parcelazinha do poder. Com jeito, você equilibra a situação e garante um cafezinho honesto, no horário certo. De outra forma, não se pode garantir que aquele gostoso café tenha a pureza extraída da nossa rica rubiácea. É preciso muito cuidado com o poder que se esconde nas entranhas do anonimato.

O poder do boato

Nos últimos tempos, os analgésicos não têm conseguido aliviar um tipo de dor de cabeça que vem assolando amplos contingentes do universo empresarial. Trata-se de um distúrbio que deixa muitas pessoas insones, tontas, algumas vezes superexcitadas, confusas e frequentemente irritadas. Especialmente os chefes e executivos das áreas de Recursos Humanos e Comunicação. E a causa de tanta aflição é um fenômeno muito popular, tão antigo quanto o homem, porém temido por seu terrível efeito devastador. Estou falando do boato, esse mecanismo capaz de arregimentar massas e multidões e de provocar imensos conflitos nas relações entre o capital e o trabalho.

Rádio peão, rumor, informação inverídica, disse-me-disse, rádio mexerico, ou, simplesmente, fofoca, o boato, em qualquer uma de suas modalidades e designações, integra a imensa rede da comunicação informal das organizações e se constitui num contraponto psicológico à chamada rede formal, composta pelo discurso normativo e oficial das empresas. O boato vem, de alguma forma, compensar as falhas existentes na comunicação formal, integrar diversos segmentos internos num lado psicológico de identificação de posições e valores, equilibrando, assim, as tensões e angústias.

Como válvulas de escape às expectativas geradas pelas organizações, o boato se assemelha ao vapor da panela de pressão, que escapa para deixar os condimentos e materiais processados num ponto de cozimento. É evidente que, em alguns momentos, essa pressão, de tão forte, chega a ameaçar o espaço social por onde se espraia, necessitando alguma forma de controle e comedido equilíbrio. Para tanto, é importante entender, de início, seu processo e desenvolvimento.

O boato varia na razão direta da importância e ambiguidade de determinado assunto. Por aqui, percebe-se que temas como salários, demissões, mudanças, promoções, transferências, implantação de novos sistemas e questões de insalubridade, entre outros, constituem o prato predileto da rede informal, especialmente em momentos de tensão, crise e dúvidas.

Entendendo que as manifestações informais e espontâneas do homem fazem parte daquilo que a psicologia chama de mecanismos inatos de conservação da espécie – impulsos combativo e nutritivo, relacionados à necessidade de enfrentar situações adversas e de defesa orgânica –, será possível estabelecer maneiras para acabar com o boato. Em primeiro lugar, é preciso aceitá-lo como algo natural, não necessariamente direcionado para posições negativas.

Seu enfrentamento passa, portanto, pela compreensão de que, bem administrado, o boato pode ser uma rede de comunicação eficaz para a passagem de mensagens que interessem às empresas. Sabendo que ele existe e é extremamente ágil, pode-se usá-lo para deflagrar um programa de comunicação de reforço, isto é, em apoio às comunicações oficiais. Para isso, é interessante observar como o boato nasce e corre.

Chama-se rede sociológica de grupinhos a estrutura que faz irradiar o boato. Uma pessoa encontra-se com três colegas e dá sua versão sobre algo que ouviu. Nessa versão, ocorrem alguns fenômenos. A pessoa reduz o tema a situações bem simples, nivelando as informações, tirando aspectos complexos e limpando ângulos técnicos. De acordo com seus interesses e expectativas, adiciona à informação original uma outra informação e interpretação. Quando lhe convém, em vez de acrescentar informações, a pessoa suprime dados e parcelas do conteúdo, passando adiante apenas a versão mais conveniente para o preenchimento das expectativas individuais e grupais. Das três pessoas que ouviram aquela versão, uma ou duas encontram-se com outros grupinhos e repete-se a situação, multiplicando-se indefinidamente o boato que, em espaço de poucas horas, como um rastilho de pólvora, atinge quase todo o espaço da comunidade.

A identificação dos líderes informais nas empresas é uma medida estratégica para um programa de enfrentamento ao boato. Pesquisas sobre comportamento demonstraram que pessoas em alguns ambientes tendem a dar mais ouvidos e credibilidade aos líderes informais do que às comunicações que recebem por meio de veículos impressos ou eletrônicos, descoberta que deu origem à chamada teoria do fluxo em duas etapas na comunicação.

Por essa teoria, a comunicação chega, num primeiro momento, ao líder de opinião e esse, com sua versão e interpretação, passará a mensagem para os outros, numa segunda etapa. Está demonstrado que as pessoas confiarão muito mais na versão e interpretação do líder, que, por envolvimento psicológico com o grupo, pelo contato rotineiro e amizade, exerce muita confiança junto a seus admiradores, assegurando, assim, alta credibilidade a suas opiniões.

Mas não se deve esquecer que o boato é, frequentemente, produto de um sistema de comunicação mal ajustado, incoerente, pouco transparente, confuso. Nesse caso, as providências de saneamento e planejamento devem levar em consideração os tipos de canais de comunicação existentes na empresa, a linguagem, os conteúdos, a frequência com que a comunicação chega à comunidade, os reforços para apoio e compreensão das mensagens, a origem das informações, entre outros aspectos.

Se a mensagem a ser transmitida for muito importante e se for necessário reduzir a zero o índice de ruídos e distorções, alguns testes podem ser feitos. Por exemplo: a reunião, numa sala, de um grupo de 12 pessoas, de níveis e posições diferentes. Em outras duas salas, deverão estar acomodados dois grupos de 12 pessoas. Para o primeiro grupo, faz-se uma exposição do assunto que se pretende divulgar. Pode-se utilizar, nessa explanação, apenas o recurso oral. A seguir, solicita-se que cada pessoa do primeiro grupo se encarregue de passar a mensagem para uma outra

Cartunista Gilmar

do segundo grupo, numa comunicação interpessoal. O terceiro momento será utilizado para o segundo grupo, da mesma forma, transportar a mensagem original para o terceiro grupo na outra sala. Ao final do processo, pede-se que as pessoas do terceiro grupo escrevam a mensagem recebida. Verifica-se o nível de distorções, observam-se ênfases e pontos destacados e, a partir dessa análise, refaz-se o programa, com ajuda de outras formas de comunicações, além da exposição oral (desenhos, *flip-charts*, transparências, repetições etc.). O programa será reordenado e certamente, numa segunda experiência, os resultados serão melhores.

Os ajustes de comunicação diminuirão os boatos. E a utilização da rede de comunicação informal dará mais agilidade às mensagens, especialmente quando se conhece a extensão dos grupos e se identificam as zonas de alta sensibilidade na empresa. O boato, bem administrado, não faz mal. Faz mal querer combatê-lo, sem a compreensão de sua natureza. Como se fosse possível matar uma característica inata dos grupos.

O poder da delação

Ao lado dos boatos que, periodicamente, contaminam a rede de comunicação das organizações, a doença organizacional registra, entre seus fenômenos mais execráveis, os terríveis casos de delação. Da noite para o dia, emergem denúncias, geralmente contra profissionais em evidência, em uma manobra que objetiva, fundamentalmente, solapar as bases de sucesso de pessoas que se tornaram uma espécie de "vidraça" no dia a dia das empresas. A delação constitui, portanto, uma ferramenta de construção, manutenção e desenvolvimento das estruturas de poder nas organizações.

A delação tem uma fenomenologia bastante curiosa. A análise profunda de sua causa vai indicar, em primeiro lugar, uma irresponsável defesa de interesses dos delatores, uma versão quase absoluta contra os delatados e, apenas em último lugar, a defesa dos interesses das organizações. Insere-se, dessa forma, a delação no contexto das estruturas de poder e na equação do jogo de soma zero, pela qual o poder adquirido por uma pessoa resulta do poder tirado de outra.

O *leitmotiv* da delação é a inveja, apesar de, aparentemente, ela aparecer envolta em um véu de pudor, sentido ético, moralidade administrativa e defesa de valores normativos. Os executivos que começam a aparecer no cenário organizacional despertam sentimentos negativos em outros que, psicologicamente, se sentem inferiorizados. A essa carga emotiva, soma-se o leque de situações positivas, traduzidas em brilho profissional, maior visibilidade pública, respeito e fama, que dão aos aquinhoados pelo sucesso maior *status*. Com essa moldura, tais profissionais expõem-se ao julgamento de seus pares e não raro passam a receber pedradas de todos os lados.

Ocorre que a delação, na maioria dos casos, carece de fundamento. Apoia-se, frequentemente, nos comentários de corredor, de boatos, nas notas plantadas, nos mexericos. Assim como os boatos, a delação flui pela rede informal das organizações, iniciando uma trajetória célere, e passando pelos diversos estágios a que estão submetidas as comunicações informais, como o nivelamento, o exagero de situações, as deturpações. Forma-se, a partir dessa explosão informativa, uma onda que faz sufocar o crescimento dos profissionais em evidência. Assim, a rede de delação vai preenchendo seus espaços de poder.

A delação acontece em todos os tipos de organizações, desde as utilitárias (comerciais-industriais) às normativas (universidades, hospitais) e coercitivas (prisões). Observa-se que nos sistemas mais fechados, onde o exercício da autoridade e disciplina é mais intenso, a delação assume maior extensão.

Não é por acaso que as prisões, por exemplo, vivem às voltas com denúncias de prisioneiros, uma manobra tática de alguns para conquistar as boas graças de seus carcereiros. Mesmo nas universidades, que deveriam fomentar métodos mais condizentes com os ideais de liberdade, a briga pelo acesso ao poder também é forte, o que demanda emulação entre grupos. Em consequência, são comuns os mexericos entre feudos e as retaliações chegam a ofuscar, frequentemente, os valores universitários. A inveja no meio universitário existe em grau muito intenso.

No universo das empresas privadas e públicas, as querelas entre grupos de executivos chegam a sensibilizar os climas internos, abalando a normalidade administrativa. As delações envolvem um variado cardápio de situações: executivos que relaxam em suas tarefas cotidianas, outros que mantêm proteção sobre subordinados, favorecimentos a prestadores de serviços das empresas, superposição funcional, o *by-pass* (passar por cima do chefe e decidir diretamente com o superior do chefe) etc.

A geografia da delação aponta, inicialmente, focos de tensão e frustração, uma espécie de ilhas emotivas, de onde se originam as denúncias. Aí se concentram pessoas que se consideram prejudicadas ante o sucesso de outras. É extremamente difícil identificar alguém em particular como origem da delação. Os delatores se escondem na sombra do anonimato, que não deixa de ser uma espécie de manto protetor dos covardes. Em muitas empresas, tais pessoas são conhecidas como "ratos organizacionais".

Muitas organizações dão vazão aos esquemas de boatos, delações e mexericos. Com isso, elas procuram preencher lacunas psicológicas, decorrentes das necessidades humanas e emulação entre pessoas e grupos, ao mesmo tempo que utilizam tais métodos como uma forma (mesmo execrável) de controle sobre seus participantes. Tais esquemas integram o fluxo de comunicação ascendente (de baixo para cima) que, como sabemos, propicia ao topo organizacional uma visão global dos mapas emotivos de seus quadros executivos.

Prática condenável sob todos os aspectos, a delação constitui, infelizmente, um traço do caráter humano ou um dos sinais mais rotineiros da espécie que ganhou de Hobbes o definitivo axioma: "O homem é o lobo do homem". As mudanças nos modelos de gestão, a diminuição dos desníveis nas escalas hierárquicas, as práticas democráticas e um jogo mais aberto que se começa a praticar nas organizações animam-nos a prever perspectivas mais otimistas para os climas organizacionais. As delações, denúncias e mexericos, quando esse tempo chegar, ficarão apenas como registro de uma época que não deve deixar saudade.

O poder da hierarquia

"Você sabe com quem está falando?" A indefectível pergunta do brasileiro, mazela de um mandonismo que, em última instância, tem origem na colonização portuguesa e no sistema cartorial implantado no país, revela traços de um comportamento arraigadamente atrelado a cargos. O brasileiro adora exibir o cargo. Nas empresas, então, trava-se uma guerra surda por cargo e, nas batalhas, vale tudo: puxadas de tapete, fofocas, formação de alianças, bajulação e outras invenções aéticas.

É evidente que a promoção, para um cargo mais alto, confere às pessoas maior campo de ação e mais dinheiro. Ocorre que, em muitos casos, não é isso que as pessoas procuram. Elas querem, sobretudo, mais poder. O cargo oferece uma determinada cota de poder. É por isso que os cargos são tão exibidos nos cartõezinhos de apresentação, nas correspondências, nas portas dos escritórios. As pessoas estão simplesmente querendo dizer: "Olhe aqui, você está falando com uma pessoa importante. Portanto, lembre-se desse momento. Você cresceu".

Infelizmente, essa luta travada entre gerentes, supervisores, chefes, diretores, presidentes, secretárias e assistentes se promove, em algum momento, caldo de emulação, acirrando a competitividade, desgasta bastante o tecido da organização. Porque parte do tempo que seria despendido em tarefas importantes é usada para o estabelecimento de estratégias, táticas, meios, formas e recursos para se chegar a posições mais altas.

O gerente angustia-se com a esperança de passar ao cargo de diretor. Se é um gerente de primeira linha, torce para que o diretor caia na maldição da empresa e abra lugar para ele. Se a empresa tem posições superiores, como vice-presidentes, o diretor procura se infiltrar na linha de frente. O sonho de um supervisor é passar para o cargo de gerente, enquanto a secretária de gerência ambiciona chegar às salas da diretoria. Até os *office-boys* já estão reclamando de suas designações, procurando um cargo de mais *status*, algo como assistente de alguma coisa, escriturário etc.

Quer dizer, os peões-soldados pretendem atingir a escala intermediária, os sargentos-tenentes defendem para si os lugares de capitães e majores, e esses avançam nas posições dos coronéis, que tentam derrubar os generais. Se os generais não têm quatro estrelas, isto é, não são fortes na empresa, acabam perdendo a guerra. Assim, a luta vai assumindo matizes diferenciados, de acordo com os escalões.

Os danos que a disputa gera para as empresas são incontáveis. O equilíbrio intergrupal é afetado, a relação entre setores e departamentos sofre atribulações, as energias produtivas se dispersam. Quando as empresas não dispõem de uma sólida estrutura divisional-departamental, as invasões de atribuições são bastante comuns, e o terreno para as disputas se amplia.

Essa é uma das razões que têm levado muitas empresas a repensar seu modelo hierárquico. Com a compressão dos salários, aumento de competitividade, busca irrefreada de melhores posições, deflagra-se um conjunto de situações propícias a disputas. Para evitá-las, as empresas buscam formas de trabalho cooperativo, nivelando os patamares hierárquicos e baixando, assim, os degraus entre posições mais altas e mais baixas.

Não é ficção alimentar a ideia de que a saída para os crescentes atropelos provocados pelas disputas por cargos está na eliminação gradativa dos níveis, com a construção de um arcabouço estruturado sobre o trabalho de grupos, lotados de acordo com sua especialização, onde a igualdade e o respeito mútuo sejam preservados, as competências individuais reconhecidas e aplaudidas e não invejadas e discriminadas.

Esse estágio, porém, demorará um pouco. Não se pode imaginar uma reformulação no âmbito da empresa, se o cenário social continuar a desenvolver uma cultura tradicional, cartorial, impregnada de valores do mando, do autoritarismo, da perseguição, do domínio violento de pessoas sobre outras. Em sociedades avançadas, onde o respeito humano e os direitos individuais constituem norma social, as reformulações no sistema de gestão das organizações ocorrerão em prazo mais curto.

Em países como o Brasil, onde a vontade de exibir a forma do cargo faz parte da alma nacional, as reformas serão mais lentas. Certamente virão. Nessa fase, os gerentes, presidentes, diretores não estarão preocupados em proclamar seus cargos, porque sua força e legitimidade estarão imanentes a seus nomes e às suas competências. Esse será um momento feliz de engrandecimento do caráter humano. E um adeus, sem saudade, à hierarquia do medo.

O poder dos feudos

As pesquisas sobre clima organizacional têm apontado para os efeitos destruidores provocados por um dos mais interessantes e complexos fenômenos da administração moderna: os feudos, "panelinhas" e redutos que se criam nas empresas, ao arrepio da estrutura formal, criados para sustentação do poder de grupos. Meios socialmente arquitetados para amortecer os efeitos da ansiedade, mecanismos de defesa de interesses contrariados pela estrutura ou, simplesmente, formas ostensivas de exibição de *status,* os feudos abalam profundamente o sistema hierárquico e causam danos, muitas vezes irreparáveis, aos objetivos da produtividade.

Essas maneiras de agrupamentos não formais geralmente aparecem e se desenvolvem em empresas que não procuram balancear seu modelo de gestão, acostumando-se com métodos ortodoxos e deixando florescer e se enraizar uma mentalidade pouco propícia a mudanças. Ou em organizações que apresentam alguns quadros muito antigos que, por contarem muitos anos de casa, se consideram com direito adquirido de se fecharem em posições compartimentalizadas.

Os feudos constituem um território isolado no espaço organizacional e um formidável espaço de poder. À medida das antigas possessões, possuem uma espécie de mandatário, o dono do castelo, que tanto pode ser o líder hierárquico do grupo como o empregado mais antigo, escalado pela tradição para assumir os destinos e os rumos dos comandados. Mais que um compartimento estanque, os feudos assumem a feição de um movimento, com regime próprio, sistema original de defesa de valores grupais, vínculos de amizade e solidariedade.

Apesar de se submeterem às normas e procedimentos gerais da empresa, os membros sediados num reduto se regulam muito mais por um sentimento separatista, que os torna psicologicamente unidos em torno das causas comuns. Entre elas, uma taxa de rebeldia contra os estatutos empresariais, a sensação de não estarem sendo contemplados de maneira justa pela organização e a inclinação para se acharem qualitativamente superiores a outros.

As frustrações num "castelo feudal" atingem, frequentemente, índices alarmantes, fato facilmente explicável quando está em jogo a questão da rejeição. Daí para o caos, o caminho é muito curto. Um grupo frustrado, pelo processo de metástase, procura extravasar seus sentimentos, irradiando insatisfações por todos os lados e banhando o espaço da comunidade interna com uma onda de negativismo e contrariedade. Devastada por esse "vírus", a comunidade tende a reagir, fazendo ressurgir novo processo de multiplicação de ondas negativas que, como círculos concêntricos, se espalham ameaçadoramente ocupando espaços vazios. De repente, percebe-se que toda a empresa está tomada pelo negativismo.

Ao ocorrer uma situação como essa, a empresa deve deflagrar um feixe de providências saneadoras. Detectando-se setores mais problemáticos, será possível estabelecer-se um programa que vise, fundamentalmente, a alterar algumas posições, transferindo-se pessoas, obedecendo-se a um plano de *job rotation* que considere as necessidades apontadas pelo sistema de avaliação de desempenho e potencial. Não há coisa pior para uma empresa que respirar um clima poluído e desgastado. Daí a importância da movimentação de pessoal horizontal e verticalmente, necessária para dosar os ambientes, equilibrar os grupos, injetar sangue novo em funções e atividades.

As mudanças de lugar precisam se apoiar, por sua vez, num consequente e avançado programa de comunicação. Será o esforço de comunicação, em último caso, a matriz responsável pela tranquilidade com que se processarão as mudanças internas, na medida em que, pela explicação e convencimento, ajustará os interesses, aliviando as tensões e acalmando os espíritos.

Ao programa de comunicação sucedem-se tentativas de aperfeiçoamento em outros programas, como os planos de benefícios e assistência, promoção funcional e desenvolvimento profissional. Como se percebe, a mudança de posição, por si mesma, não chega a consubstanciar a solução para o problema gerado pelos feudos e panelinhas. Em alguns casos, a conversão direta com líderes informais, lotados nos grupos fechados, melhora a situação, especialmente quando as questões são apresentadas de maneira objetiva e recebem um tratamento também objetivo por parte da empresa.

O importante, na análise mais profunda dessa questão, é perceber que a função interativa da comunidade interna deixa de existir, quando ameaçada por sentimentos de frustração dos feudos. Imbuídos de sentimentos negativistas, tomados pelo espírito de contrariedade, os membros daqueles grupamentos passam a não produzir, assumem uma atitude imobilista e, de maneira quase inconsciente, impregnam os ambientes de uma incomensurável sensação de ócio e vazio.

Como um dos mais desafiantes problemas da administração moderna, os feudos empresariais estão a carecer de uma análise mais acurada e científica dos administradores, que, por complacência e mesmo desconhecimento, deixam as coisas acontecerem. Quando tomam atitudes, indicam remédios paliativos que curam o mal, por momentos, mas não extirpam a raiz. Uma boa política de prevenção contra os feudos reside no acompanhamento constante e permanente dos climas internos, verificando-se as expectativas, ansiedades e tensões. No início do problema, é mais fácil encontrar a solução. Depois, tudo será mais difícil. Especialmente quando a empresa, em sua totalidade, vira um amontoado de pequenos e grandes compartimentos.

O poder do líder informal

Não há mais por que duvidar: o líder informal exerce um extraordinário poder nas organizações. Poder de influenciar, de barganhar, de ameaçar, de argumentar, de mobilizar, de comunicar, poder para fazer sua opinião prevalecer sobre a dos outros. Dos conceitos que estão por trás dos verbos do período anterior, extrai-se a importância do estudo e acompanhamento do líder informal numa organização. Quem é, afinal, esse líder informal?

Como o nome indica, o líder informal não é o tipo investido de um cargo nem exerce liderança normativa e legal. Ele não possui cargos importantes, é uma pessoa comum, com extraordinário brilho pessoal, fruto de traços de inteligência, de comportamento ético, de domínio técnico a respeito de temas específicos e de ótimo relacionamento interpessoal. O líder informal se impõe com naturalidade e conquista o respeito e admiração dos companheiros pelo simples fato de ser uma pessoa completamente natural e autêntica. Autenticidade. Eis aqui uma palavra-chave para exprimir a essência do líder informal. Colocá-lo dentro da prisão dos rótulos e conceitos fechados é um exercício de temeridade e muito risco. Pois o líder informal foge a qualquer rótulo.

Esse tipo de líder não se encaixa, por exemplo, na famosa classificação de Max Weber e sua tipologia da liderança pura: o tipo tradicional, cujos traços fundamentais apontam para a herança patriarcal e patrimonial e que denotam um líder histórico e conservador. Nem é também o líder carismático, aquele que possui traços místicos e quase sobrenaturais, tipo que cultua o personalismo, o egocentrismo e a arbitrariedade. Muito menos o líder informal pode ser comparado com o líder legal, aquele que aufere o poder, pela carga burocrática do exercício do cargo e que se impõe, de maneira fria, racional e essencialmente técnica.

Pode o líder informal, com bastante evidência em alguns casos, reunir traços carismáticos, um feixe de situações e qualidades que lhe conferem imenso poder de atração. Em torno dele, as pessoas se reúnem, quase sem perceberem. Sua energia irradia-se por todo o grupo. Ele ouve, lê, prospecta, analisa e, em último caso, dá a palavra final sobre determinada questão. Há uma maior probabilidade de consenso que de divergência em torno da palavra final do líder informal.

Sua natureza não se alimenta de fatores exclusivamente biológicos, genéticos. O líder informal, como pessoa flexível, incorpora os ideais da coletividade, cristalizando sentimentos, canalizando aspirações e interesses grupais. Sua vertente sociológica é, portanto, bastante acentuada, ao contrário do que muita gente pode imaginar. Na verdade, ele aprende muito com os grupos.

A capacidade transformativa do líder informal garante-lhe permanência temporal no espaço das organizações. Interpretando com razoável correção e senso de oportunidade as prioridades temáticas do meio ambiente, analisando, de maneira competente, as dimensões dos problemas econômicos, políticos, empresariais, trabalhistas ou questões rotineiras do grupo, o líder informal faz convergir, em torno de si, os principais campos de força do ambiente onde trabalha. Centralizando os pontos de referência social, ele torna-se o maestro dos tons e contratons da comunidade.

Suas qualidades de comunicação são apreciáveis. Pois, além de expressões adequadas no relacionamento grupal, possui reconhecida capacidade para ouvir e silenciar, bons conhecimentos a respeito dos códigos da empresa, fácil locomoção pelos setores, simplicidade no agir e modéstia na apresentação. Quando veste a camisa da empresa, é muito provável que haja todo um time a seu redor com a mesma camisa. Quando não compra a ideia, a situação fica perigosa. É preciso, nesse instante, ouvi-lo, auscultá-lo, porque o líder informal não é, mesmo que tenha uma opinião conflitante com a da organização, um inimigo.

No processo global de comunicação, o líder informal é considerado peça-chave. A comunicação que corre até o último nível é, quase fatalmente, a mensagem interpretada pelo líder informal. Daí o meu conselho. Se você, profissional de RH, teme aproximar-se dos líderes informais de sua empresa, pelo tradicional medo de enfrentar uma liderança que muitos consideram ameaçadora, não hesite. Marque uma conversa, pois o líder informal é também uma pessoa educada. (Há exceções, é claro.) A liderança informal não pode ficar ao relento, à margem do processo administrativo. Não se trata de querer transformá-lo em líder formal. Trata-se, sobretudo, da necessidade de ouvi-lo e respeitá-lo.

Mudança organizacional

A água modela seu curso de acordo com a natureza do solo por onde passa; o soldado prepara sua vitória de acordo com o inimigo que está enfrentando. A água não mantém sua forma constante; também na guerra não há condições constantes. (Sun Tzu, 1983)

A lição de Sun Tzu, que escreveu sobre a arte da guerra há mais de 2.500 anos, na China, ajuda a orientar estrategistas empresariais e profissionais que lidam em diversos campos de negócios.

Em tempos de expectativa e turbulência, a sabedoria do general chinês parece bastante oportuna, especialmente para equilíbrio do sistema de poder nas organizações. No campo empresarial, serve, sobretudo, para mostrar a necessidade de uma periódica reordenação dos métodos e sistemas. O mundo atravessa um momento de grandes transformações. O Brasil, com seus imensos potenciais e território continental, emerge como uma das mais importantes nações na moldura do amanhã. Ao lado da China, Índia, Rússia e África do Sul, desponta no *ranking* das maiores economias mundiais. Ante tais perspectivas, as empresas deverão continuar o exercício que adotam já há algum tempo: *reestruturação* e *reciclagem.*

A filosofia que deve reger a reorganização dos sistemas empresariais pode ser aplicada a quatro conjuntos: estruturas, processos, comunicações e pessoas. Para obter maiores ganhos, o ajuste das empresas precisa contemplar todas as categorias de problemas. Trabalhar apenas um segmento – estruturas, por exemplo – pode acarretar descompasso entre os níveis organizacionais e afetar os resultados.

No aspecto de *estrutura*, as indicações se voltam para o enxugamento de áreas, setores, divisões e departamentos. Não se trata apenas de cortar, mas agrupar, reunir, compactar os blocos organizacionais, dando-lhes maior consistência e substância de acordo com uma visão de organicidade. As modificações devem levar em conta a tendência contemporânea de unificação e proximidade entre os setores para dar-lhes maior fluidez e operacionalidade.

A consequência da mudança estrutural será sentida, particularmente, no terreno dos processos. O poder burocrático exerce imenso fascínio sobre as pessoas. E uma forma de aumentar a carga de poder é multiplicar as fases, maneiras e técnicas de operação das atividades. Os chefes sentem-se mais confortados quando seus domínios se estendem por quilômetros de entulhos burocráticos. Reduzir essa massa passa a ser um bom desafio para os atuais tempos de transparência e clareza. É claro que o poder dos chefes vai receber um baque.

O sistema de comunicação gerencial é importante ferramenta para alavancar as energias das pessoas e agilizar decisões e ações. Sua reordenação se apoia na necessidade de desobstruir os canais de comunicação ascendente, descendente (das bases para a cúpula e dessa para baixo) e lateral (entre níveis hierárquicos com a mesma posição no organograma). A limpeza dos fluxos passa pelo diagnóstico para conveniente identificação dos bolsões e feudos que seguram as informações.

A eficácia do sistema de comunicação gerencial é resultante, ainda, do esforço para aprimoramento das habilidades de comunicação das fontes, das condições técnicas dos canais, da melhor qualificação das mensagens e da preparação adequada dos grupos receptores. Predomina, na maior parte das empresas brasileiras, completo desconhecimento sobre técnicas de comunicação gerencial. As visões são obsoletas e os métodos ultrapassados.

O ciclo de reformas completa-se com uma reciclagem do corpo funcional, principalmente dos grupos ou pessoas responsáveis por atividades fundamentais, devidamente mapeadas pelo programa de treinamento. A ideia básica que deve nortear a reciclagem consiste no princípio de uma formação mais generalista, sem, evidentemente, colocar em segundo plano a questão da especialização.

Ocorre que, nos últimos dez anos, deu-se bastante força aos programas de treinamento especializado. A complexidade organizacional e as fortes e rápidas mudanças ambientais passaram a exigir do corpo gerencial visões mais integradas e universalistas, razão pela qual se tornou indispensável o treinamento com abordagens mais generalistas. Isto é, além de dominar sua especialidade, o gerente precisa acompanhar as tendências sociais e os mecanismos que tornam cada vez mais interdependentes as economias mundiais.

Utilizar a crise, quando não se tem condições de planejar em longo prazo, para repensar os modelos empresariais e equilibrar o sistema de poder torna-se, dessa forma, estratégia das mais qualificadas e aconselháveis. A hora de mudança é propícia para reciclagem da roupagem interna, aproveitando-se o momento psicológico em que os climas organizacionais favorecem o desenvolvimento de posturas criativas e adoção de novas ideias. A inserção da empresa brasileira no cenário internacional vem exigindo grande reformulação de posturas, modelos, estruturas e processos.

A comunicação interna

Um dos mais graves problemas da administração empresarial é tomar a parte pelo todo. Situações isoladas, projetos específicos em determinado setor, ângulos especializados são, frequentemente, usados para exemplificar questões genéricas, de interesse amplo. Um dos casos mais comuns ocorre em relação à comunicação interna nas empresas. Nesse aspecto, os jornais internos assumem, constantemente, na interpretação de muita gente – incluindo até profissionais de comunicação –, a posição de sinônimo de comunicação interna.

Nada mais errado. Os jornais internos, boletins e mesmo revistas constituem expressiva e importante parcela da comunicação interna, mas absolutamente podem ser confundidos com todo o processo de comunicação, nem mesmo podem representar a fatia maior e mais significativa. Há outras formas, meios, projetos e recursos. O que ocorreu, nos últimos anos, foi um forte crescimento da comunicação impressa, em função da profissionalização e amadurecimento do setor e expansão do número de profissionais do jornalismo empresarial, em detrimento de outras posições da comunicação interna.

Vamos às explicações. A comunicação interna nas empresas flui em duas grandes redes. Uma formal, outra informal. Ambas processam formas variadas, situações próprias, projetos específicos. As comunicações orais, por exemplo, são tão importantes quanto as comunicações impressas, mas não recebem tratamento compatível e os profissionais, com raras exceções, não estão lidando com essa forma.

Para se ter ideia da importância das comunicações orais, basta lembrar que elas estão no cerne dos problemas de relacionamento intersetores ou na raiz das soluções de integração horizontal/vertical. Muitas questões pendentes poderiam ser resolvidas por meio de uma receita que inclui, necessariamente, baterias de contatos, reuniões de integração, avaliação, análise, controle e *feedback*. Como se percebe, as comunicações orais merecem atenção.

Ocorre que as comunicações orais, tanto como as impressas, exigem finalidade, canais próprios, linguagem adequada, periodicidade e oportunidade de uso e veiculação, número de interlocutores, tempo de duração de contato, espaço físico apropriado para abrigar, harmoniosamente, o evento e o bom-senso em sua realização. Se a chamada comunicação dialógica é a ideal para efetiva integração das partes, os programas de comunicação oral se encaixam, irreversivelmente, no planejamento das políticas de comunicação das empresas. Será que esses aspectos são lembrados na hora do planejamento?

Do ponto de vista de rede, os profissionais estão mais preocupados com a chamada rede formal, oficial, constituída pelos canais descendentes, de cima para baixo. A rede informal, ou por falta de conhecimento em torno de seu potencial, ou porque não se apresenta de maneira tão visível quanto a outra, fica sempre relegada a segundo plano. Aqui ocorre o mesmo erro de percepção. A rede informal é um amálgama de interesses, expectativas, frustrações, alegrias, espontaneidade, desconcentração da comunidade. Por ela, vazam os sentimentos mais genuínos do público interno. É preciso muito cuidado e compreensão para com a rede informal.

O estudo dessa rede passa por uma detalhada prospecção sobre sua natureza e extensão, que localizará pontos de tensão, líderes informais, grupos de influência, áreas de atrito, velocidade e agilidade da informação. Não se trata de combater a rede informal, ameaçar pessoas ou segmentos, mas, ao contrário, o estudo da rede informal possibilita o trabalho de argumentação e convencimento, no sentido de situar todos os grupos no espírito de corpo da organização. Em algum momento, a rede informal trabalhará no sentido positivo.

Em ambas as redes, existem diversas e eficientes maneiras para costurar os fios da comunicação interna. Há os projetos de vídeo, que chamam a atenção pela possibilidade criativa de se usar recursos modernos e equipes internas na preparação e produção dos programas, das reportagens, lembretes, notas, fatos pitorescos da vida comunitária, tudo narrado em linguagem de televisão, para uma audiência que se mostra, cada vez mais, interessada.

Há os importantes quadros de avisos, murais, espaços abertos, por onde passam comunicações operacionais, informações normativas, avisos departamentais, informações utilitárias, com pequenos anúncios classificados de compra, venda e troca. Ou até espaços para manifestações livres, espontâneas, uma espécie de *mural sem censura*, de natureza cultural, artística, de integração social.

Pode-se trabalhar no planejamento, replanejamento, reorientação do programa da comunicação ascendente, com preocupação de buscar ideias novas, simples, funcionais. Tais projetos até servem para fortalecer programas mais amplos de administração participativa. Em algumas empresas, desenvolve-se o programa Espaço Social, dentro do qual se movem grupos diversos, que analisam, debatem e planejam. O acervo de sugestões integra o plano anual de metas de cada setor.

A comunicação interna, portanto, deve ser *entendida* como um *feixe* de propostas bem encadeadas, abrangentes, coisa significativamente maior que um simples programa de comunicação impressa. Para que se desenvolva em toda sua plenitude, as empresas vêm exigindo profissionais de comunicação sistêmicos, abertos, treinados, com visões integradas e em permanente estado de alerta para as ameaças e oportunidades ditadas pelo meio ambiente.

Os jornais empresariais

Os jornais constituem expressiva parcela do sistema de comunicação interna de uma empresa. Eles exercem importante papel para os objetivos e metas de integração comunitária, segurança no trabalho, aperfeiçoamento de clima, preservação de cultura, transparência normativa, desenvolvimento e treinamento de pessoal, controle de qualidade, lazer e associativismo, desburocratização, introdução de mudanças e aumento de produtividade.

Já se passaram os tempos em que se discutia a validade dos jornais internos. Apenas uns poucos renitentes ainda persistem na velha tecla de considerá-los ineficazes. Possivelmente, os jornais que eles conhecem ainda têm cara de mofo. A maioria dos jornais internos, produzidos de maneira profissional, cumpre satisfatoriamente sua missão. Reconhecida, aliás, pelos leitores e patrocinadores.

Há uma questão, porém, que continua acendendo os debates e dividindo as opiniões. Trata-se da proporção dos conteúdos e das formas de linguagem dos jornais de empresa. Há quem defenda o princípio de que os jornais de empresa devem se assentar sobre uma base de conteúdo preponderantemente empresarial, enfatizando ocorrências e fatos de interesse da empresa. Há quem sustente que um jornal, para ser bem-feito, deve priorizar mensagens que tenham origem na comunidade. Para mediar os interesses, surge um terceiro grupo de pessoas que ficam na coluna do meio, garantindo que a receita ideal é a velha fórmula norte-americana do 50%-50%.

Essa discussão é bizantina e inócua. Não leva a grandes resultados ou a resultados sérios, porque deixa de contabilizar as realidades de cada universo, as peculiaridades de cada comunidade, os modelos diferentes de gestão, os tipos de produtos, as culturas específicas. Não se pode falar em proporções estatísticas quando o objeto é um produto da área humano-psicossocial, que é diferente de empresa para empresa. Portanto, os modelos de jornais devem considerar as realidades ambientais.

Outra falha de percepção é imaginar que as coisas que interessam à empresa não interessam ao empregado e vice-versa. Estou cada vez mais convencido de que os empregados de uma organização necessitam saber, cada vez mais, a respeito de dados e posições estratégicas, metas, programas. Quanto mais conhecem a organização, mais se integram e se adaptam ao estilo administrativo. A recíproca é verdadeira. Muitos empregados ficam marginalizados, porque não conhecem a empresa.

As informações sobre as necessidades comunitárias, anseios, expectativas, comportamentos constituem, igualmente, fatia importante das pautas. Porém essa espécie de informações não pode ser quantificada. As circunstâncias determinarão as ênfases. A questão não é aritmética, como alguns editores de jornais parecem insistir. Outro ponto de divergência gira em torno da linguagem. Aberta, coloquial, descritiva, narrativa, seca, objetiva, movimentada, adjetivada, substantivada: esses são os termos normalmente usados nas discussões sobre jornais de empresa. Alguns temem usar formas variadas, porque podem marcar as publicações como um "aleijão linguístico", outros ficam sem saber como agradar, ao mesmo tempo, a um diretor, altamente especializado, e a um peão, com seu vocabulário modesto e simples.

Pois bem. Qualquer bom jornalista aconselharia: a linguagem do jornal é intermediária. Nem lá, nem cá. Isto é, nem a linguagem exageradamente técnica nem a marcadamente coloquial. Muitos sabem que há tipos de matérias – os perfis humanos – que comportam linguagem mais amena e descontraída. Há matérias departamentais que necessitam de uma forma mais descritiva, explicativa. E há informações rápidas que exigem o tom objetivo, direto. A regra do grande jornal é o melhor parâmetro.

Muitos jornais internos exageram nos pronomes pessoais, elogios fartos, parabéns em conclusões de matérias, denotando tratamento amadorístico. O coloquialismo que se pretende imprimir à linguagem dos jornais internos não pode ser confundido com abordagens ufanistas, intimistas e provincianas. O fato de ser um jornal menor, do ponto de vista de formato, número de páginas e se dirigir a uma comunidade não exclui a técnica profissional.

Os jornais internos possuem ainda a função de contribuir para a elevação dos padrões culturais da comunidade. Nesse sentido, é oportuno enriquecer a proposta editorial com mensagens que tragam para o trabalhador uma compreensão dos contextos, dos problemas e das circunstâncias que os cercam. Não podem os jornais internos criar modelos de comunidades ilhadas, isoladas de um mundo em permanente mutação.

A verdade na política de comunicação

Pode-se falar das coisas erradas de uma empresa nas publicações internas? Pode-se fazer crítica a métodos, processos e formas de atuação de setores ou pessoas? É evidente que não, responde a quase totalidade das pessoas responsáveis pelos programas de comunicação. A empresa – argumentam elas – patrocina uma linguagem de integração, solidariedade, unidade. Ela não vai permitir que aspectos negativos obscureçam o esforço que os comunicadores fazem para tornar o ambiente empresarial um "céu de felicidade e paz".

Pois há quem discorde dessa posição e sou um deles. Sei que é temerário para uma publicação interna exercer a crítica. E conhecemos muito bem a cultura empresarial brasileira, arraigadamente banhada por preconceitos e posições que jamais poderiam aceitar o discurso crítico. As pessoas temem perder seu lugar, quando aspectos negativos do trabalho são mostrados. Outras querem mostrar aos patrões que as coisas andam maravilhosas e a empresa é uma ilha cercada de paz por todos os lados. Estamos diante da velha cultura fisiológica brasileira, alimentada por puxa-sacos e muita gente despreparada.

Vou tentar argumentar em favor do discurso crítico. Começo lembrando que a crítica é necessária para o equilíbrio ambiental. Se todas as pessoas de um setor tivessem a mesma opinião, se tudo fosse exatamente igual, possivelmente as coisas não seriam bem dosadas. Pois do confronto de posições nasce a luz. Do diálogo aberto e nem sempre cordial podem surgir ideias criativas. Da espontaneidade criativa das pessoas brotam soluções. Quando o medo dirige a conversa, o artificialismo aparece como ingrediente.

Aceita a crítica como elemento integrante da procura da eficácia, podemos partir para o segundo plano de análise. Trata-se do plano das mudanças sociopolíticas. O mundo está mudando. As transformações tecnológicas ditam novos comportamentos. Os valores profissionais e espirituais acompanham as tendências contemporâneas. A sociedade humana está abandonando seus velhos clichês. A cultura paternalista, assistencialista, cede lugar a uma cultura racional, lógica. Todos esses aspectos projetam-se sobre os cenários ambientais das organizações.

Em consequência, a mentira não tem condições de ser perpetuada. O grande jogo nas relações de trabalho requer que a trapaça seja, de uma vez por todas, abolida. As cartas devem ser mostradas. A eficácia de um sistema de trabalho é o resultado de elaborações corretas e adequadas de soluções e respostas que não comportam desvios. Os desvios organizacionais consistem nas frequentes tentativas de dourar a pílula, amaciar o ego, de acalentar as mentes, agradar aos olhos e suavizar os ouvidos.

Basta de mentira. Basta de enganação. Nas relações entre o capital e o trabalho existem, é claro, conflitos. Mas os conflitos podem ser resolvidos pelo diálogo. Trabalhadores e patrões devem entender que estão no mesmo barco. Todos dependem dos resultados da empresa. Resultados frágeis proporcionam salários frágeis, desemprego, ameaças, insegurança. Empresas fortes e saudáveis asseguram tranquilidade e melhores salários. A verdade, nos novos tempos, é premissa para o equilíbrio.

Os japoneses encontraram seu tom. Os trabalhadores japoneses engajam-se ardorosamente em suas atividades. Pensam na empresa como se ela fosse sua. Esforçam-se, desdobram-se. Sabem eles que do progresso de sua empresa dependerá seu futuro e o futuro de seus filhos. Não abominam o sistema capitalista e lá o velho conflito de classes não tem mais vez. É claro que não se importam culturas. Mas ninguém há de duvidar da imensa capacidade de construção de resultados quando todos se reúnem em torno das mesmas metas. Para chegar a esse ponto a verdade é indispensável.

Sou favorável, portanto, a uma abertura de portas. Que seja uma janelinha. Mas não podemos ficar eternamente nos enganando fazendo o jogo do empurra-empurra, do *toma-lá-dá-cá*. As empresas necessitam da crítica para encontrar caminhos claros. A locução deve ser aberta. Quando se tem boa intenção, não se deve temer a crítica. Essa é a razão pela qual as publicações internas poderiam retratar de maneira mais fiel o que ocorre no ambiente interno.

A comunicação com a sociedade

A organização moderna possui diversas ferramentas para se comunicar com a sociedade e estabelecer o seu conceito. Uma das mais eficientes é a Assessoria de Comunicação. De início, uma observação importante: a Assessoria de Comunicação exerce uma missão extraordinariamente mais ampla do que sugere seu nome. Pois quem imagina a atividade de uma assessoria relacionada exclusivamente aos meios de comunicação está redondamente enganado. Tentemos explicar.

A Assessoria de Comunicação deve funcionar como uma espécie de termômetro de uma organização. Como se sabe, o universo organizacional está permanentemente sujeito a chuvas e trovoadas, decorrentes das condições socioambientais. O sistema econômico, as condições de mercado, as crises políticas, as pressões dos grupos sociais, as denúncias sobre deterioração de produtos, os planos de crescimento e expansão, as inevitáveis corridas da competição, as rotineiras necessidades de comunicação com diversos tipos de público, a aquisição de novos equipamentos, os grandes contratos celebrados, as visitas de autoridades e líderes empresariais constituem, entre outros, os elementos do fluxo energético da Assessoria de Comunicação.

A conclusão é óbvia: as atividades de uma Assessoria de Comunicação não se devem limitar a simples questões de operacionalização e execução. Pois se há uma forte atividade executiva, necessária para implementação rotineira das tarefas, exige-se uma mais forte ainda, que é a atividade de planejamento. Esse aspecto resume a tarefa principal de um bom assessor. O que é planejar?

O planejamento, em uma Assessoria de Comunicação, consiste na capacidade de detecção prévia de situações, na prospecção socioambiental, no rastreamento de posições de mercado, no mapeamento de angulações, pontos de vista e visões formuladas por fontes de comunicação que interessam, diretamente, a uma empresa. O planejamento vai mais além. Após a formulação dos perfis socioambientais, extraídos com alto grau de inferência, intuição e capacidade de interpretação das realidades, a atividade de planejamento encaminha-se para seu eixo central, que consiste no aconselhamento e assessoramento direto ao topo da organização.

Essa é a questão central: o bom assessor de comunicação deve ser um executivo com as altas funções de assessorar diretamente os níveis superiores. Ele deve formular sugestões, mostrar e demonstrar saídas para questões complicadas, estabelecer pontes entre os dirigentes e os meios de comunicação, criar condições para o relacionamento cordial com editores e repórteres especializados.

O assessor de comunicação procura trabalhar preventivamente a fim de evitar situações emergenciais. Sua tarefa principal é estabelecer vínculos fortes com o meio social, especialmente a área de comunicação. Parte-se do princípio de que a empresa é uma ótima fonte de comunicação para os jornalistas. Há, ali, especialistas em diversos campos, dos setores administrativos aos setores econômicos, passando pelas áreas produtivas e tecnológicas. Dispõem, portanto, as organizações de um elenco muito bom de especialistas que podem auxiliar os jornalistas em sua interpretação das realidades. Não há necessidade de que esses contatos resultem, sempre, em matérias jornalísticas. O importante é manter abertas as portas para a troca de ideias e a reciclagem de posições.

A necessidade da Assessoria de Comunicação decorre, hoje, das crescentes pressões a que estão sujeitas as organizações. A tendência é a de exacerbação de situações que afetam a empresa, como maiores exigências dos consumidores, pressões dos grupos ecológicos, reivindicações das comunidades sediadas ao redor dos parques de manufatura, demandas culturais por parte de instituições educacionais, jogos de interesses dos setores políticos, a necessidade de abertura de canais nos poderes Executivo e Legislativo.

O assessor de comunicação, em sua polivalência, precisa conhecer razoavelmente bem os processos administrativos, possuir conhecimento nas áreas de economia, política, sociologia, psicologia, além, evidentemente, de técnicas de comunicação. Para evitar cair na mesmice, o caminho é uma pós-graduação, cursos de reciclagem em diversos campos de conhecimento e muitos contatos externos. Por último, um conselhinho: cuidado com os *releases*. Só os use em casos importantes. O trabalho não deve ser medido pela massa de papéis e mensagens produzidas. Essa contagem até encanta os administradores. Mas a articulação com os meios de comunicação, o assessoramento aos níveis superiores, a detecção das condições ambientais e a capacidade de prever camadas cinza ou azuis no horizonte constituem, sem dúvida, tarefa mais importante que a de fazer notinhas elogiosas. A eficácia de uma política de comunicação com a sociedade exige competência, qualificação, sensibilidade e capacidade de adaptação às circunstâncias.

Comunicação e administração de conflitos

As conquistas mais significativas da moderna comunicação empresarial parecem voltar-se para o pedregoso terreno da administração de conflitos. Com efeito, nas últimas décadas, tem-se observado um crescente movimento das pressões sociais e um rebuliço mais forte nas relações do trabalho, fenômeno que se mantém presente em praticamente todos os países que adotam modelos avançados de industrialização. As estratégias de comunicação empresarial – aqui entendidas como o amplo leque que reúne atividades de relações públicas, assessoria de imprensa, publicidade comercial e institucional, marketing social e publicações internas e externas – se redirecionam para o apaziguamento das tensões internas e externas, do esforço para desenvolvimento de um conceito harmônico das organizações e da melhoria das performances produtivas.

A nova disposição empresarial reflete, sobretudo, a imensa capacidade das empresas modernas, especialmente as multinacionais, para se adaptarem ao meio ambiente, como uma das formas inteligentes de atenuar os riscos operacionais do sistema empresarial e, ao mesmo tempo, criar mecanismos de consenso, simpatia e produtividade. Historicamente, esse novo sentido representa uma virada na direção dos fluxos de comunicação, à medida que abandona a ortodoxa postura de estratégias eminentemente descendentes em favor do acolhimento de mensagens que nascem das questões sociais, portanto, de natureza ascendente.

Não se trata apenas de evitar os enfoques exclusivamente imagéticos, mercadológicos, consumistas e ufanistas que marcaram o nascimento e desenvolvimento das atividades de relações públicas, publicidade e imprensa, a serviço das organizações. Não se trata simplesmente de readequar a filosofia de ação das relações públicas, que, ao longo de sua história, a partir do princípio do século XX, perseguiram firmemente o objetivo de conquistar simpatia para o universo empresarial. Trata-se, sobretudo, da incorporação, pela empresa, de princípios que representem compromissos com a realidade social, o meio ambiente, as pressões grupais e o desenvolvimento dos seus recursos humanos, agora tratados não apenas com jargões, mas com ações políticas sérias, sólido instrumental e honestas intenções.

Não é necessário ir muito longe para a constatação do novo processo em curso. O Brasil é um exemplo de país onde a expansão do consumo, o sistema de competitividade do mercado e as crescentes exigências sociais, ampliadas com a descompressão do sistema político e consequente arregimentação de segmentos da sociedade civil, têm exigido dos conglomerados e empresas soluções de comunicação bastante diferentes das usadas há alguns anos. A partir da efervescência social no Sudeste do país, com a movimentação periódica de contingentes especializados de trabalhadores, especialmente no setor metalúrgico, passa-se a observar, com nitidez, o esforço de muitas empresas em implementar campanhas de natureza social, que visam conquistar a simpatia da sociedade.

Para aumentar o poder de diálogo com os sindicatos e diminuir os altos custos empresariais, representados pelo absenteísmo, rotatividade, acidentes de trabalho, resistência a mudanças e greves, empresas passam a adotar estratégias de participação social, que objetivam atender, com envolvimento comunitário, as aspirações dos seus trabalhadores. É o caso, por exemplo, das representações de empregados junto à direção das empresas. Significam, em última análise, um programa de comunicação ascendente, semelhante ao bem-sucedido plano de gestão japonesa do *quality circle*. São os casos dos programas internos de natureza assistencial, que utilizam grande aparato comunicativo. Na frente externa, aparecem anúncios institucionais em revistas de prestígio, realçando a preocupação com o empregado e com sua família, na tentativa de envolvê-la com os compromissos da responsabilidade social da empresa. E, ainda, a crescente participação das empresas em eventos festivo-cívico-culturais na forma de promoção e patrocínio.

No momento em que o país passa a registrar queda no nível de emprego, sobretudo no setor industrial, com ameaças de aumento progressivo de desemprego e possibilidades efetivas de agravamento de tensões em áreas periféricas, a comunicação empresarial tende a ganhar força, especialmente como mecanismo de sustentação de campanhas, prosseguimento das discussões coletivas, arregimentação de trabalhadores e reivindicações nos setores governamentais.

No jogo das pressões e contrapressões, onde, de um lado, afloram, canalizados e bem articulados, os interesses dos trabalhadores, e, de outro, um eficaz *lobby* organizado pelas empresas, os esquemas de comunicação constituem mecanismos oportunos e fundamentais para a administração dos conflitos, que se tornam mais frequentes por força da participação efetiva de segmentos engajados da sociedade. A premissa em que se baseia a nova comunicação empresarial parece ser a de que o conflito de interesses já não se situa apenas entre patrão e empregado, mas ganha foros mais amplos.

A sensibilização para com os problemas decorrentes das pressões sociais, cuja força aglutina desde a insatisfação da classe média até os clamores de agrupamentos minoritários, significa, sem dúvida, um dos mais avançados passos dados pela comunicação a serviço da empresa, em diversas nações do mundo, incluindo o Brasil.

A avaliação da comunicação

Os resultados de um amplo programa de comunicação empresarial podem ser medidos de diversas maneiras. É claro que o empresariado raciocina, em primeiro lugar, em termos de relação custo-benefício. Dir-se-ia até que a atração dos administradores pela relação custo-benefício tem ofuscado sua real dimensão e não temeríamos nos arriscar a dizer que as contas efetuadas para estabelecer os resultados da equação padecem de um grave vício. Não um vício de intenção, mas um vício de omissão.

Explica-se: os analistas e contabilistas das organizações apuram, para efeito de demonstração, os resultados entre *inputs* e *outputs,* isto é, matéria-prima, seu processamento e manipulação, e as vendas, subtraindo-se das receitas as despesas, para alcançarem os resultados em lucros. Portanto, a equação clássica lida fundamentalmente com resultados financeiros. Ocorre que a administração financeira não conseguiu, ainda, passar para seus componentes financeiros, passíveis de contabilização, variáveis extremamente subjetivas como clima organizacional, empatia, integração de objetivos, espírito de corpo, identidade corporativa ou o suporte de tudo isso, o poder expressivo das organizações. Em suma, a questão de comunicação nas organizações é tratada como despesa, não como investimento.

O vício de omissão, é evidente, parece justificado pela ignorância, calcada nos enfoques e estudos tradicionais dos cursos de Administração,

Economia e Engenharia, especialmente. Felizmente, observamos a preocupação de setores e escolas avançadas em incorporarem a componente comunicação como variável importante e tecnicamente viável para medição de resultados positivos nas empresas. Referimo-nos às possibilidades de se medir o efeito do poder expressivo das organizações utilitárias, não apenas pela óptica das vendas pela publicidade na televisão, mas pelas avaliações quantitativas que se podem estabelecer dos comportamentos dos empregados. Basta lembrar, a propósito, as baterias de testes direcionadas a apurar comportamentos, depois de campanhas de comunicação internas para melhorar a produtividade; as campanhas que visam medir o grau de memorização das empresas em determinados segmentos da opinião pública e que avaliam o grau de conhecimento, compreensão, aceitação e valores que determinado grupo empresarial consegue obter. Portanto, pode-se objetivamente medir resultados de comunicação.

O bom conceito de uma organização flui diretamente sobre a posição das vendas. Há, evidentemente, muitos casos em que se podem quantificar efeitos do programa de comunicação. Resta, apenas, fazer chegar esses métodos ao poder decisório das organizações para seu convencimento e aceitação. O nosso claro posicionamento é a favor da colocação dos gastos com comunicação no campo dos investimentos e não no das despesas. Poder-se-ia apontar, também, a extrema importância da comunicação para assegurar a eficácia das políticas de recursos humanos na organização, a começar pelas atividades de seleção de pessoal até o treinamento e o desenvolvimento organizacional. Os programas de Recursos Humanos utilizam o ferramental de comunicação de maneira muito ortodoxa, restringindo-se a alguns conselhos sobre modos de comportamento de habilidades comunicativas, jamais se preocupando com o estudo das redes, dos laços, dos fluxos e dos níveis da comunicação. Identificamos, aqui, o mesmo problema: a omissão por ignorância. Os especialistas de Recursos Humanos, na maior parte dos casos, têm uma visão distorcida, quase paroquial, dos resultados que a comunicação organizacional pode atingir.

Apontamos, também, a importância da comunicação para o planejamento estratégico das organizações. Entendemos que o sistema de comunicação dá vigor e consistência às grandes estratégias de planejamento, necessárias para a sobrevivência, expansão e diversificação empresariais. O planejamento em comunicação deve, pois, se atrelar ao planejamento estratégico. Outros resultados podem ser conseguidos na cultura interna. Pela comunicação, os corpos diretivos passam a ter uma identidade pública, um perfil técnico, um conceito profissional no mercado, situações que vêm contribuir para a viabilização do conceito e identidade da organização.

A comunicação nas instituições políticas

A política e a comunicação

Vale recordar, de início, que a política, desde eras remotas, acompanha os fios da comunicação. Um ente se agarra ao outro, na extraordinária simbiose que amalgama o poder da palavra e a força das ideias. Na Antiguidade, os ideários fluíam pelo gogó e pelo gestual dos governantes, rito de que são ícones Demóstenes (384-322 a.C.), político que venceu a gagueira forçando-se a falar com seixos na boca e se tornou o maior orador grego, e Cícero (106-43 a.C.), advogado e mestre de civismo, famoso também pelo discurso contra o conspirador Catilina e considerado o maior orador romano. Da ágora, a praça central de Atenas, e do Fórum romano, o discurso político avolumou-se, saindo do Estado-cidade para o Estado-nação e agregando força na esteira dos ciclos históricos da comunicação: a era Gutenberg, no século XV (criação da imprensa), a Galáxia Marconi (invenção do rádio, em 1896), que impulsionou a escalada de demagogos como Hitler e Mussolini, até chegarmos ao Estado-espetáculo, adornado com as luzes televisivas, a partir dos anos 1960, e com a imagem esbelta de John Kennedy. Nesse ciclo, a estética impõe-se à semântica e os atores políticos passam a incorporar elementos dramáticos ao desempenho, redundando não raro em *performances* mirabolantes com a finalidade de cativar e mobilizar as massas.

A COMUNICAÇÃO NAS INSTITUIÇÕES POLÍTICAS

A política no Estado moderno ganha operacionalidade com a implantação do governo representativo pela Constituição francesa de 1791 ("Os representantes são o corpo legislativo e o rei") e o corpo social faz-se representar por um grupo de pessoas que passam a agir de acordo com a "vontade geral". O modelo, porém, passou a sofrer questionamentos. A crítica era a de que o sufrágio universal não teria sido capaz de melhorar a condição de vida de milhões de pessoas. Lançava-se ali a semente da representação de grupos específicos, derivando daí a democracia de grupos e facções, de que são exemplo, na atualidade, os Estados Unidos. Aí, o voto enraíza-se nas localidades, servindo de escudo de grupos e setores. É também de Bobbio a crítica de que a democracia não tem cumprido suas promessas, entre elas, a educação para a cidadania, a justiça para todos e a segurança social. Não sem razão, a democracia representativa atravessa tempos continuados de crise, com o desvanecimento de partidos e doutrinas, o arrefecimento das bases, o declínio dos Parlamentos, fatores que, em contraponto, contribuem para fortalecer o Poder Executivo.

Dentro dessa moldura, insere-se a "civilização eletrônica". No vazio entre o universo político e a esfera social, emergem novos polos de poder, a partir das entidades de intermediação social e, ultimamente, das redes sociais. O portentoso aglomerado que navega na internet é um caleidoscópio do pensamento social, particularmente de segmentos que trafegam no meio da pirâmide (ou do losango, como já se descreve o formato da geometria social brasileira). Encaixa-se na metáfora da pedra jogada no meio do lago, criando marolas que se desdobram até as margens. Não se nega que a "sociedade eletrônica" vive a infância, época das primeiras descobertas e da curiosidade. Banha-se de águas lúdicas. Daí não se poder ainda falar em democracia participativa, eis que milhares de internautas se valem das redes para enviar mensagens pessoais, postar fotos, divulgar vídeos, baixar músicas, instalar aplicativos e até namorar. A matéria política, que aparece a conta-gotas, indica que o revigoramento do espírito público tem muito caminho pela frente. Por enquanto não dá para apostar no "potencial revolucionário" das tecnologias modernas da informação.

Se o engajamento político da sociedade não adere à dinâmica das redes, é porque a esfera representativa também não tem sabido delas se utilizar. O forte da tecnologia eletrônica é a capacidade de gerar interação dos elos do sistema, políticos e eleitores. O que se observa, pelo menos por enquanto no caso brasileiro, é o uso da web para veiculação unilateral de mensagens, a maioria de caráter autopromocional, a revelar o "chapa-branquismo" de nossa política. Quando o sistema for usado em prol do jogo interativo, poder-se-á acreditar numa base social envolvida com a política.

Resta, agora, indagar: qual o futuro da política no Estado-espetáculo?

O Estado-espetáculo

O papel da Comunicação nas Instituições Políticas tem, como pano de fundo, as variáveis que fundamentam o papel do Estado e da política na vida contemporânea. Daí a necessidade de se fazer breve digressão sobre a radiografia do Estado moderno.

Vivemos a plena Era do Estado-espetáculo, onde os atores políticos desempenham os mais variados papéis: heróis, Pais da Pátria, estrelas da constelação política. Vivemos a plena Era da Imagem. Que se sobrepõe à verbalização das opções políticas. Vivemos a plena Era do cinema do poder. O ciclo do vedetismo no poder. O ciclo das ilusões. Estamos atravessando a larga avenida do brilho e dos *spots* publicitários, da fosforescência televisiva, dos *media consultants*.

Quais os fundamentos que explicam o Estado-espetáculo?

Comecemos com o interesse humano pelo espetáculo, pela diversão.

Há, na sociologia política, uma hipótese que pode muito bem explicar certos fenômenos que mexem com o estado d'alma da população. A sobrecarga das demandas sociais aumenta as frustrações com o desempenho do poder público, levando grupos a procurar mecanismos de recompensa psicológica. Não necessariamente por isso, mas certamente tendo alguma coisa que ver com essa abordagem, imensos contingentes

A COMUNICAÇÃO NAS INSTITUIÇÕES POLÍTICAS

nacionais são atraídos por conteúdos diversionistas que funcionam como contrapontos compensatórios nos momentos de crise. E, quanto maior a crise, maior será o sucesso dos olimpianos da Cultura de Massa – atores, atrizes, reis, rainhas, celebridades de todos os calibres, incluindo os atores políticos, agentes dos evangélicos e padres carismáticos.

À fragilidade do Estado provedor do bem-estar contrapõe-se o Estado-espetáculo, com seu teatro de formas lúdicas e elementos ficcionais. Trata-se de um território deteriorado, com instituições frágeis, conteúdos sociais amorfos, descrença geral na política, carente de cidadania, mas aberto à pirotecnia da mídia e à banalização dos costumes.

São bastante visíveis os sintomas de profunda crise, expressa pela deterioração dos serviços públicos essenciais, especialmente nos capítulos da segurança, educação, saúde e habitação. A sociedade passa a cumprir missão do Estado, arcando com o alto custo de uma segurança privada. Os "exércitos" privados se multiplicam empurrando as forças públicas para um segundo plano. A marginália se expande e o medo se espraia, entrando nos horizontes de todos os segmentos.

Essa moldura explica os casos escatológicos exibidos em programas populares, além de mecanismos catárticos para diversionismo das massas.

Ícones de um momento de descrença geral, porta-vozes religiosos e místicos usam a esteira da aeróbica do Senhor para comover multidões, vestindo a liturgia religiosa com um manto espetaculoso, banalizando a doutrina e o dogma ao nível do universo tecnetrônico (mistura de tecnologia e eletrônica) e dando sentido ao conceito mcluhaniano de que o meio é a mensagem.

Não há como deixar de se constatar a disfunção narcotizante do efeito teatral sobre o psiquismo de grupos que, ao buscarem na dança religiosa um resgate de fé, alienam-se na dormência que os ritos, os signos e os ensaios coletivos provocam. Que a liturgia dos atos é importante para criar estados de animação, não se discute. Transformá-la em matéria principal para segurar a fé constitui um grande risco. O processo de estandardização litúrgica dos credos, infelizmente, é o retrato mais que acabado de um tempo em que o principal dá lugar ao acessório. É inacreditável a competição entre católicos-carismáticos e evangélicos para ver quem faz o melhor espetáculo.

O Estado-espetáculo mexe com a cabeça e introjeta tentáculos até em territórios religiosos, fazendo adormecer a cidadania. Pois um cidadão que se acostuma a viver no mundo ficcional acaba transformando a versão em verdade e o meio em fim. Sem segurança, sem saúde, com educação precária, sem serviços essenciais básicos eficientes, o cidadão fica fragilizado e perde autonomia. E, se perde autonomia, atenua o sentido crítico e a vontade de fazer valer direitos. Por sua vez, os gastos sociais do Estado tendem a ser direcionados mais para os setores com poder de pressão do que para os segmentos menos favorecidos.

Por isso, as massas procuram encontrar equilíbrio nas manifestações coletivas e no ludismo, seja nos esportes, seja na programação grotesca e humorística da TV. Os líderes do povo não são mais perfis proeminentes portando valores essenciais, como decência, respeitabilidade, honra, ética e civismo. São figurantes televisivos com porretes na mão, personagens exóticas, elementos canhestros, uma gente que faz do drama a comédia, da dor o escárnio e da escatologia o alimento rotineiro.

Mudanças nas organizações políticas e sociais

Quais são as balizas que fundamentam a nova cidade-mundo? Vejamos alguns fenômenos:

a) *A sociedade industrial é substituída pela comunidade mundial de informação* – As ferramentas tradicionais e rústicas da civilização industrial – século XVIII – são substituídas pelas teias e redes eletrônicas que escancaram o universo do conhecimento e da expressão.

b) *O mundo entra na era da globalização econômica* – A globalização fez romper as fronteiras nacionais. As economias se interpenetram em um jogo de interesses recíprocos e conveniência. Um novo paradigma invade os espaços mundiais. Urge entender as mudanças nos sistemas políticos e sociais. Já não temos nas ruas o conflito de classes. O conceito de proletariado cede vez às massas difusas, compostas por minorias étnicas e de gênero, classes médias rebaixadas, jovens que "vivem uma vida pior que a de seus pais", imigrantes e moradores de regiões sem infraestrutura de serviços. A nova composição que enche as ruas insufla os pulmões do planeta sob o fermento de enormes carências da urbe. Podemos também classificar esse capital global como produto do sistema que o cientista social Roger-Gérard Schwartzenberg designa de tecnodemocracia. Ou seja, é a moeda que serve a um triângulo que junta o sistema político, a alta administração do Estado e os círculos de negócios. As mazelas geradas por essa nova concepção capitalista, centrada em volumosos capitais transnacionais, provoca impactos violentos sobre o tecido social, atingindo, sobretudo, as classes médias, cujas condições de vida descem vertiginosamente a escada da degradação. O paradoxo se estabelece. Nos Estados Unidos, onde despontaram como os arquitetos do maior edifício democrático do universo, os contingentes médios enxergam o governo tirando dinheiro dos contribuintes para salvar os bancos, deixando-os à míngua. A concentração de capital se adensa. Em 1980, 1% do topo da pirâmide ganhava 12% da renda de Nova York; hoje, o mesmo número abocanha 44% de toda a sua riqueza.

Ao lado do adensamento do capital, a globalização deflagra uma revolução no sistema de cognição da comunidade internacional. O toque mágico é o acesso a informações tempestivas, que propicia a milhões de usuários das redes sociais integração de sentimentos e códigos. A conquista tecnológica não tem, porém, o condão de padronizar gostos, a não ser em campos restritos de interesse comum, como o entretenimento. Cada povo usa a ferramenta para uma expressão própria. Os embates que ocorrem em países centrais e periféricos, em democracias ou em regimes ditatoriais, condizem com as aspirações das comunidades. São manifestações plurais. Os jovens pobres e excluídos dos bairros londrinos desmontam seu hábitat sob motivação diferente da dos grupos que acorrem às ruas do mundo árabe.

c) *Expansão da civilização do espetáculo* – A importância da informação, hoje, é diretamente proporcional à base da abordagem espetaculosa que pode gerar. E hoje essa capacidade é produzida pelo ator político de qualquer esfera. Torna-se ele um ator em cena no teatro da política. É sabido que entre a arte (dramática ou política) e o artifício existem relações. Os políticos como os atores teatrais exercem papéis. Explica-se, assim, como a teatralização da vida pública gera simulação, mentiras ou falsas versões. Sob o abrigo da representação, os atores políticos desempenham também roteiros.

Alguns tentam fazê-lo de maneira decente, inspirando-se no ideário original da política, que é o de bem servir à comunidade; outros exageram na interpretação do papel, fazendo uma figuração artificial e distante das expectativas de suas bases. E, por fim, existem os figurantes que, a pretexto de defender a verdade, a sinceridade, a expressão do coração, acabam cometendo tolices. A política incorpora uma liturgia própria, com ritos, costumes, semântica e estética. Seus integrantes precisam seguir à risca ditames, valores e princípios que a inspiram. Sem fazê-la um teatro de ilusão. Ou palco para representação de sua ópera bufa.

d) *A crise da democracia representativa e emergência da democracia participativa* – A democracia representativa está em crise. O poder das coisas suplanta o poder das ideias. A hipótese pode parecer um disparate. Inserida, porém, no bojo da sociedade contemporânea – emoldurada pela expansão econômica, despolitização, esfacelamento de doutrinas, luta por interesses setoriais e grupais, administração de coisas materiais –, começa a ganhar sentido. O território da política é o que mais sofre os efeitos dessa nova ordem. E a razão é a crise que assola o modelo de representação. O declínio dos partidos corrói a imagem dos mandatários e faz nascer múltiplos aglomerados, os quais, por sua vez, procuram substituir a esmorecida instituição política. E por que esta definha?

Porque a democracia deixou de cumprir seus compromissos para com a sociedade, como ensina Norberto Bobbio. A descrença no sistema representativo faz emergir polos de agregação e contestação fora do Parlamento. Nesse vácuo desponta uma nova designação na fisionomia das

A COMUNICAÇÃO NAS INSTITUIÇÕES POLÍTICAS

nações democráticas: democracia supletiva. O termo, adotado pelo sociólogo Roger-Gérard Schwartzenberg e que indica a existência de uma subestrutura em auxílio à democracia representativa cobre a constelação de entidades que fazem micropolítica, a política do varejo, das pequenas coisas.

Como se avalia a força desse fenômeno entre nós? Por meio da composição da organicidade social. Tanto pela dimensão vertical (classes sociais, grupos e categorias profissionais) quanto do prisma horizontal/espacial (regiões centrais e periféricas), espraia-se vigorosa onda formada por entidades focadas para a intermediação de interesses: associações, sindicatos, federações, clubes, núcleos, movimentos etc. Na esfera das nações, o Brasil desponta com um vasto território coberto pela democracia supletiva. Dispomos de uma rica moldura de entidades. Algumas instâncias são bem aparelhadas, a mostrar grupos atuantes seja nas retaguardas corporativas – defesa de interesses de setores negociais – seja na vanguarda da cidadania, que abriga o debate sobre temáticas coletivas, como sustentabilidade, igualdade de gêneros, luta contra as drogas, proteção da criança e do adolescente, segurança pública, entre outras. O que chama a atenção na teia organizativa é o poder de mobilização de certos núcleos, particularmente os que atuam na base da pirâmide social, hoje mais parecida com um losango. Temos, já, 101 milhões de brasileiros na classe média.

e) *Mudanças na composição da pirâmide social* – A imagem da pedra que, ao ser jogada na lagoa, forma ondulações que correm até as margens e, depois, retornam ao centro já não serve para explicar o poder de influência das classes médias. As ondas concêntricas que saem do meio da pirâmide perdem impacto porque se defrontam com uma "nebulosa social", partindo das margens em direção ao centro, formada por grupamentos periféricos, que se organizam, ganham força e autonomia. A afluência das margens, já identificada por Peter Drucker, que estuda o impacto da globalização na vida das organizações, se reforça com a erosão da classe média alta, o desemprego, as novas formas do trabalho, a mentalidade cosmopolita expandida pelas novas tecnologias do conhecimento (internet) e, em países como o Brasil, programas de redistribuição de renda. Esses fatores contribuem para estreitar as distâncias entre as classes B, C e D, e essas, sob ambiente de inflação baixa e maior acesso à educação e ao crédito, passam a se inserir fortemente no mercado consumidor. Essa nova base se prepara para abrigar no futuro uma gigantesca classe média. Um estudo do Goldman Sachs indica que esse agrupamento no Brasil, Rússia, Índia e China, hoje com 200 milhões de pessoas, deverá atingir a casa dos 2 bilhões em 20 anos.

O processo de transformação profunda nas relações sociais está em pleno curso aqui e alhures e seus efeitos sobre a esfera política já começam a se fazer sentir. Para compreendê-lo melhor, restauremos a moldura dentro da qual se operam as mudanças. Inicialmente, vale lembrar que a classificação social no Brasil é bastante fluida, por sermos um território com grandes diferenças. Ser milionário numa região pode equivaler a pertencer à classe média baixa noutra. Escolhamos, porém, o critério de renda, o mais usado para definir as divisões. Assim, a classe A teria renda mensal superior a 20 salários mínimos; a classe B, entre 10 e 20 salários; a classe C, entre 4 e 10; a D, entre 2 e 4; e a E, com renda inferior a dois salários mínimos. Por esse critério, os ricos estariam na classe A; a classe média alta ficaria na faixa B; a classe C seria da classe média típica; e os de baixa renda estariam na classe D; ficando os pobres na E. O desmanche dessa composição vem lá de trás.

A classe média se robustece no fluxo do vigoroso processo de industrialização e da expansão da economia capitalista ao longo de oito décadas no século XX. Supervisores, gerentes, técnicos, profissionais liberais, pequeno empresariado, artesãos e comerciantes emergiam como poderosa força social. Mas a crise econômica dos anos 1980, caracterizada por carência de recursos, encolhimento da produção, enxugamento do Estado e precários serviços, abriu o ciclo de declínio dessa classe, cujas referências eram paradigmáticas.

A globalização das economias e seus efeitos – reengenharia na administração e flexibilização das relações trabalhistas – reduziram empregos formais. A partir daí, desenvolve-se um processo de degradação que, segundo estudos da Unicamp, fez a classe média perder, nos últimos anos, um terço de sua renda. Em 1980, 64,6% da classe média eram compostos de assalariados; em 2000, esse número era de 55%; em 1980, a classe entrava com 31,7% na População Economicamente Ativa (PEA); em 2000, caiu para 27,1%. Indignados, sem tradição de lutas sindicais, os núcleos do meio da pirâmide canalizaram a indignação para a política, surgindo daí o simbolismo da pedra que faz marolas no lago social. Efetivamente, a formação da opinião pública ancorava-se na expressão originada nos núcleos racionais. Ao correr das últimas duas décadas, as classes médias, porém, se esgarçaram e estiolaram suas forças. Perderam espaço político. Enquanto o eco de sua voz definhava, fortalecia-se o grito das periferias.

Nessa vertente entram os ingredientes que alimentam a "nova classe". Primeiro, o braço social do Estado, que expande o poder de consumo das massas. A isso, soma-se a corrente das aposentadorias aumentadas. A seguir, o cartão de crédito chega a bolsos de uma clientela mais humilde. O varejo se aquece. Há poucos anos, o comércio da Rua 25 de março, em São Paulo, registrava R$ 17 bilhões ou 40% de todos os shoppings centers do país, enquanto o mercado de luxo movimentava cerca de R$ 5 bilhões por ano. Parcelas populacionais das margens passam a ter acesso a novas fontes de cultura e informação. Inaugura-se um processo de migração entre integrantes da classe média típica (C) e da classe média alta (B). Expande-se uma "psicologia global", que respira ares de autonomia e independência, algo que o sociólogo francês Robert Lattes definiria como "autogestão técnica", ou, noutros termos, as massas já sabem o que querem e como agir. E o pragmatismo incorpora-se a seu sistema decisório. Instala-se um leilão de trocas: quem dá menos, quem dá mais? A micropolítica – o remédio barato, o transporte fácil, a escola pública perto de casa, a rua asfaltada, a segurança no bairro, o lazer pago em pequenas prestações – passa a ser o discurso que provoca interesse.

E assim a pirâmide social ganha novo traçado. O topo continua com o acentuado grau de inclinação. O grau de inclinação do meio da pirâmide, porém, é mais largo, na perspectiva de uma classe média alta que se comprimiu e de uma classe média típica que se expande com a incorporação de extratos mais baixos. Esse é o novo ambiente social em que se opera a política.

f) *O fim do carisma* – *Um dos conceitos mais polêmicos na política é o do carisma.* O carisma exerce extraordinário poder. Poder de mobilizar. Poder de cooptar. Poder de gerar empatia e simpatia. Quem é carismático? Há algum ator político, em especial, que possa ser considerado um modelo carismático? Essa resposta deve ficar para o leitor. Para ajudá-lo, tentarei esboçar algumas características que integram o perfil dos carismáticos, não antes de lembrar que, nas últimas décadas, a organização política passou a ser gerida como um empreendimento negocial, submetida a modelos de gestão e a técnicas de planejamento, que acabam eliminando a seiva da esplendorosa árvore do carisma, onde floresciam flores e frutos regados com o calor da sensibilidade e da intuição.

Há um brilho especial nos atores que emanam carisma. Um brilho que pode ser o foco do olho, o esgar da expressão ocular, o modo de gesticulação, a fala – mansa ou apressada –, os trejeitos, a maneira de vestir, o tom expressivo, o teor do discurso, a composição visual, ou algumas dessas partes conjugadas e, ainda, todas elas juntas, integrando o conjunto semântico (substância discursiva) ao conjunto estético (substância icônica, visual). Os perfis carismáticos imbricam, de forma harmoniosa, forma e conteúdo. E, sobretudo, transmitem uma imagem de espontaneidade, que difere, substancialmente, dos modelos retocados pelo marketing exacerbado.

Percebe-se uma figura carismática quando ela chama a atenção pela maneira como se apresenta e fala. De repente, cria-se entre ela e os receptores (assistentes, ouvintes, telespectadores) uma empatia, que é um fenômeno além da simpatia. Nos processos empáticos, a fonte expressa a capacidade de ingressar na maquinaria de pensamento e interpretação do receptor de forma tão intensa, que esse não apenas entende tudo que é exposto, mas aceita as mensagens introjetadas. Gera-se um circuito de interesses recíprocos entre fonte e interlocutor a ponto de se considerarem "amigos de longa data, velhos conhecidos", por mais que eles tenham se conhecido há poucos minutos. A pessoa carismática cria a seu redor círculos de energia, atraindo pequenos grupos e plateias. É ouvida, respeitada, amada ou, até, odiada. Mas não passa em brancas nuvens como a maior parte das pessoas.

Jesus Cristo, Buda, Maomé, Gandhi são exemplos de figuras carismáticas. O Cristo que conhecemos chama a atenção pelo visual, pelo discurso, pelas parábolas, pela história maravilhosa de seu nascimento e criação e, sobretudo, pelo calvário e sacrifício para salvar a humanidade. É uma história deslumbrante cercando uma imagem plena de virtudes. Gandhi encantava pelo despojamento, pobreza e sabedoria. Mas, no catálogo do mal, há pessoas que também podem ser consideradas carismáticas. Hitler é uma delas. Tratava-se de uma usina de surpresa, emoção, susto, empolgação, furor e identificação com valores de uma sociedade em ebulição (raça, poder, força, dominação). Já o presidente Kennedy encantava com o charme pessoal que irradiava juventude, poder, riqueza, fatores que confluíam para o sonho norte-americano da pátria-berço da prosperidade e bem-estar social.

Getulio Vargas tinha carisma, a partir do jeito sulista de se expressar, do estilo de governar e das ações administrativas que descortinaram a política de massas. Mas é Juscelino Kubitschek, com seu sorriso aberto e cordial, o nosso carismático político por excelência. E, ainda para arrematar, era embalado pela modinha mineira "Como pode o peixe vivo viver fora d'água fria?". Jânio também tinha carisma. Os gestos, as palavras pronunciadas com os "és" fechados, a voz da autoridade firmada, reconhecida e respeitada, o jeito desabrido de ser, tudo em Jânio chamava a atenção. Jânio era uma incógnita. Lula é o último dos políticos carismáticos do país. Por que é interessante analisar os perfis carismáticos? Porque, entre outras coisas, numa campanha, quando dois candidatos estiverem disputando a vitória por uma questão de meio palmo, aquele que apresentar um pouquinho mais de aura carismática reúne mais chances de ganhar.

g) *A democracia na sociedade digital* – O dado impacta: já há mais de 2 bilhões de pessoas conectadas às redes sociais eletrônicas, quase um em cada três habitantes do planeta. A cada minuto, milhares de novos internautas ingressam no circuito tecnológico da informação, enquanto a assinatura de telefones celulares já passa da marca dos cinco bilhões. O mundo está plugado.

O fenômeno suscita estudos, debates e análises nas frentes de pesquisas sobre comportamento social, mas um aspecto chama a atenção pela importância que passa a ter para o desenvolvimento político das nações. A questão pode ser posta desta maneira: a Era da Informação Total, caracterizada pela interligação das comunidades mundiais por meio das infovias da web, contribuirá para o aperfeiçoamento da democracia? Ou, se quisermos puxar a questão para o território brasileiro, o que significa a existência no país de 50 milhões de internautas, número que lhe confere posição destacada no mapa mundial das redes? Poderemos contar com a melhoria dos padrões políticos, na hipótese de que parcela acentuada do eleitorado comece a socar os primeiros tijolos de uma democracia participativa plugada na eletrônica?

A comunicação dos poderes

O Poder Executivo

Falar da comunicação das instituições políticas pressupõe, também, fazer a radiografia da crise de imagem que se projeta sobre os poderes constituídos. Como se sabe, a imagem dos três poderes constitucionais – Executivo, Legislativo e Judiciário – reflete a frágil institucionalização política do país. Quando ouço uma crítica aos processos comunicacionais, pondero que isso se deve às carências da administração pública. Por isso, os processos comunicacionais devem levar em consideração a torrente de mazelas que solapam a estrutura do Estado brasileiro: o patrimonialismo, o caciquismo, o mandonismo, o familismo, o apadrinhamento, a burocracia, o poder invisível, a inação, a ineficiência, a improdutividade, o desleixo, a indisciplina, a ausência de planejamento, a falta de prioridades, a desarmonia das estruturas etc.

Essa é a razão pela qual a análise do comportamento dos poderes deve prevalecer sobre o comportamento de sua comunicação. O que sua imagem reflete?

O Executivo se ressente da ausência de planejamento de longo prazo. As administrações, nas esferas federal, estadual e municipal, trabalham por ciclos de quatro anos. Os administradores costumam se esforçar para limpar o espelho que reflete sua imagem e borrar o espelho de seus antecessores. Bilhões de reais são jogados no lixo em razão da falta de continuidade da administração. Não se trabalha, no Brasil, com a perspectiva de 15, 20, 30 anos. Os governos não são cobrados a dar continuidade às gestões dos antecessores e obras fundamentais são postergadas ou paralisadas.

Um conjunto de esqueletos ocupa os espaços nacionais. Esse se apresenta como um dos fatores da ineficiência dos governos e um dos eixos da precariedade dos serviços públicos. Os processos comunicacionais estão a serviço desse modo de agir. Em consequência, a comunicação refletirá a imagem do desleixo, da descontinuidade.

A isso se soma um conjunto de mazelas como burocracia, inadequação de estruturas, corporativismo funcional, feudos que se instalam nas máquinas públicas executivas, brigas internas. E o poder invisível de que já nos falava Norberto Bobbio em *O futuro da democracia*. A máfia que se instala em todas as esferas do Poder Executivo assume um poder mascarado, o poder da corrupção, da propina, origem da atual crise política. Sabemos que existe em todas as esferas esse poder invisível capaz de arquivar processos, de patrocinar causas, de privilegiar grupos. A mídia começa a flagrar as mazelas. E a imagem da administração pública afasta o Estado da sociedade política. O cidadão distancia-se da esfera pública.

A imagem do Executivo é, regra geral, de inoperância. E mais: agrega a imagem autoritária, apesar da pressão social pela abertura e participação social. Os mandos prevalecem sobre a administração democrática e participativa. O conceito de descentralização se alastra no mundo desenvolvido. No Brasil, avança a passos lentos.

Eficaz ou ineficaz; enérgico ou fraco; ágil ou lerdo: essa é a dualidade enfrentada pela administração pública. Outra dualidade diz respeito ao discurso e à ação. O país é verborrágico. Os cultores das imagens semeiam essa cultura. A administração pública é mais discursiva do que proativa.

Fascinados pelo seu próprio esplendor, embalados em seus sonhos de glória e reconhecimento, os dirigentes acabam fragmentando programas, fazendo experimentações, escudando-se no universo das imagens e das palavras.

O Poder Legislativo

No Poder Legislativo, a imagem institucional confunde-se com a de seus representantes. Parlamentares corruptos projetam seus erros sobre a imagem do Parlamento. A bateria contínua de denúncias, os flagrantes de parlamentares recebendo propina em gabinetes, os conluios, as verbas desviadas de convênios de Ministérios com Organizações não Governamentais, as imagens de políticos e burocratas presos e algemados compõem a moldura do descrédito no Parlamento. Os Legislativos, nas esferas federal, estadual e municipal, são intensamente movidos pelas ferramentas do Executivo. Ficam a reboque do poder da caneta presidencial. Há um forte sentido imperial, de força, nos Executivos, a comandar os grupamentos partidários. Assim, a ideia de independência fica comprometida.

O sistema de pesos e contrapesos, imaginado pelo barão de Montesquieu, entra em parafuso. Não funciona de maneira regular. Os princípios de autonomia, independência e integração entre os poderes ficam comprometidos.

Já os legislativos estaduais desenvolvem imagens coladas a decisões utilitárias como aumento de salários, vantagens, aposentadorias.

Há muita ignorância social a respeito do papel do Poder Legislativo, até em razão da ausência de projetos consistentes de comunicação institucional. Mais da metade, 60% a 70% da população brasileira, não sabem para que servem a Câmara dos Vereadores, a Assembleia Legislativa, a Câmara Federal ou Senado Federal. Urge atacar as causas que estão por trás desse desconhecimento. E, para arrematar as fissuras no espelho, a mídia massiva trabalha com a perspectiva da negação, dos erros, dos desvios.

Os indivíduos, fulanos, sicranos e beltranos têm prevalência sobre o ideal coletivo. Os projetos pessoais antecedem os projetos sociais. A visão regional prevalece sobre a visão nacional. A mídia divulga que um deputado só trabalha às terças, quartas e quintas-feiras quando, na verdade, ele também desenvolve uma ação com as bases políticas. O trabalho do parlamentar também abriga as comissões técnicas, mas a mídia cobra a produção de leis, muitas leis. Um país de instituições fortes possui poucas leis, como a Suíça. Mas a imagem do parlamentar que legisla em causa própria ganha mais força que a ação em favor da coletividade.

O Poder Judiciário

O Poder Judiciário tem se esforçado bastante para se aproximar da sociedade. Mas ainda está distante do povo, é poder fechado. Por isso, o povo teme o Judiciário. A imagem é a de um poder distante, inacessível e mais próximo dos ricos. Um desafio e tanto para quem trabalha na comunicação. O Judiciário simboliza a administração e a distribuição da justiça, do direito, a obediência à norma, o respeito ao Estado Democrático de Direito. E a população o teme. Nos últimos 15 anos, esse poder começou a abrir as portas. Os juízes mostram que são humanos, não deuses do Olimpo. A TV Justiça contribui para a abertura da redoma do Judiciário. Uma questão que afeta a imagem do Judiciário diz respeito aos maus juízes. Flagrados em situações constrangedoras.

As imagens dos Poderes refletem, portanto, as fissuras de cada espelho. Outro aspecto de sua cultura aponta para o valor da exaltação, do autoenaltecimento, coisa que faz parte do caráter nacional. O brasileiro gosta de ser aplaudido, admirado. O dirigente público quer se perpetuar e engendra um discurso de autolouvor, fato que enfraquece o papel das instituições.

Além dessas questões que envolvem as relações entre os processos comunicacionais e a cultura das instituições, os processos de gestão, o padrão dos corpos diretivos, urge mapear outro conjunto de situações, entre as quais, a abertura das estruturas públicas à participação de grupos organizados, a democratização dos modelos de gestão; enfim, a inserção da visão social no processo de comunicação dos Poderes Públicos.

As quatro imagens dos governantes

O Estado-espetáculo molda e lapida as imagens dos governantes. Imagem que recebe retoques nas quatro fases da vida de uma administração, seja ela federal, estadual ou municipal. Cada ciclo corresponde à marcha de um carro. A primeira dá o empuxo do carro na largada. O motorista testa o ambiente, olha para a frente e para os lados. Os governantes, ao início de seus mandatos, fazem a mesma coisa. Na segunda marcha, o carro avança com mais velocidade, correspondendo ao segundo ano da administração, quando os governantes praticamente começam a governar, depois de sanear o Estado e colocar a casa em ordem. A terceira marcha é a decolagem, com o carro andando solto e a administração, de modo equivalente, cumprindo uma bateria de obras aceleradas. Na quarta marcha, o carro, muito veloz, faz ultrapassagens, queimando etapas. O governante, aqui, seleciona o que mais lhe convém politicamente.

A cada etapa, o administrador tem sua feição/imagem lapidada. No primeiro instante, a cara é a do menino que ganhou um brinquedo. O gestor ingressa em um mundo de fantasias. Passa longo tempo fruindo as delícias do poder da caneta. Surpreendendo-se com a força do cargo, vai testando as capacidades de mandar, solicitar, nomear, desnomear, receber atenção. Nessa primeira foto, o governante exibe cara de anjo, ainda é modesto, ouve muito, aceita conselhos. Torna-se, de certo modo, cúmplice dos interlocutores. A segunda feição é a de despachante. Passa a atender um sem-número de pessoas por dia, assina toneladas de papéis, adensa a burocracia. Dorme contando carneirinhos, aliás, pedintes que entraram e saíram pela porta do curral, ou melhor, salão de despachos.

A COMUNICAÇÃO NAS INSTITUIÇÕES POLÍTICAS

A terceira cara é a do artesão-obreiro. Cansado da *rotinite* dos papéis, sai do confinamento dos palácios e prefeituras, corre para canteiros de obras, lambuza-se de poeira, visita cidades, dá incertas em hospitais, despacha nas ruas. Imagina-se com a ideia do povo aplaudindo as obras. O governo é um território delimitado por placas, frases de efeito e logomarcas. As fotos do governante respingando suor e visitando ruas e bairros (símbolo do obreirismo faraônico) inundam redações para transmitir a imagem de uma administração transformada em canteiro de obras. A quarta cara é a de César, imperador romano. Queixo apontando para a testa do interlocutor, rodeado de áulicos, em profusão de elogios e falsas versões, diminui o ritmo da fala, aumenta os espaços da articulação de bastidor e a circunferência da barriga. Nessa fase áulica e festiva, a comilança invade as noites, sob os aplausos de uma galera bem selecionada e distante do povo. Neste ponto, o governante refugia-se na articulação política.

As caras dos mandatários expressam o próprio ciclo de vida da administração. Da simplicidade da primeira fase à arrogância da última fase, eles retratam a incultura política do país. Entram como inquilinos dos espaços públicos e saem como proprietários de feudos. A coisa pública (*res publica*), para muitos deles, se transforma em fazenda particular. Muitas vezes, a falta de preparo do governante torna-o refém de um grupo de donatários, que faz a partilha do governo, distribuindo cargos, benesses e posições. Os programas de assistência social se transformam em moeda de troca do fisiologismo paroquial. "Aos amigos, tudo, aos inimigos, os rigores da administração." A mediação político-administrativa é, geralmente, feita por um restrito grupo de assessores-secretários técnicos, posicionados na administração para elevar o perfil de qualidade do governo. É o verniz cosmético da seriedade.

Para piorar as coisas, os governantes não lavam a cara para tirar a cera que cobre as protuberâncias da pele. Impregnam-se de onisciência e onipotência. Em muitos Estados e municípios, apresentam-se como parentes de Deus.

CULTURA ▪ PODER ▪ COMUNICAÇÃO ▪ CRISE E IMAGEM

Os sete pecados capitais dos governantes

Os governantes não gostam de ver seus retratos em preto e branco. Só em cores. Alguns até olham para o espelho, como a madrasta da Branca de Neve, e tascam a pergunta: "Espelho, espelho meu, há alguém mais competente do que eu?". O deleite que desfrutam na cama do poder acaba desenvolvendo neles uma cultura de fruição e gozo, que lhes enfraquece a capacidade de ver as coisas com isenção, acuidade e objetividade. Tornam-se imunes à realidade. Cobrem-se com um manto que os deixa em estado contínuo de dormência. O poder provoca delírios e, assim, com o porre que lhes adormece as mentes, os governantes cometem seu primeiro pecado capital. É *o pecado da insensibilidade*.

De tanto ver de perto, eles se desacostumam a ver de longe. Da tênue autoconfiança do início do governo, passam a maximizar essa qualidade, após três anos com a caneta na mão. Transformam-se em imperadores, donos do mundo, senhores de capitanias hereditárias. Incorporam o Complexo de Olimpo, com toda sua aura divina. Com tal identidade, as realizações e programas do governo deixam de ser algo inerente à função de governar para se transformar em feitos pessoais do governante magnânimo e generoso. A população é inoculada com a injeção mistificadora que projeta a identidade física do governante sobre o conceito jurídico do governo. E o pior é que os governantes acabam se achando com uma cara divina. Flagra-se, aqui, seu segundo pecado capital, *o pecado do sentimento da onipotência*.

O mandonismo imperial está calçado no poder monetário. Os governantes decidem o quê, onde e como fazer. O planejamento orçamentário contemplará obras fundamentais, porém não deixará de atender o varejo eleitoral. Para eles, o dinheiro compra tudo. Com muito dinheiro, não perderão a eleição. E aqui está seu terceiro pecado capital. *O pecado da crença na força absoluta da grana*. Depois de meses de incessantes atividades administrativas e políticas, os governantes amolecem a musculatura e começam a padecer de *rotinite* aguda. Os Estados e municípios comem apenas o feijão e o arroz necessários à magra existência. Não há nenhuma criatividade, não se buscam soluções inteligentes e inovadoras. E o caldo insosso acaba gerando o quarto pecado capital dos governantes, *o pecado da rotina*.

Daí para o quinto pecado, o salto é pequeno. Pois os governantes já não obedecem a uma agenda planejada. Não administram seus tempos de acordo com um sentido de prioridades e lógica. Tudo ocorre ao bel--prazer. E a desorganização grassa, bagunçando as malhas burocráticas e gerando *o pecado da improvisação*. Mas tudo vai às mil maravilhas para eles, porque os seus assessores mais próximos capricham no puxa-saquismo. Vivem fazendo elogios, escondem as coisas malfeitas, sobrevalorizam os feitos positivos. As assessorias desqualificadas e os grupinhos de "luas-pretas" constituem alguns dos maiores danos à imagem e à eficácia dos governos, descortinando o panorama do sexto pecado capital, *o pecado da bajulação consentida*.

E lá se vão os governantes desfilando suas glórias, feitos e emoções à imagem e semelhança do Criador. Suas carruagens de fogo e seus cometas planetários trafegam pelos céus, deixando rastros de nuvens coloridas que se esvaem nos ventos do tempo. De tanto andarem de sapato de salto alto, os governantes acabam pisando nos pés do povo. Têm respostas prontas para perguntas que não são feitas. E são capazes de provar que o melhor para as massas desprovidas e incultas é aquilo que eles acham que elas merecem. Fogem das pesquisas como o diabo foge da cruz. E, nesse ponto, os governantes abrem seu pequeno inferno para comemorar o sétimo pecado capital, *o pecado do descompasso com o senso comum*.

A função social como imagem

Alastra-se, no mundo empresarial, o reconhecimento de que a empresa deve fazer mais do que atualmente tem realizado, ampliando sua ação na sociedade, com a finalidade de comprometer-se com determinados valores e escoimar-se de imperfeições e consequências maléficas do industrialismo, tais como a poluição ambiental, a negligência para com o consumidor e mesmo a fabricação de produtos de qualidade inferior. A amplitude e a importância do papel social das organizações têm sido defendidas não sem fortes resistências de segmentos da gestão empresarial, aqueles envolvidos com problemas de caixa e, por isso mesmo, defensores do lucro imediato. Porém, áreas qualificativas vêm criteriosamente definindo posições e ganhando terreno com a proposta de fazer que as empresas se submetam às leis sociais da mesma forma que se sujeitam às leis fiscais.

Os argumentos a favor de uma ação empresarial mais profunda em relação às necessidades do homem abrigam conceitos que, de um lado, sugerem a vitalização das políticas internas de recursos humanos e, de outro, apontam para a necessidade de redimensionamento das teorias sobre comportamento do consumidor. Em ambos os casos, prega-se uma relação mais autêntica e honesta por parte da empresa para com fornecedores e consumidores. Tal posicionamento significa uma mudança nos postulados da economia clássica que procurou, por muito tempo, defender o princípio de que o homem sublima seu poder de satisfação de

A FUNÇÃO SOCIAL COMO IMAGEM

necessidades e carências pessoais, tomando decisões com exclusivo propósito de aumentar o ganho econômico para si mesmo.

Ora, sabe-se hoje que fatores comportamentais não podem ser medidos exclusivamente por moeda, constatação que tem levado o universo empresarial a investir maciçamente em programas de desenvolvimento de recursos humanos e benefícios. Essa postura, aliás, vem sendo implementada, a partir dos estudos feitos por especialistas da Escola de Relações Humanas, entre os quais George Elton Mayo, na década de 1920, nos Estados Unidos. Hoje, cresce o número de empresas que procuram imprimir mais força a seus programas internos – nas áreas de saúde, higiene e segurança, treinamento e desenvolvimento de pessoal, comunicação, esportes, lazer, cultura e seguridade social, entre outros – oferecendo, por seu intermédio, um salário indireto e, assim, disputando uma diferenciação no mercado. São esses programas que assumem, cada vez mais, função estabilizadora, atenuando tensões, criando ondas de simpatia interna e uma aura de segurança e tranquilidade.

Dir-se-ia que investimentos naqueles setores são o testemunho mais eloquente dos compromissos sociais da empresa e representam, inegavelmente, um avanço seguro nas relações capitalistas, constituindo até uma base para fortalecimento do propalado neocapitalismo, considerado um avanço sobre o capitalismo ortodoxo, na medida em que incorpora novas atribuições e responsabilidades. A outra ponta da questão situa-se no mercado, onde consumidores, com suas expectativas individuais, se esforçam para derrubar o mito simplista do homem econômico racional, tão do gosto de alguns profissionais de marketing. Para esses, o que interessa é vender e a finalidade principal de uma empresa é aumentar as vendas de uma marca, o que se consegue convertendo os não usuários dessa marca em compradores reais.

Exames de dados de compras e pesquisas sobre comportamentos de consumidores indicam que o modelo de aproveitamento máximo do ganho monetário está ultrapassado, de onde se pode concluir que a tarefa dos mecanismos de persuasão não consiste primordialmente em converter, mas antes em reforçar e consolidar a confiança do consumidor na

Cartunista Gilmar

marca. Diante dessa nova constatação, afiguram-se como oportunos e legítimos os investimentos sociais das empresas. No sentido de reforçar a confiança do consumidor em seus serviços e produtos, a empresa deve abrir-se para a sociedade, fazendo-se presente em atividades e programas que possam carrear-lhe simpatia e respeito.

Recomendamos, pois, a política de valorização do consumidor, que é, especialmente nos momentos de crise, extremamente sensível e cheio de anseios, críticas e sugestões. Recomendamos os esforços em campanhas de defesa do meio ambiente, que certamente revigorariam a identidade da empresa como força útil e vital da sociedade. Uma forma que tem sido adotada, no Brasil, com êxito, é o patrocínio de eventos e atividades culturais: recuperação de cidades e monumentos históricos, apoio a pesquisas e a instituições de reconhecido valor e qualidade, campanhas de adoção de atletas, ajuda ao desenvolvimento das artes, enfim, promoções que consigam edificar uma indispensável aliança entre empresa e cultura. É preciso ter cuidado, por outro lado, com distorções e desvios, utilizando-se brechas da Lei Sarney.

Dessa forma, será possível compor o perfil das responsabilidades socioculturais das organizações e torná-las os principais ângulos de um amplo programa de comunicação e imagem. Atrelar os compromissos para com os funcionários aos objetivos mais gerais para com a sociedade, sob o conceito de função social, é esse o caminho que pode vitalizar as campanhas publicitárias, dando-lhes modernidade. Para isso, será necessário auscultar o meio ambiente, sentir o quadro de tendências, identificar oportunidades e não ter receio de investir em imagem, mesmo em época de crise. Afinal, quem sai da crise com identidade forte terá melhores chances de expandir as vendas.

A identidade homogênea

A identidade das empresas é, frequentemente, enfraquecida pela dualidade entre os sistemas interno e externo de comunicação. Ocorre que, quase sempre, não há correspondência entre os sistemas. A linguagem da comunicação interna não combina com as propostas estabelecidas para o sistema externo. As consequências são graves. Se não há correspondência entre a cultura de uma organização e a identidade que ela quer projetar no mercado, cria-se uma dissonância, que terá, como resultado, uma ruptura na imagem. Vamos tentar explicar.

Geralmente, a angulação que as áreas de comunicação querem dar à empresa assume conotações diferentes. No plano interno, os ângulos são apoiados em valores de humanidade, leveza, integração, participação. Procura-se mostrar um tecido sistêmico, uno e indivisível. As pessoas aparecem nas publicações internas dando entrevistas, falando de seus setores, planos, interesses e relatos de sua vida na empresa. As políticas de benefícios, os cursos de treinamento, as práticas cotidianas são exibidos na moldura humanizada de uma organização que tem como meta final o homem.

No plano externo, geralmente procura-se dourar a pílula com tons de seriedade, segurança, fortaleza, inovação tecnológica, porte empresarial, grandeza estatística, expansão e tradição. Fotografa-se uma realidade profundamente formal e normativa. Exibe-se a empresa com cores carregadas de tons neutros. A descontração da cultura é, geralmente, escondida. Chega-se a ponto de muitos empregados sentirem-se em empresas diferentes: uma, que eles conhecem, porque lá trabalham e convivem; outra, a que veem e percebem por meio dos apelos externos da mídia e pelas mensagens propagandísticas.

Essa dissonância ocorre por diversos motivos. Primeiro, porque os profissionais de comunicação que trabalham na área de comunicação interna não são os mesmos que trabalham na área externa. Com visões diferenciadas, é normal que as coberturas de imagem, planos e ângulos também o sejam. Segundo, porque há, historicamente, um erro de conceito. Trata-se da distorção de imaginar que a empresa deve abrigar duas imagens: uma interna e outra externa. Equivaleria ao erro de imaginar que a cozinha de uma casa não tem nada a ver com a sala de estar. Ora, ambas as áreas pertencem ao mesmo sistema. O mínimo de coerência arquitetônica deve haver entre elas.

Essa falha deve ser imediatamente combatida. Entramos numa fase de completa claridade e transparência. Os empregados estão, cada vez mais, assumindo sua cidadania. E, como cidadãos, passam a exigir situações coerentes e práticas harmônicas. Se a empresa está em greve, por exemplo, ela não aceita que, para efeito externo, pinte-se um quadro de tranquilidade, harmonia, bem-estar e muita paz. Quando isso ocorre, estimula-se o descrédito. E não é raro que pessoas que, antigamente, confiavam na empresa, deixem de fazê-lo.

Os sistemas de comunicação, portanto, devem interligar-se. A interdependência precisa ocorrer no terreno das linguagens, dos valores, conceitos, processos, das pessoas. Isto é, a empresa precisa encontrar uma linguagem média, intermediando as posições interna e externa, a fim de trabalhar com ela em todos os planos. As publicações externas, as campanhas, os projetos de identidade externa não podem abandonar aspectos da cultura interna. É muito louvável inserir em propostas externas a linguagem ou aspectos de cultura interna. Essa particularidade pode conferir um diferencial à imagem de uma empresa.

Comunicadores internos e externos devem se unir. A hora não é de racha, mas de atuação comum. Não podemos perder tempo com briguinhas por mais espaço ou por melhor *status*. Se a imagem de uma empresa, interna ou externamente, corresponder à sua verdadeira identidade, todos estarão de parabéns. O importante é a percepção de que há lugar para todos que trabalham no sistema de comunicação. E hoje, mais que ontem, a exigência básica é a da qualidade de trabalho.

A imagem dos bancos

Os bancos oferecem ao cliente um serviço à altura da exuberância arquitetônica de suas agências ou compatível com a linguagem de suas campanhas de propaganda? É muito pouco provável que algum cliente responda a essa pergunta afirmativamente. Com raras exceções, os bancos deixam muito a desejar em termos de bom atendimento. Possivelmente, o lado mais positivo do serviço bancário esteja relacionado às facilidades das caixas automáticas, que permitem retirar dinheiro a qualquer hora do dia ou da noite. Mesmo assim, não raramente essas caixas apresentam problemas: mecanismos emperrados ou falta de dinheiro.

Justifica-se plenamente, portanto, a imagem genérica que a clientela retém do sistema bancário: filas nos caixas, irritações provocadas pela demora no atendimento a solicitações, altos juros, lucros exorbitantes com o dinheiro dos poupadores-tomadores. O mais paradoxal é que a imagem dos bancos, nos últimos tempos, tem piorado, com a decisão do sistema de encolher o número de caixas, centralizar serviços e diminuir a equipe de atendimento.

A imagem dos bancos, porém, não é homogênea. Há aqueles que transmitem a ideia de imenso supermercado da periferia, com filas desorganizadas, um visual que não prima exatamente por harmonia cromática, além de uma exasperante demora no atendimento. Há outros que procuram ostentar um aparato de luxo, com mobiliário e decoração avançados, como se estivessem à procura de uma clientela sofisticada. Há um terceiro grupo que intermedia uma imagem de sofisticação com desorganização interna, provocada, especialmente, pelo pequeno espaço de suas agências.

A propaganda de um banco objetiva incutir na cabeça do usuário a ideia de que o pacote oferecido por sua rede de agências é bastante diferenciado de outro. Que os serviços primam por excelência e agilidade. Na verdade, os bancos fazem as mesmas coisas: guardam dinheiro dos clientes, emprestam dinheiro, cobram juros, cobram taxas por tipo de serviço, recebem pagamento de contas e carnês, fazem transferências de numerário, oferecem formas diferenciadas para aplicação das poupanças etc. O que pode variar é a embalagem que glamouriza algumas modalidades de serviços. A rigor, eles conjugam os mesmos verbos e constituem uma das organizações mais lucrativas do mercado.

Diferentemente de outras organizações do sistema produtivo, que produzem bens de consumo, o sistema bancário lida com um tipo de serviço que, apesar da utilidade e importância para a geração e expansão dos negócios, não oferece boa contrapartida ao indivíduo. Isto é, os bancos passam para a opinião pública o conceito de que tiram mais das pessoas do que dão a elas. No caso das empresas que manufaturam produtos, os consumidores exercem uma relação de troca que, psicologicamente, os satisfaz num grau bem acima do conquistado pelo sistema bancário.

A imagem de organização que suga o cliente ainda é bastante visível. E torna-se aguda quando os compromissos financeiros de uma clientela apertada por impostos, taxas, pagamento da escola, aluguéis, alimentação, transportes projetam para a organização bancária as descargas negativas, sopradas pela angústia e aperto. Os bancos, ao lado das entidades, como o governo, perfilam-se na linha de frente das imprecações populares.

Esse quadro sombrio aconselha a uma mudança de postura. Exige que o sistema bancário passe, efetivamente, a apoiar campanhas de comprovado significado social, como patrocínio de programas de habitação popular, alimentação, transporte gratuito para funcionários, orientação educacional e bolsas de estudo para seus recursos humanos jovens, entre outros. A rede bancária deverá encontrar em programas sociais ferramentas e formas para oferecer uma justa contrapartida ao seu tipo de negócio. Sob pena de ver aumentar o cordão das críticas, em um contexto particularmente convidativo à reorganização do modelo bancário do país.

Ao lado desses programas, a revitalização dos procedimentos internos também é oportuna, o que significaria mais agilidade, melhor qualidade, simplificação e racionalização dos serviços. Menos papel, carimbo e menos fila, em suma. Os dirigentes bancários precisam tomar conhecimento de que a ida a um estabelecimento está se transformando numa pequena tragédia cotidiana.

A imagem da indústria química

Os últimos 50 anos foram férteis na produção de um modelo comunicativo-publicitário para servir à ideologia do consumo. Esse modelo tem sido o responsável por lançamento de produtos, expansão das vendas, multiplicação dos negócios e aumento crescente dos lucros. Hoje, porém, ante conquistas sociais e multiplicação dos mecanismos de pressão, ele precisa ser aperfeiçoado, sob pena de não atingir seus objetivos. Isto é, as ferramentas para incremento das vendas estão, atualmente, necessitando de uma recauchutagem. Em que oficina deveriam ser retrabalhadas?

Não há dúvida. A oficina é a da comunicação institucional. O grande desafio que se impõe ao sistema empresarial é o de criar um forte conceito, juntando a qualidade do produto à confiabilidade de quem o produz. Se fizermos um balanço sobre as imagens de áreas e setores fundamentais da economia, veremos que centenas de produtos e serviços estão sendo corroídos em sua identidade e significação, por conta de situações de deterioração geral da qualidade, mas possivelmente também porque seus fabricantes ou patrocinadores relaxaram em sua política de comunicação.

Com o objetivo de examinar essas questões, eis uma área que apresenta fortes problemas de imagem perante a opinião pública. Trata-se da área químico/petroquímica. A tragédia de Bhopal, na Índia, onde o vazamento de um gás provocou perdas humanas e muitas feridas, as constantes e periódicas ameaças de catástrofes em diversas partes do mundo, as

Cartunista Gilmar

denúncias contra a poluição nos distritos industriais constituem uma espécie de sombra que encobre as indústrias químicas e petroquímicas com um manto de negativismo e distanciamento social.

Contra essa área, apresentam-se queixas, reclamações, dúvidas e críticas devastadoras. Fundamentalmente, o teor do discurso contra as indústrias químicas/petroquímicas bate na seguinte argumentação: são poluidoras, destroem a natureza, deterioram os níveis de vida, contaminam as pessoas. Trata-se, como se vê, de uma carga altamente negativa, porque, na escala de sensibilidade das pessoas, as indústrias do complexo químico mexem com um dos mais apurados instintos humanos, que é o instinto da sobrevivência.

Nesse sentido, as fábricas que jogam na natureza produtos que podem prejudicar a saúde enquadram-se no primeiro instinto do homem, que se volta para sua defesa e sobrevivência. Como se sabe, o ser humano age de acordo com quatro instintos, dois ligados à sua conservação (impulso combativo e impulso alimentar) e dois voltados para a conservação da espécie (impulso sexual e impulso paternal). Ocorre, porém, que parte dos argumentos levantados sobre o poder destruidor dessas indústrias provém do "efeito cascata", gerado por um incidente isolado. Quer dizer, o mal da indústria química é, frequentemente, consequência da irradiação negativa que se espalha por amplos segmentos da opinião pública a partir de um evento determinado.

Como tais indústrias poderiam se expor perante a opinião pública? Tentando sufocar os movimentos de pressão? Abafando as vozes críticas? Ou procurando formas modernas e avançadas para enfrentar a questão? Pessoalmente, sou favorável a esta última sugestão. Ela passa, necessariamente, por um planejamento estratégico, que deve contemplar ações e decisões voltadas para:

❏ O *redimensionamento dos negócios* – análise do negócio, como risco, estratégias para adoção de mudanças na composição de produtos, novos processos, técnicas, novos mercados (fechamento ou não de fábricas, substituição de processos, análise de concorrência).

❑ O *redimensionamento dos controles de segurança* – reexame em profundidade da situação de segurança que envolve o complexo químico, decisão que deve se reforçar, a partir da continuidade de fabricação de produtos considerados perigosos.
❑ O *redimensionamento das condições socioambientais* – estudo do meio físico e sociocultural e suas relações com o tipo de negócio. Ocorre que, nos últimos anos, tem-se avolumado o poder dos grupos de pressão social e uma empresa química não pode subestimar esse fato.
❑ O *redimensionamento das políticas de comunicação* – análise da postura clássica que vem assumindo a empresa e exame de novos comportamentos, com a adoção de estratégias de comunicação mais transparentes e objetivas, formas avançadas, técnicas criativas, processos inovadores. Os tempos atuais exigem o reconhecimento do erro e a vontade de acertar.

Lembro, ainda, que a estratégia da comunicação institucional certamente vai tocar nos aspectos positivos da indústria química, sua importância para o desenvolvimento da sociedade e a manufatura de insumos e produtos que são essenciais para a preservação das boas condições de vida. Permanecer na posição de "aguardar o incidente/acidente" é suicídio.

A imagem e os impactos ambientais

Dentre os fenômenos que tendem a receber atenção especial por parte do universo empresarial está a questão dos impactos ambientais provocados pela implantação de grandes empreendimentos. A dedicação e o extremo cuidado com que o tema será tratado nos próximos anos se apoiam nos visíveis avanços dos grupos ambientalistas, hoje repartidos em diversos e fortes movimentos por todo o país.

O problema ecológico proporciona imensa capacidade de integrar os interesses de massas, espalhadas geograficamente, e de fazer convergir os esforços em torno de uma plataforma política, que poderá acirrar os debates entre empresas e grupos organizados da sociedade. Por enquanto, essa movimentação está mais presente no cenário urbano, recebendo razoável destaque da imprensa. Mas já se observa nos mais distantes rincões uma raiz de ambientalismo, que certamente florescerá num futuro não muito distante.

Uma faceta desse discurso direciona-se às mudanças provocadas por empreendimentos junto a comunidades rurais. Os grandes projetos, como os da área hidrelétrica, causam impactos de grande intensidade. Populações são retiradas, com as inundações ocasionadas pelos enchimentos dos lagos, a fauna e a flora se mudam para um novo hábitat, elementos exógenos, alguns de natureza técnica, outros de natureza cultural, penetram nos ambientes, estabelecendo uma conformação social bastante diferente da tradicional.

Como tratar essa questão? Esse é o maior desafio psicossocial dos empreendedores. Desconhecer interesses, expectativas, desejos e costumes das comunidades rurais ou evitar administrar os naturais conflitos decorrentes da instalação dos projetos não é atitude que se coaduna com os tempos em que vivemos, de muita conscientização, autonomia grupal e participação. Diversas soluções, sugestões e alternativas podem ser adotadas dentro de uma programação que vise equilibrar os interesses dos empreendedores e os interesses das comunidades. Elas passam, num primeiro momento, por um completo rastreamento das realidades ambientais das regiões e localidades, sem o que qualquer decisão pode fracassar. Uma pesquisa de clima e cultura ambientais é o ponto de partida.

Haverá certamente o conflito entre o caráter técnico de um empreendimento e os valores comunitários. Mas é sempre possível um redirecionamento, que incorpore posições assumidas pelas populações. Quando se ajustam interesses, as obras passam a ser administradas sem sequelas. Um ponto de muita relevância é a integração sociocultural. Os espaços geográficos devem ser ocupados de forma a preservar o eixo cultural das comunidades, preservando-se, dessa forma, sua identidade.

Permeando o sistema *social* deverá se estruturar uma ampla rede de comunicação, viabilizando canais de fácil acesso e compreensão. Não se pode abandonar o grupo ou deixá-lo à margem do desenvolvimento da obra. Mesmo que seja deslocado para uma região distante, é sempre oportuno estabelecer os meios para transformá-lo numa força cooperativa e engajada. O equilíbrio sociopsicológico da cultura externa (da comunidade técnica) e interna (local) é desejável, sob todos os aspectos.

A participação é a meta final de um planejamento de marketing institucional. No entanto, para que frutifique, será necessário implantar uma estrutura de serviços, significando benefícios diretos – lazer, recreação, cooperativas, alimentação, transportes, educação, saneamento básico, entre outros programas que podem ser desenvolvidos. Uma interação que resulte em satisfação para ambos os lados só se concretiza pela ação. Discurso apenas não é suficiente. Especialmente quando a palavra está desacreditada. Como é o caso do discurso nos contextos de governos que não têm cumprido seus compromissos.

A administração dos impactos ambientais, vista desse prisma, deixa de ser uma tarefa intransponível para se tornar um exercício de boa vontade, criatividade e, sobretudo, de muita responsabilidade.

Ajuste de imagem

Um dos maiores desafios da comunicação moderna é compatibilizar a visibilidade de uma organização com sua identidade. Por visibilidade, devemos compreender o conjunto de manifestações externas que tornam uma empresa visível e perceptível aos olhos e sentimentos da opinião pública. A identidade corresponde à personalidade da empresa, decomposta na linha de produtos, na cultura organizacional, porte e grandeza, tradição e história, quadro de recursos humanos.

Ocorre, frequentemente, um distanciamento entre a visibilidade e a identidade, o que acarreta confusão e distorção na imagem externa. Em termos concretos, esse *"gap"* se observa quando muita gente conhece o nome de uma empresa, é capaz, até, de recordar seus símbolos e logotipos, as cores de suas manifestações, mas não vai além disso, desconhecendo, por exemplo, os produtos fabricados.

Outro exemplo significativo é quando uma empresa é visível apenas por uma marca ou tipo de produto, deixando outros em completo desconhecimento, num processo de superposição que, mal administrado, pode gerar danos irreparáveis à política de vendas. Também nesse exemplo, fica implícita a inadequação entre a identidade e a visibilidade. Resolver esse problema é uma tarefa que exige, preliminarmente, identificação de causas e circunstâncias. Um roteiro para cercar a situação pode começar com a tentativa de agrupar as formas que dão visibilidade a uma organização. Vamos tentar apresentar algumas:

❏ *Campanha de propaganda de produtos* – Com um foco centrado sobre a linha negocial, as campanhas de propaganda acentuam qualidades de produtos, processos e tecnologia, aparecendo a empresa com o endosso da assinatura. Mas, em muitos casos, a ênfase é tão forte no produto que nem mesmo a empresa patrocinadora aparece nos anúncios.

❏ *Campanhas institucionais* – Esse tipo de campanha realça valores, apoios e patrocínios oferecidos pela empresa a causas de forte interesse social, estabelecendo, de maneira indireta, um vínculo de comunicação e identificação com segmentos da opinião pública. Apesar de a ênfase se situar sobre o motivo da campanha, a empresa, geralmente, recebe papel de destaque, especialmente quando a campanha tem patrocínio da emissora de TV que a veicula.

❏ *Logotipos e símbolos* – Presentes na papelaria da empresa, nos anúncios da mídia, em placas e sinais luminosos, em cartazes e *displays*, em rótulos e embalagens, os logotipos, por sua representação icônica, tendem a ficar gravados nas mentes pelo processo de repetição de sua veiculação. Estabelecem com o consumidor uma cadeia interativa de ligação e aproximação com a empresa, mas transmitem, fundamentalmente, uma representação visual ao nível estético.

❏ *Entrevistas na programação jornalística* – Entrevistas de presidentes, vice-presidentes e executivos na mídia impressa e eletrônica fazem aparecer o nome da empresa. Quando tais entrevistas se relacionam à própria empresa, fica bem visível a identidade. Em muitos casos, as entrevistas giram em torno de temas econômicos e políticos, aparecendo a empresa para identificar o lugar de trabalho dos entrevistados.

❏ *Colunas especializadas* – As colunas especializadas de economia e negócios abrigam informações que podem tornar mais visíveis as posições das empresas, mas têm um circuito de leitura restrito, não ampliando, assim, as possibilidades de conhecimento da identidade, já que seu público, quase cativo, conhece de antemão as empresas citadas.

❏ *Jornais externos* – Trata-se de um tipo de canal dirigido a consumidores-alvo ou a clientes e amigos da empresa. Tais veículos, por sua natureza de comunicação dirigida, também são bastante restritos e seu público-alvo é capaz de identificar a empresa e seus produtos.

Há outras formas que podem tornar visíveis as empresas, mas acredito que as apresentadas são as principais. A questão que se coloca, agora, é saber se há uma correspondência entre elas, do ponto de vista de tratamento da informação sobre a empresa, produtos, processos. E descobrir quais as formas que podem ser usadas para recompor o equilíbrio entre visibilidade e identidade.

Sabemos que algumas das manifestações de comunicação acentuam determinados ângulos, deixando outros escondidos. A compatibilização entre as formas será necessária não apenas para um ajuste de linguagens, mas passa a ser uma exigência dos tempos de crise, em que os valores institucionais de uma empresa têm tanta importância quanto as qualidades e a tecnologia dos produtos.

O ponto de maior proveito entre a visibilidade e a identidade é atingido quando um cidadão comum, consumidor e alvo, tocado pela mensagem de uma empresa, é capaz de responder, com razoável grau de acerto, a perguntas sobre os principais produtos fabricados, formas de exposição da empresa junto à opinião pública e valores embutidos nas linhas de comunicação. A reposição das situações de imagem das empresas passa, necessariamente, pelo estabelecimento das ações descritas, sob pena de uma defasagem que só prejudica a imagem global, pois deixa dúvidas em segmentos de público-alvo, amortecendo o impacto de uma política de comunicação integrada.

Alto ou baixo perfil?

Baixar o perfil, esconder-se (*low profile*), ou elevar o perfil, aparecer (*high profile*)? Essa questão vem sempre à tona em época de efervescência social, ebulição política e crise econômica, como parece ser o momento em que vivemos. Trata-se de uma posição estratégica que envolve diretamente amplos segmentos, representados pelo universo empresarial, dirigentes e executivos do setor privado e, ainda, quadros da burocracia estatal, constantemente preocupados com mudanças e perdas de cargos.

Em contexto de crises, baixar o perfil tem sido, invariavelmente, o conselho dado por consultores do comportamento empresarial. Possivelmente, os especialistas que optam por tal postura são adeptos fiéis da máxima cabocla "passarinho na muda não canta". Acreditam que, em situações de tempestade, o melhor para as organizações e seus dirigentes seria a postura de recolhimento, que funcionaria como salvaguarda dos negócios e das posições conquistadas.

Aventuro-me a discordar de tal política. Não por ser favorável à estratégia de expor as organizações, mas por entender que a questão comporta vários níveis de análise, sendo muito simplista a opção por uma das posições sem o estudo cuidadoso de variáveis intervenientes e componentes do processo organizacional. Ambas as políticas podem, portanto, carrear benefícios para empresas e dirigentes, em qualquer momento da conjuntura.

Em primeiro lugar, será necessário posicionar as características da organização e de seus produtos. São realidades bem diferentes vividas por uma grande indústria do setor têxtil, intensamente influenciada pelo comportamento social, e uma empresa de engenharia. A seguir, coloca-se, como importante variável para medir a questão, a análise do meio ambiente, que implica a tentativa de medir as tensões sociais, o comportamento das classes, a pressão dos grupos organizados, a influência da política econômica sobre o nível de consumo, a concorrência, o sentimento das populações em relação às administrações municipal, estadual e federal, catástrofes ambientais etc.

Não se podem esquecer as componentes de natureza interna, altamente definidoras de posturas de fechamento ou abertura. Entre essas, destacamos o modelo global de gestão da organização, que tende a ser autoritário, liberal, mescla dos dois, altamente profissionalizado ou muito familiar. É o estilo gerencial ante a ocorrência de problemas. As empresas, nesse aspecto, podem ser:

a) *reativas*, quando esperam até o momento de os problemas ocorrerem antes de tentar resolvê-los;
b) *planificadoras*, quando se antecipam aos problemas;
c) *proativas*, quando, ao preverem oportunidades, antecipam-se aos problemas.

Estas últimas não esperam o aparecimento de estímulos, mas estão permanentemente buscando oportunidades estratégicas. Até em momentos de grave crise. E, nesse caso, a postura de franca exposição ao meio ambiente pode ser conveniente.

A política de vendas e marketing, os canais de distribuição dos produtos, o porte organizacional (capital, número de empregados, distribuição física das unidades, complexidade funcional) e, ainda, o clima interno, o caldo de cultura da casa, todos esses valores formam o amálgama sobre o qual se assenta uma decisão sobre o comportamento da empresa.

É evidente que os dirigentes e os executivos, em relação a suas posturas pessoais, também não querem simplificar a resposta sobre a conveniência do perfil baixo ou do perfil alto. Dependendo das circunstâncias e dos valores apresentados, podem fazer uma opção ou outra. Mais importante, porém, que se preocupar com essa política, é atentar para algumas medidas simples, necessárias ao equilíbrio da empresa, no tipo de contexto que o Brasil enfrenta.

Pode-se, por exemplo, planejar completa análise ambiental, o que significa, entre outras coisas, acompanhamento dos trabalhos da Assembleia Nacional Constituinte, implementação de programas de relações institucionais, efetivação de ligações e estreitamento de laços com as associações e entidades classistas (federações, ligas, sindicatos, sociedades, institutos etc.).

Na escala interna, o momento aconselha a investimentos significativos em programas que visem à melhoria dos climas organizacionais – benefícios odontológicos, assistência médica, convênios, seguros, alimentação, lazer, promoção funcional, entre outros. E, se os projetos relacionados às comunicações internas e externas foram elaborados há mais de dois meses, talvez seja o caso de se fazer um rápido reordenamento a fim de que possam acompanhar a dinâmica conjuntura nacional.

É oportuno lembrar que atravessamos, atualmente, uma quadra de extrema relatividade, onde os conceitos e regras não podem ser empregados rigidamente. O que vale hoje pode não valer amanhã. O importante é não dar tudo por decidido ou adotar a fraqueza de quem acha que "A sorte está lançada, estamos fritos, o segredo foi revelado, não há mais nada a dizer, adeus, adeus".

A imagem na turbulência

Posição nº 1: a empresa decide cortar verbas de comunicação por conta da situação de aperto e retração de mercado.

Posição nº 2: apesar da crise, a empresa continua investindo em comunicação, mantendo o mesmo volume de verbas.

Posição nº 3: a situação é crítica, mas a empresa decide esquentar sua comunicação, procurando ideias criativas ou mesmo reforçando um pouco as verbas.

Qual a postura mais adequada para os tempos de turbulência? Os ortodoxos e quadrados preferem a primeira alternativa, mostrando uma acomodação e mesmo passividade diante da situação. Os persistentes optam pela segunda alternativa, por acreditarem na ferramenta de comunicação como propulsora de vendas e incremento dos negócios. Os empreendedores de visão avançada, acompanhando as tendências e fazendo uma correta interpretação do mercado, ficam com a terceira posição, que, sem dúvida, é a mais adequada.

Cortar verbas equivale à postura do avestruz, isto é, esconder-se, retrair-se, quando, em momento de perturbação econômico-social, são aconselháveis esforços extraordinários das empresas para se manterem visíveis perante os consumidores. Se a comunicação, por suas diversas formas, estabelece um permanente contato entre produtos e consumidores, não há por que abandoná-la, mormente em um momento em que se torna extremamente necessária. Nas crises, muitas empresas falecem ou perdem sua força. Entre as razões, a falta de comunicação, em volume e intensidade adequados, é uma das mais importantes.

Ocorre que muitos empresários ainda não conseguiram absorver os fundamentos da comunicação para o incremento dos negócios. Imaginam que se trata de uma atividade abstrata, pouco mensurável, acessória, secundária. Nada de mais errado. No contexto da competição acirrada, das promoções retumbantes para a desova de estoques, do festival de cores, formas gráficas, logotipos e logomarcas, a visibilidade de uma empresa e de seus produtos tornou-se um imenso desafio. Se não há comunicação, não há visibilidade e a empresa acaba por ser engolfada e "canibalizada" pela profusão de marcas fortes.

Os momentos turbulentos possibilitam bons exercícios de criatividade. Por isso, deve-se procurar permear a comunicação com ideias originais, criativas, avançadas. Qualquer iniciativa para criar uma sinalização diferenciada perante o consumidor é válida. Dentro dos preceitos éticos, é claro.

Uma reciclagem da comunicação, em época de retração, pode começar com uma avaliação das angulações normalmente usadas, das propostas simbólicas e dos novos comportamentos dos consumidores. A partir desse rastreamento, será possível a montagem de campanhas diferenciadas, com toque de originalidade e incorporação das linguagens do meio ambiente. Justifica-se o empenho em razão de comportamentos mais exigentes dos consumidores, por conta de um natural desinteresse gerado pela diminuição do poder de compra e força competitiva, que lança os concorrentes na briga acirrada pelo mercado.

É claro que o desempenho das empresas não se deve restringir ao terreno da comunicação. Muitas empresas estão desovando estoques por meio de fórmulas criativas de promoções e descontos, apelando para o *leitmotiv* dos momentos de crise, que é a questão do poder de compra. Quanto mais facilidades, maior capacidade de atração. Se tais facilidades vierem bem embaladas, em roupagens de comunicação atraentes, criativas, esteticamente elaboradas, os resultados só poderão ser altamente positivos.

Em termos de *mídia*, é preciso observar seu direcionamento, pois, como se percebe, a segmentação e especialização dos grupos e categorias sociais são, hoje, mais acentuadas, o que exige maiores atenções e cuidados por parte dos planejadores. Nesse sentido, é interessante estudar-se, em profundidade, posições do marketing *diferenciado* e *concentrado*. Essas angulações se voltam para os interesses isolados de grupos sociais ou categorias profissionais. Em um contexto de razoável organização da sociedade, como o que verificamos atualmente no país, caracterizado por movimentos, forças, grupos, setores que agem de forma dinâmica e ativa, a análise de diferenciação social é, particularmente, importante.

Não é, portanto, hora de encolhimento, como imaginam profissionais antigos, amorfos e defasados. O momento convida a decisões criativas e a leituras atentas do meio ambiente. Quem não se dispuser a esse exercício, corre o risco de morrer antes de chegar à praia.

A imagem de transparência

Nos últimos tempos, a palavra transparência tem sido usada como paradigma de valores que sedimentam a credibilidade das organizações. Costuma-se afirmar que falta transparência nas intenções, projetos, programas e ideias de autoridades governamentais, empresários e instituições, de um modo geral. E que, por isso mesmo, a sua imagem padece de um devastador processo de corrosão.

As exigências sociais em torno de limpidez e clareza de intenções e negócios resultam de um emaranhado informativo, permanentemente exposto pela mídia, onde aparecem lado a lado denúncias de corrupção, projetos de impacto utópicos, falas contraditórias de autoridades que servem a um mesmo governo, visões empresariais díspares, pressões e contrapressões, posições divergentes dos partidos políticos, formando, ao final, uma algaravia de difícil compreensão e apreensão pelos consumidores.

É evidente que o universo empresarial sofre diretamente as consequências da balbúrdia comunicativa que se instalou nos últimos tempos. As empresas, de todos os tipos e portes, são "engolidas" pela maré geral de inconformismo, arrastadas pelo tufão de incredulidade que sopra em todos os quadrantes, ameaçando a identidade e arrebentando significativas parcelas de sua imagem pública.

Torna-se imperativo, diante do panorama sombrio, o planejamento de ações voltadas para a preservação dos valores que as organizações consideram fundamentais para sua sobrevivência equilibrada. A começar

Cartunista Gilmar

pela operacionalização do conceito de transparência, que virou palavra da moda, muito pronunciada, pouco concretizada. Para que uma empresa possa aproveitar o maior número de posições oferecidas pelo conceito de transparência, basta recorrer a um receituário de fácil aplicação e de proveitosas lições. Destaco as seguintes posições:

1) *Abertura do sistema informativo* – Sem nenhum prejuízo para as informações estratégicas, de natureza tecnológica, a empresa deve abrir mais suas informações, exibindo *performance*, fazendo análises da conjuntura, estabelecendo estimativas informais de lucros, respondendo, enfim, às demandas ambientais sobre sua situação. Afinal de contas, o mercado dispõe, hoje, de exímios analistas – bancos, corretores, especialistas – capazes de julgar, aprovar ou desaprovar as informações oferecidas.
2) *Exibição do portfólio de produtos* – A tradição de uma empresa, a quantidade de produtos que fabrica, a grandeza social dos produtos, traduzida pela significação que tais produtos têm para a sociedade, a qualidade e tecnologia, o alto conceito que seus produtos desfrutam no mercado constituem, entre outros, pontos importantes, numa programação de transparência.
3) *Franqueza e disposição para a interlocução* – Em momentos de crise e turbulência, a mídia lida com informações corretas, informações erradas, balões de ensaio, preconceitos e interesses de grupos e pessoas. O difícil é saber onde está a informação verdadeira. Por essa razão, são aconselháveis a franqueza e a disposição para uma conversa sincera. Muitas análises de imprensa são feitas erradamente por falta de informações. É difícil acabar com preconceitos, mas a informação verdadeira acaba por prevalecer.
4) *Prontidão e agilidade* – Uma imagem pode desfazer-se da noite para o dia. Constrói-se ao longo de anos seguidos de tradição e coerência. Atentas para essa máxima, as empresas devem ser ágeis nas respostas, prontas para atender às demandas jornalísticas e sociais.

Elas devem repousar, diariamente, sobre uma base de tranquilidade, calcada em princípios de atendimento à sociedade.

5) *Acompanhamento das tendências* – A precisão e a correção do discurso empresarial são, fundamentalmente, resultantes da atenção que a empresa dedica à dinâmica social, aos movimentos dos grupos e segmentos, aos rumos que a sociedade, como um todo, está trilhando. Esse acompanhamento rigoroso permitirá que a empresa use linguagem certeira, direta ao consumidor-alvo, portanto mais clara e transparente.

6) *Emissão de juízos adequados* – Para muitas empresas, é um verdadeiro calvário emitir opiniões, num contexto particularmente balizado por altos índices de sensibilidade e emoção. Muitas preferem ficar em cima do muro. Considerando-se a missão da empresa para o desenvolvimento da sociedade, ela não pode se furtar a emitir juízos sobre aspectos fundamentais que embasam sua sobrevivência e equilíbrio. O importante é fazê-lo de maneira adequada.

7) *Zelo profissional* – Cabe à empresa zelar pelos seus negócios, preservar os interesses dos acionistas e não transigir a respeito de questões que possam vir a prejudicar o andamento dos negócios. A sociedade, a mídia e outros interlocutores do sistema empresarial precisam, por sua vez, compreender a natureza profissional das organizações e seus compromissos empresariais. Com esse entendimento, as interlocuções poderão ser mais tranquilas, evitando-se os mal-entendidos, que descambam, frequentemente, para acusações levianas.

Há outros aspectos de um programa de transparência empresarial, mas os princípios citados podem ser um bom começo. Importa, antes de tudo, a honestidade de propósitos em torno do programa, que constitui precondição para se acabar com a presumível intolerância de alguns setores para com o universo organizacional.

A imagem por meio da embalagem

Quais são os elementos que contribuem para que, entre dois produtos congêneres, um ultrapasse o outro em termos de aceitação, eficácia de vendas, visibilidade e imagem? A resposta, é evidente, aponta para elementos que formam o composto de comunicação. No entanto, há, entre eles, fatores que pesam de maneira mais significativa. Vamos examinar alguns.

Partamos do princípio de que os dois produtos exibem a mesma qualidade e se aproximam no aspecto do preço. Um, certamente, está mais presente na memória do consumidor. O poder de fogo da comunicação, concretizado pela bateria de meios e formas que tornam o produto acessível aos usuários, não pode ser considerado, sozinho, o fator detonador de sucesso. Os elementos que formam o conceito estético-plástico do produto, esses sim, têm importância fundamental para uma boa campanha.

A visibilidade de um produto apoia-se, numa primeira leitura, na embalagem. A embalagem, por sua vez, é um agregado de elementos de comunicação, que se justapõem, formando um discurso plástico de alto efeito e poder de impacto. Uma análise de decomposição da embalagem aponta, inicialmente, para o jogo de formas, para o volume, a massa. Isto é, sobressaem, num primeiro momento, o *território*, o corpo físico, anatomicamente recortado, em uma forma que possa atrair a atenção e despertar interesse.

Mas a massa concreta da embalagem é, por si só, um corpo frio, quase sem espírito. Mesmo plasticamente bem concebida, a massa de uma embalagem pode passar despercebida aos olhos. Há necessidade, portanto, de vesti-la. E vesti-la adequadamente. O que não significa expor qualquer roupa, qualquer cor, qualquer tipo gráfico. O vestido é uma combinação entre o tipo de produto, o tipo de embalagem, o tipo de consumidor, o tipo de ambiente (cenário) onde será comercializado, preço e o momento social.

A combinação apoia-se, inicialmente, na tipologia gráfica. Os tipos gráficos funcionam como extensões dos olhos das pessoas. Nesse sentido, há que buscar, por meio de pesquisas, os interesses do universo de consumidores. Os tipos gráficos podem evocar valores de modernidade, tradição, avanço, progresso, firmeza, solidez, segurança. Compor o tipo gráfico com esses valores é um exercício que os profissionais executam com intuição. Mas há condições de se estabelecer essa aproximação, de modo mais científico.

O logotipo ou logomarca do patrocinador também é fator importante na composição do discurso plástico sobre a embalagem. O logotipo (logomarca) funciona como uma espécie de endosso de credibilidade e respeito. Uma marca famosa, endossada por uma empresa conhecida, ganha maior visibilidade. Se o logotipo necessita de ajustes finos de modernização, que isso seja feito. A seguir, o jogo de cores. As cores são responsáveis pelo maior poder de memorização da embalagem. Para sua eficácia, precisam combinar com o tipo de produto, com o tipo de embalagem, com a tipologia gráfica, com as características do consumidor e com o momento. Como se sabe, as cores assumem conotações diferentes, graças à cultura e ao comportamento ditados pela mídia.

Esses elementos, para ganhar efeito multiplicador, devem aparecer de forma clara. A clareza significa, portanto, a capacidade de se poder distinguir os conteúdos impressos nos rótulos, numa forma que pareça agradável. Ao lado da clareza, a simplicidade, que nada mais é que a busca de aspectos que evitem dispersão, dificuldade de apreensão das mensagens. Quando isso ocorre, certamente, o discurso plástico da embalagem encontra seu ponto de harmonia. E esse é o objetivo maior: fazer que haja inteira sincronização entre texto, tipo gráfico, cores, disposição das massas no espaço e aproveitamento ideal da embalagem.

Os *designers* industriais, com suas experiências rotineiras, certamente conseguiram esboçar modelos que permitem passar para os produtos valores de modernidade, qualidade, *status* e progresso. Quando um produto estiver capengando, mesmo que as campanhas de comunicação em torno dele sejam intensas, é o caso de perguntar: o vestido é adequado? Possivelmente, ele está precisando de nova costura.

A imagem por meio do logotipo

Vez por outra, a pergunta é colocada: qual é o peso e a importância de um logotipo num contexto ambiental com tantas marcas e símbolos? Trata-se de uma questão que deve ser examinada, tanto nos aspectos estéticos quanto nos semânticos. Os logotipos e as marcas, em geral, exercem a importante função de chamar a atenção dos consumidores e públicos-alvo para produtos, ideias e valores defendidos pelas organizações. Ao lado, portanto, de uma contribuição para as vendas, oferecem um suporte de imagem institucional, que, em ambientes de turbulência, é extremamente útil para as empresas.

Do ponto de vista meramente estético, os logotipos e marcas devem traduzir um conceito, arquitetado em uma forma plástica e em traços visuais que sejam agradáveis e de fácil memorização. Ocorre, porém, que ante a profusão de marcas existentes no mercado, torna-se desafiador o exercício de criação de um símbolo que junte aspectos de originalidade, beleza, harmonia, equilíbrio e força ideativa. Mas os programadores visuais estão aí exatamente para resolver essa barreira.

Nos últimos tempos, tem-se observado uma tendência para a construção de logotipos à base do signo verbal (letras, palavras), que traduza as iniciais da empresa. Em alguns casos, o próprio nome da empresa, bem desenhado, torna-se o logotipo. Em outros, a opção é pelo signo icônico (desenho, imagem), sofrendo esse tipo de logotipo as injunções ocasionadas pela semelhança de desenhos, confusão simbólica, dificul-

Cartunista Gilmar

dade de associação. Tanto um tipo quanto o outro, porém, para vingarem e exercerem seu papel de identificar empresas, produtos, ideias, valores, precisam se apoiar em um conjunto de situações, a saber:

Frequência de repetição – Eles passam a ser memorizados e a estabelecer associações mentais nos consumidores, quando sua frequência de repetição é intensa, a ponto de criar uma familiaridade com o receptor. Essa frequência deve ser a mais extensa possível, não devendo ser paralisada, sob pena de um corte no processo associativo.

Perenidade – Quanto mais perene um logotipo, mais gravado ele ficará na mente. Uma de suas leis é a velhice. Torna-se reconhecido, cria um ambiente de conhecimento, está próximo às pessoas. Os logotipos novos, ao contrário, têm muita dificuldade de se fixarem. Essa é a razão pela qual um logotipo não deve ser mudado. Quando isso ocorre, todo um investimento, feito ao longo de anos e anos, vai por água abaixo.

Ajustes finos – Alguém pode refutar a tese do logotipo eterno, afirmando que ele deve acompanhar as tendências dos tempos modernos. Sem dúvida, há necessidade de se passar o logotipo por um pente fino, para tirar suas rebarbas e pontos feios, dentro de uma concepção moderna de estética. É o que se chama de ajuste fino. Isso não significa, porém, acabar com o logotipo. Já pensaram se a Coca-Cola acabasse com seu velho logotipo? É preciso entender que os valores de modernização que se pretende introjetar a um produto integram uma campanha bem mais ampla, onde entram anúncios de publicidade descontraídos, alegres, modernos, atrativos. A elegância plástica-estética moderna não significa absolutamente abolir o passado.

Obsolescência – Quando uma marca não aparece, não é conhecida ou mesmo quando passa a ser ofuscada por outras, ela cai no chamado processo de obsolescência, na fase de decadência. Sua vida útil pode ser dada por terminada. Nesse caso, admite-se a criação de uma outra marca para fazer a vez da antiga.

Equilíbrio de cores – Entre os ajustes, alguns podem ser efetuados no campo cromático, utilizando-se um jogo de cores mais atuais, porém sem ferir a identidade básica da marca. Essas combinações são necessárias especialmente para enquadramento em embalagens de produtos de consumo de massa, que precisam, frequentemente, brilhar nas gôndolas de supermercados. Aliás, nesse sentido, aconselha-se uma pesquisa de cores em gôndolas, para verificação de tipos de produtos com a mesma natureza cromática e sua adoção/rejeição pelos consumidores.

Subjetividade – É preciso ter muito cuidado com o chamado *gastômetro* para medir a eficácia de um logotipo. Nem sempre o logotipo mais bonito é o mais eficaz. Os resultados de um logotipo ou de uma marca devem ser dimensionados por sua história, sua presença firme no meio do público-alvo. Tudo é muito subjetivo na área do discurso estético-plástico. Tradição, solidez, modernidade, vanguarda, passado, credibilidade, história, segurança, porte da empresa, constituem valores que estão por trás de uma simples marca. Quem pode dizer que a cruz é um sinal bonito, do ponto de vista estético? No entanto, para milhares de pessoas, é o sinal mais forte (e também bonito, porque passa a traduzir outro gênero de conceitos) de sua existência. Há que se tomar precaução contra o logotipo "bonitinho, porém ordinário".

Se você, diretor de marketing, de comunicação, assessor publicitário, programador visual, gerente de relações públicas, assessor de imprensa, quer mudar o logotipo de sua empresa ou a marca de seus produtos, pense duas vezes. Faça testes comparativos, meça os significados de tais marcas junto aos consumidores, pré-teste situações. Só depois tome decisões. E muito cuidado para não decidir pensando apenas em você ou nos fazedores de logotipo e marcas. Os receptores devem ser consultados. A imagem, afinal, é um sistema de simbolismos que devem estar sintonizados ao processo sociocultural do consumidor.

A imagem por meio do nome

Se um sujeito com o nome de Zé da Silva se aventurasse a vender um produto chamado *cocaju*, uma experiência química a base de coca e caju, fabricado pela empresa Taquaral Ltda., talvez desistisse logo na primeira tentativa. Ele iria sentir de perto as resistências contra um dos mais eficazes instrumentos do processo de vendas: o nome. Zé da Silva iria se contentar com a simples recusa de um comprador insatisfeito com o gosto do produto. E possivelmente nem perceberia que o comprador estava abominando seu nome, censurando o nome do produto e desdenhando o nome da empresa.

O nome das pessoas, dos produtos e das empresas exerce extraordinário poder. E influi decisivamente sobre a imagem. Dependendo do nome que se dá ou que se leva, as portas se abrem, os experimentos são bem-sucedidos, as vendas se realizam, a comunicação se estabelece. Por que isso ocorre? Que fenômeno explica o poder que o nome exerce sobre as pessoas? Afinal de contas, nomes comuns e corriqueiros não podem fazer sucesso?

O poder dos nomes deve ser inicialmente analisado sob o aspecto cultural. Nesse caso, os nomes designam apenas pessoas, produtos ou empresas, mas abarcam seus atributos, qualidades, campos de ação, perspectivas. A mídia impressa e eletrônica funciona como reforçadora de posições, alimentando impressões e criando uma divisão entre valores positivos e negativos, coisas boas e ruins, feias e bonitas, agradáveis e desagradáveis. Zé da Silva, por exemplo, bem abrasileirado, representa não apenas um tipo de pessoa, mas todo um estilo de vida, onde despontam aspectos de pobreza, dureza, posicionamento marginal da sociedade. (É claro que existem Zés da Silva ricos, mas o nome é originário da massa brasileira mais pobre.)

O subdesenvolvimento cultural, oxigenado permanentemente por elementos reforçadores, tende a exaltar o domínio das forças da riqueza e dos bens materiais, fazendo surgir, em consequência, um aparato de expressões que se identificam com valores do nobre e do belo. Não é por acaso que, em determinadas épocas, impulsionados pelos modismos, aparecem imensos contingentes de Sandra, Renata, Cássia, Débora, Márcia, Cristiana, Tatiana, Mariana, sobrepujando os populares Maria, Joaquina, Felismina, Antônia, Adilsa e Efigênia.

É evidente que a repetição e a força de veiculação também são fortes impulsionadores de nomes e marcas. Bastaria a *cajuína* ou o nosso *cocaju* receber o patrocínio de uma grande empresa e o peso de uma veiculação massiva, do tipo Coca-Cola, para decolar sua imagem. Enquanto isso não ocorre, estarão subordinados a um plano inferior, independentemente de suas qualidades e atributos como bebida.

Os estrangeiros também constituem parâmetros de imitação. Empresários, especialmente pequenos e médios, dos ramos de confecção e de alimentos, são constantemente motivados a compor os logotipos e marcas de seus empreendimentos com nomes em inglês, projetando, nesse caso, uma associação com ideais mais exóticos, modernos e avançados de culturas estrangeiras. Conheço um empresário, proprietário de uma grande indústria de confecções, hoje grife das mais badaladas na área de *jeans*, que diz, de maneira peremptória: "Investi no nome, hoje tenho uma marca que parece inglesa. Foi uma das principais causas do sucesso do meu empreendimento". É triste, mas é verdade.

É preciso ir devagar com o andor. Porque uma pessoa que se chame Robert Taylor ou Stephanie de Mônaco nem sempre terá o brilho do saudoso ator e da agitada princesinha europeia. Os nomes precisam estar acompanhados de um contexto à altura da expressão. Isto é, não adianta embalar um produto ou uma empresa com um nome altamente decorativo e chamativo, se não se alocar um conjunto de situações expressivas que confiram textura e fortaleza como aparato visual, propagandístico, tradição, riqueza, porte empresarial, *layout*, físico, entre outros.

De acordo com os processos de leitura da propaganda moderna, são mais aconselháveis as opções por designações que tentem ligar o nome da empresa a seus produtos ou a seus processos de fabricação. Se essa composição facilitar a ideia de clareza, legibilidade, precisão, fluidez, e associar-se a um escopo de modernidade, tanto melhor. A regra é não complicar na atribuição de nomes.

Por último, resta dizer que nomes populares, corriqueiros, e que, em algum momento, funcionam como contraponto às expressões elitistas, também podem fazer enorme sucesso. O caminho é mais longo. Mas nem por isso menos valoroso. No caso de empresas, são raros os nomes do tipo Bananabrás. No caso de nomes de pessoas, um nome popular como Chico vira famoso quando tem um Buarque ou um Anísio pela frente. Mas, quando o apoio das massas populares é significativo, até mesmo expressões antigamente consideradas grotescas são promovidas na escala social e passam a frequentar palcos considerados de classes mais privilegiadas. Que o digam Chitãozinho e Xororó.

A imagem por meio da marca

Quanto e como se deve mexer na marca de um produto ou no logotipo de uma empresa? Eis aí uma pergunta que tem gerado intensa polêmica e acirradas discussões entre dirigentes, profissionais de marketing, agências publicitárias e programadores visuais. A resposta não é simples e comporta diversos níveis de análise. Mas todos parecem concordar que o tratamento da imagem de marca e os programas de padronização e aperfeiçoamento visual figuram entre as mais importantes ferramentas do marketing contemporâneo.

As organizações usam marcas para que funcionem como elementos representativos de sua identidade, da natureza e características de seus produtos. Essas marcas assumem várias formas, a partir dos nomes, dos símbolos visuais figurativos ou emblemáticos e dos logotipos, composições gráficas fixas que estabelecem fácil identificação das empresas e entidades com os consumidores e usuários.

A questão que se coloca é a de saber se o conjunto de símbolos usados por uma empresa necessita receber ajustes e, em caso de resposta positiva, qual é a importância e a intensidade desses ajustes. Não há dúvida sobre o fato de que os símbolos, ao correr dos anos, passam por um processo de desgaste, originado, sobretudo, pela dinâmica sociocultural que imprime novos gostos, atitudes, valores, pensamentos. Esse acervo comportamental passa a exigir, por sua vez, padrões visuais adequados à realidade contemporânea.

A IMAGEM POR MEIO DA MARCA

A explicação de ordem histórica, cultural e psicológica passa a ser um ponto de referência para decisões técnicas sobre programas de aperfeiçoamento de imagens corporativas e de marcas de produtos. Deduz-se que é necessário, preliminarmente, descobrir se os traços, as cores, os sinais, os símbolos figurativos e a combinação de tais elementos no espaço dos papéis ou no enquadramento dos rótulos e embalagens estão em equilíbrio harmonioso com o momento que cerca os consumidores.

Pesquisas para oferecer indicações sobre a integração das marcas ao meio social são bastante complexas e ainda pouco usuais entre nós. Os institutos existentes no mercado estão mais voltados para investigar se as marcas e logotipos são memorizados pelo consumidor. Testes de diferencial semântico, pesquisas de profundidade sobre cores, índices de legibilidade e leiturabilidade das marcas, investigações sobre escala de valores e sua relação com os símbolos constituem um campo quase inexplorado.

Pelas dificuldades de se obter estudos detalhados, o que se tem realizado é um esforço meramente intuitivo. Diga-se de passagem que a criação brasileira na área da identidade visual e de projetos de imagem de marca é significativa e reconhecida, bastando, para comprovar, rápido exame nos catálogos internacionais (como o *World Trade-Marks and Logotypes*, Graphic-Sha, Tóquio), onde marcas e logotipos brasileiros aparecem em pé de igualdade com símbolos da Europa e Estados Unidos. Mas os próprios consultores especializados em identidade visual reconhecem a precariedade brasileira no setor de pesquisas especializadas.

Quando se descobre, por meio de pesquisas, ou mesmo por intuição, necessidade de mudanças, os projetos de aperfeiçoamento transformam-se em importante elemento de incremento de vendas. É evidente que haverá sempre imensos desafios a serem superados, como as dificuldades para se estabelecer limites para os programas. Uma regra geral, aceita, aponta para os perigos de se efetivar mudança abrupta de marcas. As exceções ficam por conta de marcas que estão sendo canibalizadas e ofuscadas por outras semelhantes, de propriedade de concorrentes. Se a empresa não tem porte para desenvolver intensa campanha publicitária, capaz de sufocar a marca semelhante que a ameaça, aconselha-se a mudança, especialmente se a marca em declínio não tem tradição no mercado.

Em relação aos logotipos, a questão é até mais complexa. O grafismo fixo de uma empresa é um canal de transporte de imagem dos mais eficientes. Graças a ele, a empresa consegue criar uma ligação permanente com o consumidor, que passa a distinguir no logotipo um clima de contato estreito, íntimo, próximo, aconchegante e um sinal altamente visível da presença da organização. Mudar o logotipo significa quebrar a intimidade com o consumidor, o conhecimento efetuado em anos de veiculação. Por isso mesmo, os programas de aperfeiçoamento de logotipos, e também os de marca de produtos, devem permanecer nos limites dos chamados ajustes finos, pequenas e suaves modificações que atenuam ângulos, melhoram a visibilidade, destacam partes, ajustam enquadramentos, promovem modernização visual e atualização, equilibrando o conjunto.

Chamo a atenção para os programas conjuntos. Os programas que tratam dos logotipos devem ser acompanhados pelos ajustes na imensa papelada, nos sinais internos, enfim, no instrumental que funcione como transporte. O ideal é a integração entre os produtos do marketing institucional e os produtos do marketing comercial-industrial. A fisionomia da organização precisa ser algo uniforme, com formas que unifiquem valores e transmitam conceitos de racionalização, simplicidade, visibilidade, modernidade e beleza plástica. Nesse sentido, considero essencial a harmonização de cores e símbolos, institucionais e mercadológico-comerciais, em um empreendimento que amplie e multiplique as expressões das empresas.

A eficácia de tais programas depende, ainda, de um exaustivo controle de qualidade, que permita acompanhar, de maneira segura, as fases de implementação. Pesquisas posteriores poderão atestar os resultados. Para concluir, lembro que uma pequena mudança, leves acréscimos e cortes, suaves alterações de tonalidade e posições podem redundar, mesmo em curto prazo, em significativos benefícios. O importante não é a quantidade das mudanças, mas a qualidade.

Imagens do fim de um tempo e a chegada do futuro

Um mundo de *clicks-clacks*

Um maravilhoso espetáculo de tecnologia, regado à automação, banhado por sistemas computadorizados em todas as partes, um mundo de *clicks-clacks*, suaves barulhos de teclas, um universo de luzes piscando em gigantescos painéis que mostram desde grandes ambientes a detalhes do tamanho de uma ponta de lápis, formidáveis objetos reluzentes assumindo a forma de exóticos robôs industriais, um ambiente asséptico, higiênico e limpo, pessoas exemplarmente bem vestidas e confortavelmente instaladas, operando botões e acionando mecanismos automáticos e computadores, máquinas e ferramentas silenciosas aplainando, fresando, cortando, formatando, dando acabamento e embalando produtos – eis aqui a imagem dos ambientes organizacionais nesse início de segunda década do século XXI.

Um show de tecnologia caracteriza a organização moderna. Todas as partes do sistema produtivo estão interligadas por vias eletrônicas, formando um conjunto harmônico, sem perda de espaço e energia, fazendo fluir as atividades e produtos dentro da máxima eficiência. O cenário é ocupado por máquinas que não fazem barulho e por computadores. E daqui a pouco as atividades físicas dos homens serão consideravelmente reduzidas, em função da passagem de serviços pesados para os robôs. Suas faculdades intelectivas, em compensação, serão mais exigidas, especialmente nos aspectos de leitura e interpretação de dados e informações.

Imensos painéis eletrônicos – como se fossem grandiosas telas de televisão – radiografam, vagarosamente, os complexos técnicos; e os botões acionados por homens atentos e silenciosos, quando levemente tocados, deterão os painéis sobre determinados processos e máquinas. Cada parte do serviço receberá medição em segundos e qualquer atraso ou perda terá rápida identificação nos painéis, que mostrarão os defeitos dos sistemas. Enquanto o processo flui, um robô-de-conserto sairá agilmente de seu módulo e, levando suas ferramentas, em poucos minutos consertará as falhas.

Estudos ergonômicos darão aos operadores de máquinas e computadores maior equilíbrio e melhor adaptabilidade funcional, atenuando a estafa e o cansaço físico. Um sistema de televídeo conectará os operadores, que se falarão olhando-se nos painéis, e agindo como se estivessem juntos, apesar de fisicamente separados por distâncias enormes. Na Sala Oval da Casa Branca, o presidente dos Estados Unidos assiste ao vivo, com seu estafe, a uma operação de guerra no Afeganistão. Como viu o assalto que redundou na morte de Osama Bin Laden. Os espaços organizacionais são hoje identificados por meio de cores estimulantes e agradáveis e o equilíbrio ambiental irradia uma harmonia de repouso. Em alguns setores, ouve-se música ambiental de fundo, preparada especialmente para animar os espíritos e a criatividade, psicologicamente codificada para estimular emoções positivas.

Nos setores administrativos, as faixas e cargos ganham maior nivelamento e os modelos de gestão se apoiam em processos, onde grupos técnicos especializados se reúnem para resolver problemas, criar produtos, gerar ideias e discutir eficiência. Os grupos são estimulados por um sistema de recompensas, embasado no princípio de participação nos lucros auferidos por determinada linha de produtos. Esses lucros também irão para os bolsos das faixas de operadores, do setor manufatureiro.

A massa de papéis fica restrita às tiras do computador, com dados e informações para leituras especializadas. Painéis coloridos e consoles

IMAGENS DO FIM DE UM TEMPO E A CHEGADA DO FUTURO

enfeitam os ambientes e as secretárias formam um contingente especial para operar as infraestruturas das áreas e setores, mas trabalhando fundamentalmente com informações. As políticas de Recursos Humanos abrigam modelos de recompensas e satisfações sofisticados, criando também espaços para maior democratização do discurso comunitário. Os chefes refluem em seu poder e arbitrariedade e as comunicações verticais e horizontais ganham agilidade, limpidez e objetividade. As reuniões são cada vez mais rápidas e com poucas pessoas.

A administração, no topo, trabalha sob o regime de governança corporativa, a partir de conselhos de administração e consultivos, onde profissionais e empresários podem debater abertamente as diretrizes e as linhas de trabalho. Corporações com muitas unidades fabris possuem centrais de racionalidade técnico-funcional e controles conectados, de forma a atuarem, de maneira sinérgica e integrada, aumentando a eficácia e diminuindo custos.

Tal aparato tecnológico acarreta maiores facilidades operacionais. Mas a questão é: produzem uma taxa maior de felicidade para os trabalhadores?

Qual será o conceito de felicidade na Telépolis?

Esse é o espaço que começamos a compartilhar. A cidade mundo onde cidadãos interagem virtualmente, onde a política vai transformando o privado em público. Ou onde a economia transforma o ócio em trabalho e o consumo em produção.

Telépolis é um espaço pluridimensional, esférico, com estruturas formadas de redes eletrônicas de comunicação que se expandem e se interconectam infinitamente. Não possui limites. Sua identidade é seu fluxo, sua circulação, a capacidade de ser veloz.

Na sua primeira fase, era tecida com comunicações telefônicas e radiofônicas. Depois, juntou-se a elas a televisão não interativa; agora, junta a televisão interativa, integrando a internet e o correio eletrônico.

A nova cidade evoca lugares como a praça (telemática) e a autoestrada (informática). Vemos nela, todos os dias, o mundo distante anexado ao mundo próximo. O lá e o cá conectados. O papa, o presidente, os assassinos e bárbaros, as vítimas, a guerra, os tanques, a pomba da Paz revoando sobre as multidões nas praças. As linguagens se juntam sob fenômenos compactados das ciências. Os parques são, agora, *websites*, a internet é nossa rede rodoviária, o *zapping* permite o passeio e a televenda é o nosso shopping.

Telépolis chegou para fazer reluzir nossa mais íntima privacidade.

Ademais, nesse novo ambiente civilizatório, o campo do trabalho passa a ser redimensionado. Começa com o aparecimento de novas profissões, especialmente nas vastas frentes das novas tecnologias, que passam a demandar novos polos de informação, formação, aprendizagem e reciclagem. As categorias profissionais, por sua vez, se reordenam. O modelo fordista – de produção em série e homogênea – dá lugar a formatos fragmentados. Componentes são fabricados em lugares diferentes e distantes, juntando-se, ao final do processo, em uma operação de montagem. A hierarquia rígida sai de campo para ceder às redes horizontais e aos líderes de núcleos e grupos.

Surge uma nova modalidade: o teletrabalho, que usa as ferramentas tecnológicas integradas, o telefone, a secretária eletrônica, os computadores, IPads, Iphones, os livros eletrônicos, as redes sociais (facebook, twitter, orkut, linkedin, celular, pagers, teleconferência etc.), base tecnológica que agiliza os processos de produção e gera a conectividade entre os anônimos. Os processos criativos, por sua vez, adquirem maior poder de autonomia pela ampla possibilidade dos criadores no espaço da cidade mundo. As tarefas produtivas podem ser feitas, a partir de casa, extinguindo as formas tradicionais de hierarquia e mando. O trabalho torna-se, então, dispersão, não sendo abrigado mais em um único espaço. Os efeitos se fazem ver em certa dose de isolamento, jornadas excessivas, enfraquecimento dos núcleos trabalhistas (Centrais Sindicais fazendo, agora, o papel da representação institucional), aumento da produtividade, redução de espaço físico de trabalho e maior flexibilidade operacional.

Podemos distinguir essas mudanças por meio desta configuração:

> A ênfase passa do grupo para o indivíduo
> O conceito de empresa cede lugar ao conceito de projeto
> O termo produto é substituído por concepção
> O antigo eixo casa-trabalho é substituído pelo eixo trabalho-casa
> O entretenimento passivo transforma-se em entretenimento ativo
> A viagem física tem uma alternativa na viagem virtual
> A decisão hierárquica agora é decisão compartilhada, usando a rede social
> O generalista tem de ser também especialista
> O meio e a mensagem se fundem no Estado-espetáculo
> O espaço físico da informação é estreitado por bits
> A era tecnológica transforma-se em era digital
> A banda estreita cede lugar à banda larga
> A baixa velocidade acabou. Agora é a altíssima velocidade
> A telecomunicação fixa é coisa do passado. O sistema é móvel
> O mundo velho e distante se renova. E se estreita a cada dia
> Os anônimos se encontram nas redes sociais saindo de suas cavernas
> O importante não é apenas ter. É saber

Estratégias para os tempos contemporâneos

Cada novo ciclo político-institucional tem a sua linguagem, as suas imagens, os seus ícones, os seus códigos, o seu vocabulário. Estamos abrindo a segunda década do Terceiro Milênio. E, para os comunicadores e analistas dos fenômenos sociais e políticos, uma das tarefas é identificar a nova linguagem ambiental. É o que tento fazer com a presente abordagem.

A palavra de ordem é MUDANÇA. Mudar é sair das velhas rotinas, é abrir caminhos, buscar saídas, sentir o gosto da inovação, fazer experimentações, mudar é avançar, é quebrar os elos do *status quo*, é investir em criatividade, é apostar em novos perfis. Sob esse guarda-chuva, abrigam-se conceitos-chave. Eles exprimem o ideário do novo ciclo que se abre na moldura das crises (econômica e política). Destaco, entre outros, os seguintes conceitos que emolduram a contemporaneidade:

❏ *Inclusão social* – Conceito que banha a administração pública no país, e dentro do qual se desenvolvem os programas sociais, destinados a promover a inserção de milhões de brasileiros no mercado de consumo.
❏ *Ação social organizada* – os governantes prometem não apenas elevar o volume dos gastos públicos com a área social, mas querem fazer das ações sociais o *leitmotiv* da administração. Para tanto, convocam a sociedade organizada, os setores produtivos, as entidades não governamentais, a participarem do esforço pelo resgate social do país.
❏ *Parceria e cooperação* – Conceito que designa uma forma de integração entre poder público e instituições privadas com o objetivo de fortalecer os programas e projetos destinados a reverter o quadro de miséria crônica do país.
❏ *Balanço social* – as organizações, em todas as esferas, tanto no campo privado como na área pública, hão de ser cobradas por sua atuação social. Organizações com densos balanços sociais estarão sendo objeto de aplausos e admiração da sociedade.
❏ *Gestão democrática* – o deslocamento dos eixos tradicionais do poder transfere força para novos e pequenos núcleos de poder, que se localizam não apenas no centro da sociedade, mas nas margens e periferias. Trata-se de uma tendência das democracias contemporâneas em descentralizar a política e seus mecanismos, tornando-os mais abertos e democráticos.
❏ *Ética e transparência* – o discurso da ética deu muitas vitórias aos atuais dirigentes. Hoje, esse discurso impregna-se nas veias de toda a sociedade, oxigenando pulmões e mentes. Continuará aceso na lamparina da mídia, que, por sua vez, fará o seu trabalho por maior transparência das ações institucionais. Dentro desse eixo, encaixa-se a crítica do presidente contra a "caixa-preta" do

Judiciário. O momento sugere a abertura de todas as "caixas-pretas" do país, a partir do caixão maior, o dos Poderes Executivos nas três esferas.

São esses alguns traços e matizes da nova fisionomia social, política e institucional.

Em face dessa moldura, que comportamentos e atitudes empresas e empresários devem assumir?

Eis aqui uma breve resposta à luz do desenho e dos horizontes descritos:

1. **A primeira atitude é a de cautela** – Não ir com muita sede ao pote, nem deixar de beber a água da fonte. Ter o cuidado de avaliar se atitudes e comportamentos tomados podem ser considerados demagógicos, oportunistas e interesseiros. A sociedade organizada está atenta às decisões empresariais, a partir da mídia, que privilegia a pauta da controvérsia e do contraditório.
2. **Acompanhar atentamente a dinâmica social, política e governamental** – Caminhamos alguns passos na direção da democracia participativa. O governo pretende mudar os eixos decisórios, passando a colocar a sociedade no centro das decisões. Logo, é de todo conveniente empregar recursos no esforço de acompanhamento das mudanças que se promovem na sociedade. Os seguintes movimentos precisam ser monitorados:

    Como a sociedade se organiza? Em que esferas sociais essa organização se faz mais forte? Que entidades passam a ter uma locução com maior expressividade e força? Quais as lideranças emergentes na área política? Como está sendo composto o novo grupamento de forças no Congresso? Quais os ministros com maior e menor cacife, maior ou menor força, maior ou menor expressão? Que programas serão viáveis e inviáveis?
3. **Promover uma forte articulação político-institucional** – Se a descentralização do poder é uma característica da nova socie-

dade, o caminho natural para as empresas e empresários é o do maior engajamento e participação nas esferas decisórias. Urge considerar a empresa como um ente político, no sentido mais lato do termo. A empresa não é coisa amorfa, inodora, incolor. Há de ter o seu matiz ideológico. A ideologia da responsabilidade, da ética e do compromisso. Significa criar mecanismos mais apurados e sólidos, por meio de suas estruturas de relações institucionais, relações governamentais, relações corporativas.

4. **Investir em marketing social** – Vimos, anteriormente, que os conceitos de inclusão social, defesa e valorização da Cidadania se inserem na moldura positiva. Portanto, há que se planejar uma ação mais direta dentro desse ideário. Não se trata de fazer marketing assistencialista, distributivista, paroquial. Cito, por exemplo, o caso de uma empresa que acaba de fazer um convênio com a ONU no âmbito dos portadores de deficiência física. Ela treina, desenvolve capacidades, orienta, fornece consultoria, enfim, aos deficientes físicos, de acordo com uma estratégia mais forte de inclusão social, não apenas voltada para a empregabilidade.

5. **Adotar posturas éticas e responsáveis** – Os atos e atitudes empresariais estão passando pelos filtros da opinião pública, a partir da lupa mais acesa da mídia. Demagogia está sendo identificada. Irresponsabilidades, idem. Postura responsável significa assumir posições públicas consoantes com o novo dicionário do meio ambiente. Significa reconhecer o erro, quando necessário. Significa diálogo com os colaboradores, sentar à mesa da negociação. Significa participar de eventos sociais mais amplos, com assento na cadeira da discussão nacional. Significa abrir os compartimentos empresariais que ainda se encontram fechados.

6. **Incrementar estratégias e políticas de atendimento aos consumidores** – Melhor qualificação de serviços, agilidade, profissionalismo já são palavras-chave há muito tempo no mundo das economias interdependentes e globalizadas. O fenômeno da descentralização, que vem ganhando densidade e força em todos

os espaços mundiais, coloca os consumidores mais próximos dos setores produtivos. O mesmo se pode dizer das administrações. Os munícipes querem se sentir mais juntos das estruturas públicas, a partir, por exemplo, das subprefeituras. É lógico que essa proximidade gera elos de maior integração. E, na esteira dessa integração, vem a cobrança, a crítica, a exigência de maior qualidade.

7. **Dirigentes e executivos devem se integrar de forma mais efetiva e estreita às suas entidades** – A sociedade brasileira está muito organizada. O universo organizacional tem, cada vez mais, força e capacidade decisória. Trata-se de um fenômeno que deve ser considerado. Parcela do conjunto de decisões passa, preliminarmente, pelas cabeças das entidades, consequentemente, pelas vontades dos dirigentes organizacionais e seus liderados. Na lógica do raciocínio, os empresários e executivos precisam estar afinados com essa tônica da organização social brasileira.

8. **Criar espaços de visibilidade/melhor qualificação** – A sociedade mais participativa coloca na arena da visibilidade mais lideranças, conjuntos mais densos de formadores de opinião. Aqueles que apresentarem discurso mais forte, mais original, mais qualificado, estarão no alto da tuba de ressonância. Esse pano de fundo requer mais espaços de visibilidade, melhor qualificação, mais aperfeiçoamento no marketing pessoal. As estruturas de relações corporativas e institucionais, por sua vez, precisarão estar mais bem equipadas: quadros e condições.

9. **Produzir comunicação transparente e objetiva** – Haverá uma proliferação de discursos com as estratégias mais acirradas na área da linguagem e do marketing agressivo. Há que entender que, na nova disposição social, o modelo de comunicação, antes em forma de funil, acabará tomando a forma de um tubo, onde a entrada tem a mesma conformação da saída. Em consequência, pode-se prever uma enxurrada de ideias, muitas confusas e outras disparatadas. Urge, nesse sentido, apurar o foco, ajustar a

linguagem, a fim de que a comunicação alcance a meta de transparência e objetividade.
10. **Colar na sociedade organizada** – Procuramos argumentar, nesta reflexão, que o poder se torna muito descentralizado e pulverizado no Brasil. A organização social se torna intensa. Em consequência, urge ouvir o clamor da sociedade organizada, interpretar suas expectativas, colar o ouvido em suas manifestações. Empresas e empresários precisam estar mais sintonizados com o ideário social brasileiro. E entender que a pirâmide social está mesclando seus topos ao ganho de atores das bases sociais.
11. **O valor da autoestima** – As pessoas têm um sonho recorrente: ter bem-estar, voltar a ter esperanças, embalar-se na felicidade, ou seja, resgatar o Produto Nacional Bruto da Felicidade (PNBF). Significa transformar o território bruto da barbárie em uma nação. Significa cuidar dos espaços dos cidadãos. Torná-los seguros, higiênicos, conservados. Todo esse esforço implicará no resgate da autoestima, que é o produto brasileiro de maior escassez.
12. **Selecionar um grupo de valores** – O Brasil do novo ciclo político-institucional que se inaugura abre as portas para um novo grupo de valores, alguns até muito antigos, porém em processo de resgate: a temperança e equilíbrio em contraposição ao ímpeto perdulário e inflacionário, a gastança; o sentido de planejamento em contraposição à desarrumação e ao caos; a cobrança e a crítica, que se opõem ao velho conceito de "deixar como está para ver como é que fica"; a ação grupal e coletiva contra a ideia do individualismo e do personalismo; a punição que se opõe à ideia de impunidade; a ação tempestiva que aparece para confrontar a cultura de protelação, de adiamento; o zelo pelas coisas que se contrapõe à negligência, ao desleixo (o custo Brasil da descontinuidade administrativa é uma calamidade); a cultura da positividade contra a cultura do catastrofismo (a maior crise política, a crise econômica, nada vai dar certo); a cultura da qualificação contra a cultura do apadrinhamento; o isolamento do

IMAGENS DO FIM DE UM TEMPO E A CHEGADA DO FUTURO

messianismo e a crítica do populismo e o advento da cultura racional (promessas demagógicas dos políticos); a cultura da descontração e do lazer com elementos de crítica social (o nosso último carnaval deu ênfase ao manifesto político e social).

13. **A flor de lótus, a esperança, o otimismo** – Empreendedores precisam ser otimistas. Contemplar a flor de lótus que nasce no pântano. Flor que exibe beleza e força. Das águas lodosas, desabrocham flores brancas, imaculadas, uma perfeição da natureza. A política continua cercada de lama por todos os lados, mas são inegáveis as flores que nascem aqui e ali, sob os cuidados atentos de uma gente de fé, que junta forças e motivação para deixar o conforto de suas casas e organizar uma marcha contra a corrupção, dando-se as mãos, erguendo faixas, ecoando palavras de ordem, clamando por decência. Nossa democracia representativa vive o clímax de sua crise crônica. Eventos negativos se sucedem. Ante o refluxo e o descenso do poder centrífugo – o poder das instituições políticas – emerge, abrindo novas fronteiras, um poder centrípeto, que se movimenta a partir das margens sociais em direção ao centro. No espaço intermediário da pirâmide social – e essa é a observação a frisar –, abrigam-se novos grupamentos médios, vindos de baixo, os quais começam a se iniciar nas artes e técnicas usadas pelas classes tradicionais. Essa faceta da composição social passa a gerar efeitos sobre o modo nacional de pensar. A dedução é que as marolas no meio da lagoa pantanosa se multiplicam, com possibilidade de deflagrar uma cadeia homogênea de pressões e interações, as quais, por sua vez, fazem o papel de filtro contra o lodo.

14. **O pressuposto da razão** – Arremato este conjunto de ideias com um lembrete: Bertrand Russel, pouco antes de morrer, confessava que sua vida havia sido construída sobre o pressuposto da razão. Naquele momento, uma profunda angústia o oprimia: a angústia de perceber quão frágil e inerme era a razão. Calou-se e concluiu: "Apesar disso, ela ainda é o nosso único instrumento".

Devemos conservar a crença de que os setores políticos e governamentais, os setores produtivos, os dirigentes, os executivos, os formadores de opinião, enfim, a sociedade organizada acabarão elegendo a razão como o grande instrumento para que o Brasil possa encontrar o caminho de sua grandeza.

Parte 3

CRISE –
CENÁRIO E ESTRATÉGIAS

Crise – cenário e estratégias

Definição

Crise é desequilíbrio de um sistema. A palavra indica certo grau de desordem. Na acepção grega, o termo comporta planos diversos: conjuntura perigosa, momento decisivo, sentença, escolha, justiça, castigo, pena.

Trata-se de um dos termos mais recorrentes para significar que "as coisas estão fora do prumo".

Crise social – clima conturbado na sociedade. Movimentos de revolta da população contra representantes do *establishment*. A sensação é de que a sociedade precisa de um rumo, de um norte. A indagação mais comum é: o que somos, onde estamos, para onde vamos? O que será do povo?

Na acepção do grego antigo, o conceito de crise – *Krinein/Krisis* – significa distinguir, separar, decidir. A base do conceito aponta para um crivo, um apetrecho concreto, capaz de distinguir elementos de formas diferentes. Projetando o conceito para a Justiça, por exemplo, emerge a figura do juiz, delimitando as áreas do bem e do mal, os "prós" e os "contras", com a balança no meio. A crise, nesse contexto, indicaria uma atitude de escolha. Nesse sentido, aproxima-se do ideograma japonês, que, além do perigo, aponta para o campo das oportunidades, significando que um sistema em crise pode aproveitar a situação em que se envolve para se expandir, evoluir, inovar, melhorar, abrir alternativas, aperfeiçoar.

Eis a composição para o termo crise. A escrita é igual na China e no Japão, mas a pronúncia em japonês é "kiki" e em chinês "wei ji", conforme ensina o engenheiro Roberto Massaru Watanabe, que envia a imagem abaixo.

危機

Figura 2 Kiki.
Fonte: Roberto Massaru Watanabe.

Na medicina, o foco é para o conceito de Hipócrates, século V a.C., que abriga o conceito da evolução da doença e da incerteza sobre o destino dos pacientes. Terão eles a cura ou a morte.

Na vida moderna, as crises implicam situações de conflito e desordem dos sistemas. Ou seja, o funcionamento normal é afetado, situação que abre dissonâncias e incertezas sobre o processo de escolhas para equacionar as distorções.

Classificação

O vasto território das crises abriga uma cadeia de elementos e situações que assim podem ser descritos:

❑ Situação inusitada/acontecimento extraordinário – os eventos ocorrem na esfera das mais diferentes Organizações (privadas, públicas/governamentais, não governamentais, partidos políticos, associações, sindicatos, federações, clubes, movimentos etc.).

❏ O elemento comum às crises é a alteração da rotina organizacional, significando impacto sobre a imagem de empresas e grupos/entidades e intensos ruídos nos fluxos de comunicação.
❏ As crises disparam na cadeia da opinião pública uma onda de rumores e versões, cujos efeitos se projetam sobre vendas de produtos, imagem dos serviços, reputação dos sistemas e até sua estabilidade financeira.
❏ As crises se classificam em três tipos: a) *tempestivas* – são as crises inesperadas, imprevisíveis, decorrentes de fenômenos naturais (terremotos), acidentes (incêndio, desastres de avião, vazamentos químicos); b) *crônicas* – trata-se de áreas em que as distorções se acumulam ao longo do tempo, gerando desvios, cujas consequências se fazem sentir no plano da credibilidade (a esfera político-partidária no Brasil padece de uma crise crônica, que afeta a imagem das instituições nacionais); c) *ciclotímica* – como o termo indica, trata-se da crise que vai e volta, ou seja, aparece/desaparece e, de maneira cíclica, repete o fluxo. Pode-se contar, nesse tipo de crise, com certa taxa de previsibilidade. A comparação é com o movimento das marés (acidentes graves nas estradas durante o período de carnaval; incêndios provocados por balões no dia 24 de junho, data dedicada a São João).
❏ As crises se originam nos mais diversos espaços da vida produtiva e institucional de um país:
   ◆ *Esfera produtiva/organizações* – Envolvem situações relacionadas a produtos/serviços (deterioração, defeitos e erros de fabricação, equipamentos defeituosos gerando acidentes/incidentes, conservação ambiental etc.); porte e conceito de um grupo (falências/concordatas, escândalos econômicos/financeiros – corrupção e desvios etc.).
   ◆ *Esfera do bem-estar social* – Impactos gerados por produtos ou serviços/equipamentos (epidemias, pandemias, intoxicações etc.).
   ◆ *Esfera público-institucional* – Conflitos de rua provocados por mobilizações de massa/greves/paredes em estradas/congestio-

namento do trânsito etc.; greves em áreas vitais de serviços públicos – estabelecimentos hospitalares/coleta de lixo/abastecimento de água.
- ◆ *Esfera criminosa* – Impactos produzidos na vida social por atos criminosos (sequestros, sabotagens, assassinato de pessoas em escolas, estádios esportivos etc.).
- ◆ *Esfera midiática* – Interrupção de sistemas e redes de comunicações em decorrência de vírus nas cadeias eletrônicas.

Efeitos sobre a imagem

Os efeitos das crises sobre as Organizações/Grupos obedecem a uma escala que vai de 1 a 5 graus:

- ❏ Muito graves/muito relevantes: peso 5
- ❏ Graves/relevantes – peso 4
- ❏ Intensidade média – peso 3
- ❏ Suaves – peso 2
- ❏ Muito suaves – peso 1

Os impactos se fazem sentir sobre os dois patrimônios que uma Organização/Grupo detém:

a) *Patrimônio tangível* – composto pela estrutura física/equipamentos/domínio tecnológico. Patrimônio atingido plenamente ou em parte por eventos tempestivos (catástrofes, fenômenos naturais, incêndios etc.);
b) *Patrimônio intangível* – composto pela identidade, imagem e marca das Organizações, de seus produtos e serviços. O patrimônio intangível, objeto de longos anos de investimento de uma Organização em sua identidade e no conceito de seus produtos e serviços, é, muitas vezes, incalculável. Esse patrimônio junta aspectos da

história de um Grupo, seus processos, condutas e práticas; enfim, conhecimento. Algumas marcas no mercado atingem um valor bem mais alto que o valor do patrimônio tangível.

Uma Organização/Grupo alcança um posicionamento junto aos diversos públicos com os quais mantém relações, que pode ser avaliado sob o prisma de valores conquistados: fama, prestígio, seriedade, reputação e respeitabilidade, entre outros. Esse rol valorativo é, por sua vez, fruto dos investimentos realizados nas seguintes frentes de identidade (conceito) e imagem:

- *Dimensão conceitual* – Percepções positivas de valores e princípios pelos públicos-alvo a respeito da Organização/Grupo.
- *Dimensão funcional* – Nesse caso, as percepções ocorrem no campo da funcionalidade dos produtos/serviços produzidos pela Organização/Grupo. Exemplo: determinado remédio eficaz, receitado por muito tempo a um paciente, acaba transferindo para o laboratório/fabricante o conceito (a eficácia) do produto.
- *Dimensão emocional* – Trata-se do composto emotivo que as Organizações/Grupos conseguem formar nos sistemas cognitivos de públicos-alvo, em função de fatores como proximidade junto aos consumidores, hábitos adquiridos, experiência no mercado, respeitabilidade, seriedade, boa política de comunicação etc.

A árvore da crise – como administrar a crise

Tentemos visualizar a crise na forma de uma Árvore (Figura 3).

O tronco da Árvore é a Identidade, o conceito da Organização/Grupo. Essa Identidade, como já se explicou, é fruto da história, dos processos, da tecnologia, da tradição, dos produtos fabricados.

Os resíduos de conhecimento arquivados pelos diversos públicos em seus sistemas cognitivos geram a Imagem. E os diversos públicos formam a cadeia da Opinião Pública.

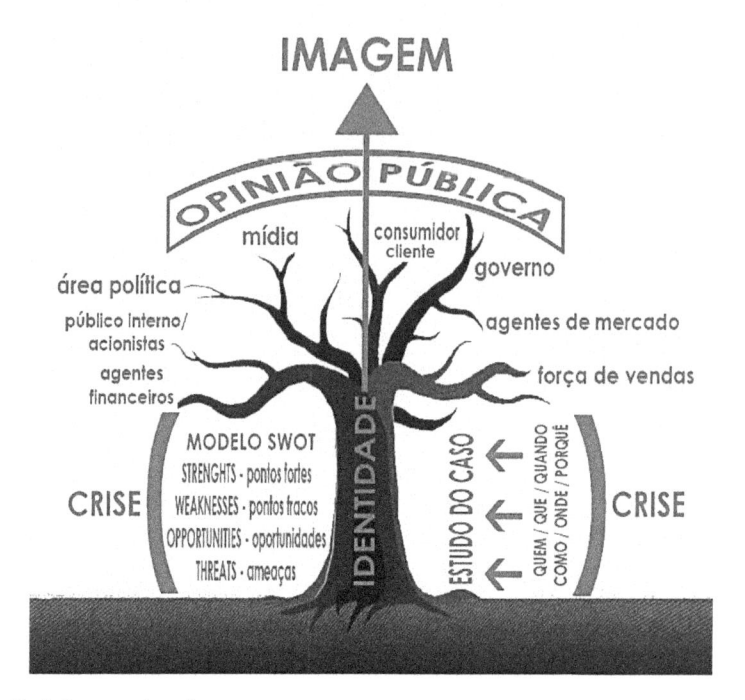

Figura 3 A árvore da crise.
Fonte: GT Marketing e Comunicação.

A administração da crise começa com o Estudo do Caso, que, no desenho, está do lado direito do tronco. O propósito é o de mostrar que, dependendo do tratamento a ser dado, o evento poderá afetar diretamente o tronco da Árvore, ou seja, macular a identidade.

O Estudo do Caso implica respostas claras, objetivas, diretas e circunstanciadas a estas cinco questões: quem são os responsáveis diretos/indiretos pelo evento; o que efetivamente ocorreu; quando e onde o evento aconteceu; como os fatos se desenrolam; e quais foram as causas/indícios que provocaram o incidente/acidente.

Modelo SWOT

No lado esquerdo do tronco, estão as questões da Análise SWOT:

❑ *Strenghts* – Pontos fortes/forças

❏ *Weaknesses* – Pontos fracos/fraquezas
❏ *Opportunities* – Oportunidades
❏ *Threats* – Ameaças

Sugere-se que se faça uma densa planilha com a descrição de elementos/fatos/hipóteses para os quatro eixos da Análise.

Ciclos

Essa planilha servirá de roteiro para a administração da crise nos cinco ciclos que a balizam:

❏ Emergência/Aparecimento – Fatos/indícios começam a ser anunciados
❏ Crescimento – Fatos são pulverizados pela mídia
❏ Consolidação – O evento passa a ser horizontalizado/formação da OP
❏ Clímax – A crise chega ao ápice com bombardeio frenético da mídia
❏ Declínio – Os fatos entram em declínio nas frentes de visibilidade

a. Públicos-alvo

Os galhos da Árvore são o hábitat dos públicos-alvo. No exemplo em tela, escolhemos os seguintes públicos-alvo:

❏ Consumidores/reais/potenciais – afetados diretamente pela crise.
❏ Agentes do mercado/forças de vendas – estruturas do mercado voltadas para a comercialização dos produtos/serviços.
❏ Governo e suas estruturas – agências governamentais, ministérios, sistemas de controle/vigilância, autoridades nas instâncias federal, estadual e municipal etc.
❏ Mídia – a mídia é o supridor do oxigênio da OP, bombeando os pulmões dos segmentos sociais.
❏ Esfera política – a esfera política age sob pressão da OP e as crises costumam ingressar nos espaços dos Parlamentos.

- ❑ Acionistas/proprietários – esse grupamento é o mais diretamente afetado pelos eventos na medida em que estes geram efeitos nas planilhas de receitas/despesas.
- ❑ Agentes financeiros – núcleos importantes que funcionam como suporte dos negócios e das cadeias consumidoras.

Cada público deve receber tratamento com seu porte, sua identidade e suas relações com os Grupos/Organizações que enfrentam crises.

b. Cenarização e administração da crise

Há muitos interesses envolvidos em uma crise. Interesses que levam em conta o jogo de vantagens/desvantagens de uns e outros com o desdobramento dos eventos.

Nesse sentido, apresentamos um roteiro para identificação das posições que grupos/pessoas/concorrentes/consumidores/governos assumem ante as crises:

- ❑ Pessoas e grupos de interesse
  - ◆ Análise dos interesses explícitos de determinados grupos para tirar proveito de uma crise.
  - ◆ Análise dos interesses subjacentes (escondidos) de grupos para tirar proveito de uma crise.
- ❑ Forças de pressão/Contrapressão
  - ◆ Internas – essas pressões podem vir de setores que concorrem com produtos/serviços das Organizações envolvidas em crises.
  - ◆ Externas – Essas forças geralmente provêm de núcleos da sociedade organizada (grupos de defesa do consumidor, movimentos de preservação/conservação ambiental), despertados pela mídia.
- ❑ Identificação dos argumentos das Forças de pressão
  - ◆ Detalhamento dos aspectos/pontos/abordagens críticas.
  - ◆ Verificação da consistência/densidade dos argumentos ante dispositivos técnicos e legais.

c. Definição da postura

- *Defesa* – Apresentação de contra-argumentos aos pontos levantados pelas forças de pressão.
- *Ataque* – Revide aos dados/hipóteses apresentados pelas forças de pressão e expressão de uma linha de ataque com denúncia a interesses de certos núcleos.
- *Busca de consenso/equilíbrio* – Procura de harmonia nas relações entre os atores envolvidos nos acontecimentos.
- *Estática* – Deixar os fatos/informações fluírem sem dar satisfação às pressões e críticas.

d. Definição do posicionamento do discurso

Nesse ponto, a recomendação aponta para três eixos:

- O que devemos dizer? – Arrumação das abordagens informativas/interpretativas. Roteirização das abordagens.
- A quem dizer – Públicos-alvo e suas especificidades – Caracterização de cada público.
- Como dizer – Escolha dos canais (mídias massiva e grupal, redes eletrônicas, mídias localizadas, escolha de formas – bateria de eventos – e linguagens).

Princípios, táticas e estratégias

Cada crise tem sua especificidade, seus elementos determinantes e componentes. Daí a necessidade de uma análise profunda sobre os eventos. Mas alguns princípios usados em conflitos/guerras podem ser pinçados. O roteiro a seguir, a partir de uma leitura de Sun Tzu (*A arte da guerra*) serve de baliza/pano de fundo. As orientações servem apenas como ligeira referência, carecendo de uma redução para os eventos que são objeto da administração de crise.

Plano da meta
- Lutar e vencer todas as batalhas não é a glória suprema; a glória suprema consiste em quebrar a resistência do inimigo sem lutar.
  - O conselho dos senhores da guerra é tentar romper as linhas inimigas sem lutar. Transportando o princípio para o palco das crises, o conselho sugere evitar fortes barulhos, buscar a via do diálogo, expor argumentos que possam amenizar as críticas. Ou seja, evitar os enfrentamentos, se essa meta for possível.

Planos do território, do ataque e da defesa
- Atacar o adversário onde ele se mostrar despreparado.
  - A orientação de guerra aponta, nas frentes de crise, para a ideia de começar a responder aos núcleos de pressão pelos aspectos e argumentos mais fortes. Trata-se, no caso, de tática para posicionar os Grupos/Organizações em um plano elevado de argumentos e deixar as críticas em nível bem inferior.
- Fazer manobras diretas e indiretas.
  - Usar todas as formas de defesa. Responder pela mídia diretamente, fazer articulação junto aos setores envolvidos na crise, dialogar com parceiros/interlocutores de outras esferas.
- Mover-se apenas se houver uma vantagem real a ser obtida.
  - Quando o ator em crise se movimenta, de maneira proativa, tomando iniciativas de mostrar todos os lados da questão e buscando diálogo com representantes dos públicos-alvo, poderá aliviar o tom crítico e diminuir o grau de pressão. Ou seja, a proatividade, em certos casos, gera vantagem.
- Não demorar em posições perigosamente isoladas.
  - Evitar estática. Deixar de responder ou responder de maneira muito lenta a determinado teor crítico passa a impressão de reconhecimento de culpa.
- Não acampar em região difícil.
  - Não passar muito tempo fustigando os grupos de pressão com as mesmas respostas. Se o terreno temático é muito arenoso,

procurar sair dele. Evitar entrar em polêmicas que redundem em prejuízo na perspectiva do discurso.
- ❏ Cruzar o riacho; e cruzá-lo no ponto mais propício.
  - ◆ Estudar os mapas descritivos das denúncias e críticas e escolher o aspecto que propicie a melhor e mais completa (e convincente) resposta.
- ❏ Tornar-se o "inimigo"; ver-se com os olhos do "inimigo".
  - ◆ Os comunicadores/articuladores e administradores das crises devem fazer o exercício de se postarem na posição dos grupos críticos. Seria interessante, por exemplo, que se colocassem na posição dos jornalistas.
- ❏ Há estradas que não devem ser percorridas e cidades que não devem ser sitiadas.
  - ◆ Há assuntos que não precisam ser debatidos exaustivamente, há abordagens que devem ser evitadas, sob pena de fornecerem mais munição para a artilharia midiática.
- ❏ Há exércitos que não podem ser atacados; posições que não podem ser discutidas.
  - ◆ Usar o bom senso e escolher os alvos para respostas. E as respostas devem evitar debates, dissensos, pontos polêmicos. Os batalhões midiáticos, sempre dispostos a abrir o verbo crítico, precisam ser esclarecidos e não combatidos, sob pena de deflagrarem campanhas denunciatórias.

Plano da mensagem
- ❏ Simplificar a mensagem.
  - ◆ Produzir textos simples de informação, explicação, argumentação, interpretação. Textos que respondam aos quesitos: clareza, objetividade, concisão, precisão.
- ❏ Entender que, nas crises, o Menos é Mais.
  - ◆ Quanto mais conciso o argumento, quanto menos polêmica, mais rápida poderá ser a equação de problemas. Ao contrário,

o detalhamento excessivo de abordagens contribui para a impressão de ruídos e balbúrdia.
❏ Afiar a mensagem para que ela corte a mente.
  ◆ Significa que a mensagem deve conter um ponto forte, muito forte, cortante, de modo a funcionar como chamariz, apelo direto/emotivo. No plano da linguagem, o conselho aponta para o uso de palavras de fácil compreensão (denotação) e intenso envolvimento (conotação).
❏ Livrar a mensagem de ambiguidades para fazer perdurar a impressão junto aos públicos-alvo.
  ◆ Há uma tendência, nos ambientes de crise, de reunir aspectos conceituais, técnicos, alguns de difícil compreensão. Imaginam alguns que as mensagem que fazem curvas são oportunas por desviarem a atenção dos leitores. Errado. Mensagens com dribles e firulas provocam um bumerangue. Voltam-se contra as fontes inspiradoras. Evitar, portanto, ruídos e curvas nas mensagens.

Planos tático e comportamental

Princípios para orientação aos Administradores de Crises/Fontes/Porta-vozes/Interlocutores:

❏ Convocar a mídia e mostrar disposição para esclarecer os fatos.
❏ Caso houver dúvidas a respeito dos fatos, procurar, previamente, preencher todas as lacunas com informações, dados e abordagens adequadas.
❏ Evitar a postura do avestruz.
❏ Não temer entrar na arena de guerra (enfrentar a crise de frente, não de costas).
❏ Evitar dizer: "Não tenho nada a declarar".
❏ Evitar a formação de redes informais – teia de boatos.
❏ Expressar as ideias com calma e segurança.
❏ Ser objetivo e conciso.

CRISE – CENÁRIO E ESTRATÉGIAS

- ❏ Procurar o máximo de compreensão.
- ❏ Não tentar ser brincalhão, galhofeiro.
- ❏ Evitar sofismas.
- ❏ Evitar trapacear os ouvintes com informações fantasiosas.
- ❏ Não deixar denúncias sem resposta.
- ❏ Não transmitir imagem de arrogante.
- ❏ Não procurar exagerar na diminuição/tentativa de atenuar os fatos – apresentar justificativa plausível – a tática de engodo será percebida.
- ❏ Lembranças/Recomendações/Sugestões:
  - ◆ Prevenir é melhor que remediar.
  - ◆ A verdade sempre aparece.
  - ◆ Se um grupo dispõe de um sólido sistema de valores, as tempestades não causam danos irreparáveis.
  - ◆ Os valores são permanentes.
  - ◆ As tempestades são fortes, porém, passageiras.
  - ◆ Estabelecer estreita articulação com editores, jornalistas especializados, cabeça da mídia.
  - ◆ Estabelecer boa articulação com autoridades.
  - ◆ Estabelecer articulação com setores, entidades, ONGs – representantes dos públicos atingidos.
  - ◆ Ações internas – Endomarketing.
  - ◆ Envolver diretores e chefias.
  - ◆ Homogeneizar a linguagem.
  - ◆ Preparar cartilha com questões e respostas.
  - ◆ Organizar um grupo para analisar, acompanhar e administrar a crise.
  - ◆ Treinar porta-vozes.
  - ◆ Preparar materiais – notas, sugestões de pauta, roteiros etc.
  - ◆ Produzir anúncio – preciso e conciso – para veiculação publicitária (se for o caso – avaliar impactos).
  - ◆ Contratar assessoria especializada em comunicação/administração de crise.

O guarda-chuva da imagem

As crises são administradas com maior eficácia em Organizações/ Grupos que, ao longo do tempo, pratiquem uma boa política de comunicação. Aqueles que decidem investir em comunicação apenas porque foram obrigados, por circunstâncias temporais, pagam muito mais alto o preço do desleixo.

A imagem corporativa, em tempos de turbulência e na esteira das nações globalizadas, cujas fronteiras se interpenetram graças às redes eletrônicas da comunicação, funciona como um pêndulo. Grupos com boa comunicação têm imagens positivas. A recíproca é verdadeira.

E o que é uma boa comunicação?

Trata-se de um esforço para planejar e executar um conjunto de técnicas, processos, formas e métodos que visem à proteção da Imagem Organizacional.

A compreensão dessa tarefa conduz o formulador ao campo ocupado por algumas leis da Comunicação. Esse conjunto de leis funciona como um Guarda-Chuva de Imagem.

A hipótese é: as leis da Comunicação, usadas de maneira intensa e sinérgica, funcionam como teias de proteção à imagem de empresas e grupos, aliviando os impactos de eventuais crises.

As leis são essas:

- **LEI DA VISIBILIDADE**
  - ◆ Quanto mais visível uma Organização, maior a probabilidade de atrair a atenção de consumidores e outros públicos-alvo. Em consequência, firma-se o entendimento: entidades mais visíveis conquistam maiores espaços de simpatia, respeito e credibilidade junto a OP.
- **LEI DA PERSPECTIVA TEMPORAL/ESPACIAL**
  - ◆ A imagem organizacional é um composto que se projeta no espaço e no tempo. Os ciclos da vida de um Grupo/Empresa

devem respirar o clima do momento, incorporando os valores e costumes das épocas. Dessa forma, o Grupo desenvolve sua imagem na perspectiva de integração ao espírito do tempo, princípio transcendental para a conquista dos públicos-alvo.
- ❏ LEI DA REDUNDÂNCIA
  - ◆ Quanto maior a presença de um Grupo/Empresa junto a seus públicos-alvo, maior a possibilidade de ser lembrado e, consequentemente, mais estreitos os seus laços com seus focos. Essa hipótese se corporifica por meio da redundância – repetição – de mensagens/valores/princípios da organização nas campanhas midiáticas (publicitárias e jornalísticas).
- ❏ LEI DA COERÊNCIA
  - ◆ A coerência é um valor que produz unidade no conceito e na imagem. O valor da coerência se apresenta na defesa contínua e consistente de posições e pontos de vista, que, ao longo do tempo, servem como diferencial de imagem, corroborando o conceito do Grupo/Empresa.
- ❏ LEI DA CREDIBILIDADE / FORTALEZA
  - ◆ A credibilidade é uma das principais metas ao alcance das estratégias de fixação da Imagem. Trata-se do posicionamento do conceito no sistema cognitivo dos receptores, significando a crença nos padrões, práticas, gestos e atitudes de um Grupo/Empresa e conquista de confiança nos produtos fabricados.

Articulação/relacionamento com a mídia

A eficácia da administração de crise implica um programa de relacionamento com os meios de comunicação e com os jornalistas, particularmente os quadros que cobrem as áreas temáticas e seus respectivos editores.

A política de relacionamento com a mídia deve abrigar princípios e compromissos, entre os quais selecionamos os seguintes:

- *Evitar a simples cooptação* – O fato jornalístico obedece a um conjunto de elementos componentes e determinantes que justificam e amparam as tarefas dos profissionais de imprensa. Entre estes, estão a significação social, a raridade, a surpresa, a relevância, a proximidade, a proeminência, as consequências, os conflitos, a exclusividade, aspectos relacionados aos dramas e comédias humanas. Portanto, os fatos jornalísticos pressupõem uma base, justificam-se. E não será com argumentação frouxa, objetivando cooptação do jornalista, que se conseguirá atenuar os fatos captados e diminuir o impacto de matérias.
- *Oferecer um bom produto: boa informação* – Os jornalistas procuram boas informações. Na esteira de uma crise, poderá haver informação substantiva, densa e nova. A oferta de escopos informativos, em resposta, pode servir de base a uma efetiva e positiva relação com os meios de comunicação e seus profissionais.
- *Ser solícito – Evitar esconderijos* – "Quem não deve, não teme." O ditado serve de baliza de orientação aos comunicadores. Fazer-se presente, evitar fugir ao assédio jornalístico, atender aos pedidos – são conselhos oportunos. É evidente que abusos devem ser evitados, principalmente quando repórteres, inconformados com as respostas, tentam insistir com questões que possam ser consideradas "impertinentes". Mesmo nesses momentos, urge ser cauteloso, evitando-se mensagens irritadiças e nervosas.
- *O uso do OFF* – O delineamento de cenários em OFF (com exposição de informações que não podem ser veiculadas) pode ser interessante, particularmente nas crises de caráter político ou envolvendo atores da cena institucional (Poderes Executivo, Legislativo e Judiciário). Em determinados casos, informações em OFF ajudam o profissional a estabelecer uma moldura mais justa e adequada, ajudando-o a fazer uma composição mais acertada e fiel aos acontecimentos.
- *Distinguir informações, versões, boatos e "plantações"* – Conferir o grau de acerto e erro das informações divulgadas, de forma a dar

as respostas mais adequadas e acertadas. Versões e boatos driblam os fatos e as "plantações" expressam pontos de vista e abordagens interesseiras de setores e grupos.

❏ *Mostrar novos ângulos de um tema* – Sempre que possível, deve-se apresentar uma nova angulação para determinados fatos. Esse novo posicionamento poderá mudar os eixos temáticos que são tratados de maneira espetacular por alguns veículos. E procurar elogiar os textos bem elaborados e de abordagem imparcial.

❏ *Buscar sempre a correção da informação errada* – O comunicador tem o dever e o direito de buscar repor a verdade diante de fatos veiculados com erros e vieses. Precisa, ainda, cultivar a confiança dos repórteres que cobrem o setor e só apelar para editores e/ou diretores em última instância. Leia-se: após tentativa de resgatar os fatos verdadeiros, inclusive por carta/documento escrito, e não conseguir publicação da resposta.

Referências

AAKER, D. A. *Marcas*: Brand Equity – Gerenciando o valor da marca. Trad. André Andrade. São Paulo: Negócio, 1998.

ALVES, A. *O que eu não esqueci*: reminiscências políticas, 1933/2000. Rio de Janeiro: Léo Christiano, 2001.

BACON, F. *Ensaios*. Trad. e prefácio de Álvaro Ribeiro. Lisboa: Guimarães Editores, LDA., 1992.

BARELLI, E.; PENNACCHIETTI, S. *Dicionário das citações*: 5.000 citações de todas as literaturas antigas e modernas com o texto original. Trad. Karina Jannini. São Paulo: Martins Fontes, 2001.

BARNARD, C. I. As organizações como sistemas corporativos. In: ETZIONI, A. *Organizações complexas, um estudo das organizações em face dos problemas sociais*. São Paulo: Atlas, 1978.

BARREIRA, I.; PALMEIRA, M. *Candidatos e candidaturas*: enredos de campanha eleitoral no Brasil. São Paulo: Annablume, 1998.

BASTOS, O. (Coord.). *Sarney*: o outro lado da história. Rio de Janeiro: Nova Fronteira, 2001.

BELAU, A. F. *La ciência periodística de Otto Groth*. Pamplona: Instituto de Navarra, 1968.

BELTRÃO, L. *A imprensa informativa*. São Paulo: Foco Masucci, 1969.

_____. *Iniciação à filosofia do jornalismo*. São Paulo: Edusp, 1992.

_____. *Folkcomunicação*. Porto Alegre: EDIPUCRS, 2001.

BERLO, D. K. *O processo de comunicação*. Rio de Janeiro: Fundo de Cultura, 1960.

BOBBIO, N.; MATTEUCCI, N.; PASQUINO, G. *Dicionário de Política* – Volume 1 – A-J. Trad. Carmen C. Varrialle, Gaetano Lo Mônaco, João Ferreira, Luís Guerreiro Pinto Cacais e Renzo Dini. Coord. da trad. João Ferreira. Revisão geral João Ferreira e Luís Guerreiro Pinto Cacais. Brasília: Editora da UnB; São Paulo: Imprensa Oficial do Estado, 2000.

_____. *O futuro da democracia*: uma defesa das regras do jogo. Trad. Marco Aurélio Nogueira. Rio de Janeiro: Paz e Terra, 1968.

BRECHT, A. *Teoria política*. Trad. Álvaro Cabral. Rio de Janeiro: Zahar Editores, 1965. v. I.

CARDOSO, F. H. *O modelo político brasileiro e outros ensaios*. Rio de Janeiro; São Paulo: Difel, 1977.

CARONE, E. *O Estado Novo (1937-1945)*: corpo e alma do Brasil. Direção do Prof. Fernando Henrique Cardoso. Rio de Janeiro; São Paulo: Difel, 1977.

CASTRO, V. DE. *O fenômeno Jânio Quadros*. São Paulo: Editado por José Viriato de Castro, 1956.

CAVALCANTI FILHO, J. P. (Org.). *Informação e poder*. Prefácio de Janio de Freitas. Rio de Janeiro: Record; Recife: Fundação de Cultura Cidade de Recife, 1994.

CLAUSEWITZ, C. VON. *Da guerra*. Trad. Inês Busse. s. l.: Publicações Europa-América Ltda., 1832.

COFFY, R. *Teilhard de Chardin e o socialismo*. Trad. Regina Maria. Lisboa: Livraria Morais Editora, 1967.

COMTE-SPONVILLE, A. *Pequeno tratado das grandes virtudes*. São Paulo: Martins Fontes, 1995.

CONFÚCIO. *Os analectos*. Tradução para o inglês, apresentação e notas de Simon Leys; trad. Claudia Berliner. São Paulo: Martins Fontes, 2000.

D'ARAÚJO, M. C.; SOARES, G. A. D.; CASTRO, C. (Introd. e Org.). *À volta aos quartéis*: a memória militar sobre a abertura. Rio de Janeiro: Relume Dumará, 1995.

DEUTSCH, K. *Política e governo*. Brasília: Editora Universidade de Brasília, 1979.

DE MAIS, D. *O futuro do trabalho*: fadiga e ócio na sociedade pós-industrial. Trad. Yadyr A. Figueiredo. 2. ed. Rio de Janeiro: José Olympio; Brasília: UnB, 1999.

DESCARTES, R. *Discurso do método*. Trad. Maria Ermantina Galvão; rev. da trad. Mônica Stahel. São Paulo: Martins Fontes, 1996.

DOMENACH, J. M. *La propagande politique*. Paris: Presses Universitaires de France, 1950. (Série "Que sais-je?", n. 448).

DRUCKER, P. *A nova era da administração*. 3. ed. São Paulo: Livraria Pioneira, 1989.

DURAUD, J. Rhétorique et image publicitaire. In: *Comunications,* 15. École Pratique des Hautes Études. Paris: Centre d'Études des Communications de Masse, 1970.

ETZIONI, A. *Análise comparativa de organizações complexas; sobre o poder, o engajamento e seus correlatos*. Rio de Janeiro: Zahar, 1974.

_____. *Organizações complexas*. São Paulo: Atlas, 1978.

REFERÊNCIAS

EYMERICH, N. *Manual dos inquisidores*. Comentários de Francisco Peña; trad. Maria José Lopes da Silva. 2. ed. Rio de Janeiro: Rosa dos Tempos; Brasília: Fundação Universidade de Brasília, 1993.

FAGEN, R. R. *Política e comunicação*. Rio de Janeiro: Zahar, 1971.

FENAJ. *Manual de assessoria de imprensa*. São Paulo: Fenaj, 1986.

FREUD, S. *Psychopathologie de la vie quotidienne*. Paris: Payot, 1922.

_____. *Introduction à la psychanalyse*. Paris: Payot, 1932.

GALBRAITH, J. K. *Anatomia do poder*. Trad. Hilário Torloni. São Paulo: Pioneira, 1986.

GIBBON, E. *Declínio e queda do Império Romano*. Org. introd. Dero A. Saunders; prefácio Charles Alexander Robijon Jr.; trad. e notas suplementares José Paulo Paes. São Paulo: Companhia das Letras; Círculo do Livro, 1989.

GOEBBELS, J. *Diário: últimas anotações 1945*. Rio de Janeiro: Nova Fronteira, 1978.

GREENE, R. *As 48 leis do poder*. Projeto de Joost Elffers. Trad. Talita M. Rodrigues. Rio de Janeiro: Rocco, 2000.

HART, B. H. L. *As grandes guerras da História*. Trad. Aydano Arruda. Rev. técnica e anot. cel. Reynaldo Mello de Almeida. São Paulo: Ibrasa – Instituição Brasileira de Difusão Cultural, 1963.

HAYAKAWA, S. J. *A linguagem no pensamento e na ação*. Trad. Olivia Krähenbül. São Paulo: Pioneira, 1963.

HIDALGO, C. O. *Partidos políticos y sindicatos en la sociedad contemporánea*. Madri: Mundiprensa Libros, 1996.

HITLER, A. *Mi lucha*. Trad. Alberto Saldivar P. México: Editorial Diana, 1953.

HUERTAS, F. *O método PES*: entrevista com Matus. Trad. Giselda Barroso Sauver. São Paulo: Fundap, 1996.

IANNI, O. *O colapso do populismo no Brasil*. Rio de Janeiro: Civilização Brasileira SA, 1975.

KATZ, D.; KAHN, R. L. *Psicologia social das organizações*. Trad. Auriphebo Simões. São Paulo: Atlas, s. d.

KEEGAN, J. *Uma história da guerra*. Trad. Pedro Maia Soares. São Paulo: Companhia das Letras, 1995.

KIENTZ, A. *Comunicação de massa, análise de conteúdo*. Trad. Álvaro Cabral. Rio de Janeiro: Eldorado, 1973.

KOTLER, P. *Marketing para organizações que não visam o lucro*. São Paulo: Atlas, 1984.

_____. *Marketing*. Trad. H. de Barros; rev. técnica Dilson Gabriel dos Santos e Marcos Cortez Campomar. São Paulo: Atlas, 1996.

KUNSCH, M. M. K. *Relações públicas e modernidade*: novos paradigmas na comunicação organizacional. São Paulo: Summus, 1997.

LANDES, D. S. *Riqueza e pobreza das nações*: por que algumas são tão ricas e outras tão pobres. Trad. Álvaro Cabral. Rio de Janeiro: Campus, 1998.

LANE, E. R.; SEARS, D. *A opinião pública*. Trad. Álvaro Cabral. Rio de Janeiro: Zahar, 1966.

LASSWELL, H. D. *A linguagem da política*. Trad. Lúcia Dauster Vivacqua e Silva e Sônia de Castro Neves. Brasília: Editora Universidade de Brasília, 1979.
LEAL, V. N. *Coronelismo, enxada e voto*: o município e o regime representativo no Brasil. 2. ed. Nota do Prof. Basílio de Magalhães; prefácio de Barbosa Lima Sobrinho. São Paulo: Alfa-Ômega, 1975.
LIKERT, R. *Novos padrões de administração*. 2. ed. São Paulo: Livraria Pioneira, 1979.
LINS DA SILVA, C. E. *O adiantado da hora*: a influência americana sobre o jornalismo brasileiro. São Paulo: Summus, 1991.
LIPPMANN, W. *Public opinion*. Nova York: Harcourt, Brace and Co., 1922.
LIPSON, L. *A civilização democrática*. Trad. Álvaro Cabral. Rio de Janeiro: Zahar Editores, 1966. v. I e II.
LUSTOSA, I. *Histórias de presidentes*: a República no Catete. Introd. Homero Senna. Petrópolis: Vozes; Rio de Janeiro: Fundação Casa de Rui Barbosa, 1989.
MAQUIAVEL, N. *O príncipe*. Trad. Maria Júlia Goldwasser. 2. ed. São Paulo: Martins Fontes, 1996.
MARABINI, J. *Berlim no tempo de Hitler*. Trad. Marina Appenzeller. São Paulo: Companhia das Letras; Círculo do Livro, 1989.
MARTINS, J. da S. *Coletânea de pensamentos*. São Paulo: Martin Claret, 1982.
MATUS, C. *Estratégias políticas*: Chimpanzé, Maquiavel e Gandhi. Trad. Giselda Barroso Saouveur. São Paulo: Fundap, 1996a.
_____. *Adeus, senhor presidente*: governantes governados. Trad. Luís Felipe Rodrigues del Riego. São Paulo: Fundap, 1996b.
MAZARINO (Cardeal). *Breviário dos políticos*. Trad. do francês e apresentado por Roberto Aurélio Lustosa Costa. Brasília: Alhambra, 1984.
MELO, J. M. de. *Estudos de jornalismo comparado*. São Paulo: Pioneira, 1972.
_____. *Comunicação: teoria e política*. São Paulo: Summus, 1985.
_____. *Teoria da comunicação*: paradigmas latino-americanos. Petrópolis: Vozes, 1998.
MEYNAUD, J. *Os grupos de pressão*. Lisboa: Europa-América, 1966.
MOLES, A. A. *Sociodinâmica da cultura*. São Paulo: Perspectiva, 1974.
MONTAIGNE, M. E. de. *O pensamento vivo de Montaigne*. Apresentado por André Gide. Trad. Sérgio Milliet. São Paulo: Livraria Martins, 1975.
MORGAN, G. *Imagens da organização*. Trad. Cecília Whitaker Bergamini e Roberto Coda. São Paulo: Atlas, 1996.
MORIN, E. *Cultura de massas no século XX – O espírito do tempo*. 2. ed. Trad. Maura Ribeiro Sardinha. Rio de Janeiro; São Paulo: Forense, 1969.
MUSASHI, M. *Um livro de cinco anéis*: o guia clássico de estratégia japonesa para as artes e os negócios. Trad. Fernando B. Ximenes. Rio de Janeiro: Ediouro, 1984.
NÊUMANNE, J. *Atrás do palanque*: bastidores da eleição de 1989. São Paulo: Siciliano, 1989.
NIETZSCHE, F. W. *Assim falou Zaratustra*: um livro para todos e para ninguém. Trad. Mário da Silva. Rio de Janeiro: Civilização Brasileira, 1986.

REFERÊNCIAS

NIVALDO JUNIOR, J. *Maquiavel, o poder*: histórias e marketing. Prefácio de Cristovam Buarque. Recife: Makplan, 1991.

NOBRE, F. *Imprensa e liberdade*: os princípios constitucionais e a nova legislação. São Paulo: Summus, 1988.

PAGÉS, M. et al. *O poder das organizações* – A dominação das multinacionais sobre os indivíduos. São Paulo: Atlas, 1978.

PASCAL, B. *Pensamentos*. Edição, apres. e notas de Louis Lafuma; trad. Mario Laranjeira; rev. técnica e introd. da edição brasileira de Franklin Leopoldo e Silva; rev. da trad. Márcia Valéria Martinez de Aguiar. São Paulo: Martins Fontes, 2000.

PAVLOV, I. P. *Les réflexes condiotionnels*. Paris: Félix Alcan, 1932.

PENNA, J. O. de M. *O espírito das revoluções*: da revolução gloriosa a revolução liberal. Prefácio de Antonio Paim. Rio de Janeiro: Faculdade da Cidade, 1997.

PERISCINOTO, A. et al. *Série Estudos Aberje 1*, Associação Brasileira de Comunicação Empresarial. São Paulo: Aberje, 1998.

PEROSA, L. M. F. de L. *A hora do clique*: análise do programa de rádio Voz do Brasil da Velha à Nova República. São Paulo: Annablume; ECA-USP, 1995.

PORTO, W. C. *Dicionário do voto*. São Paulo: Giordano, 1995.

PRADO JÚNIOR, A. de P.; Albuquerque, J. A. G. *ABC do candidato*: marketing político. São Paulo: Babel Cultural, 1987.

PYE, L. W. *Comunicações e desenvolvimento político*. Trad. Luciano Miral. Rio de Janeiro: Zahar Editores, 1967.

RAFFESTIN, C. *Por uma geografia do poder*. Trad. Maria Cecília França. São Paulo: Ática, 1993.

REDFIELD, C. E. *Comunicações administrativas*. Rio de Janeiro: Fundação Getulio Vargas, 1967.

RIEDINGER, E. A. *Como se faz um presidente*: a campanha de JK. Trad. Roberto Raposo. Rio de Janeiro: Nova Fronteira, 1988.

SCHWARTZENBERG, R.-G. *O estado espetáculo*. Trad. Heloysa de Lima Dantas. São Paulo; Rio de Janeiro: Difel, 1978.

_____. *Sociologia política*: elementos de ciência política. Trad. Domingos Mascarenhas. São Paulo; Rio de Janeiro: Difel/Difusão Editorial, 1979.

SÊNECA. *Sobre a brevidade da vida*. Trad., introd. e notas de William Li. São Paulo: Nova Alexandria, 1993.

SIMONET, R.; SIMONET, J. *L'argumentation, stratégie et tactiques*. Paris: Les Éditions D'Organisation, 1990.

STAROBINSKI, J. *Montesquieu*. Trad. Tomás Rosa Bueno. São Paulo: Companhia das Letras, 1990.

TAGIURI, R. Managing corporate identity: the role of top management. In: *Notebook* (preparado para a conferência sobre identidade corporativa em Nova York, em abril de 1983).

TAVARES, J. A. G. *Sistemas eleitorais nas democracias contemporâneas*: teoria, instituições, estratégia. Rio de Janeiro: Relume Dumará, 1994.

TAVARES, M. C. *A força da marca*: como construir e manter marcas fortes. São Paulo: Harbra, 1998.

TCHAKOTINE, S. *A mistificação das massas pela propaganda política*. Trad. Miguel Arraes. Rio de Janeiro: Civilização Brasileira, 1967.

THAYER, L. *Comunicação*: fundamentos e processos na organização, na administração, nas relações interpessoais. São Paulo: Atlas, 1979.

TOCQUEVILLE, A. de. *A democracia na América*. 2. ed. Trad., prefácio e notas de Neil Ribeiro da Silva. Belo Horizonte: Itatiaia; São Paulo: Edusp, 1977.

TOFLER, A. *A terceira onda*. Trad. João Távora. Rio de Janeiro: Record, 1980.

TORQUATO, G. *O político e a sociedade brasileira*. Ciclo de Palestras: O Senado e a Opinião Pública. Brasília: Senado Federal; Comissão de Educação e Secretaria de Comunicação Social, 1995. V. II.

_____. A guerra do voto. *Comunicação Empresarial*, ano 8, n. 26, 1º trimestre 1998.

_____. *A velha era do novo* – Visão sociopolítica do Brasil. São Paulo: GT Marketing e Comunicação, 2002.

_____. *Tratado de comunicação organizacional e política*. 2. ed. rev. e ampl. São Paulo: Cengage Learning, 2010.

TORQUATO DO REGO, F. G. *Marketing político e governamental*: um roteiro para campanhas políticas e estratégias de comunicação. São Paulo: Summus, 1985.

_____. *Comunicação empresarial e comunicação institucional* – Conceitos, estratégias, sistemas, estrutura, planejamento e técnicas. São Paulo: Summus, 1986.

_____. *Jornalismo empresarial – Teoria e prática*. São Paulo: Summus, 1987.

TUCK, M. *Como escolhemos psicologia do consumidor*. Rio de Janeiro: Zahar, 1978.

TZU, S. *A arte da guerra*. Adapt. e pref. de James Clavell. Trad. José Sanz. Rio de Janeiro: Record, 1983.

VALENTE, N. *Luz, câmera, Jânio Quadros em ação*: o avesso da comunicação. São Paulo: Panorama, 1998.

VOLTAIRE, F. M. A. de. *O pensamento vivo de Voltaire*. Apresentado por André Maurois. Trad. de Lívio Teixeira. São Paulo: Livraria Martins, 1975.

WEBER, M. *Ciência e política*: das vocações. Trad. Leonidas Hegenberg e Octany Silveira da Mota. Prefácio de Manoel T. Berlinck. São Paulo: Cultrix, 1996.

WEISS, D. *Communication et presse d'entreprise*. Paris: Sirey, 1971.

ZALEZNIK, A.; VRIES, M. F. R. K. DE. *O poder e a mente empresarial*. São Paulo: Pioneira, 1981.

Apêndice

Análise nas organizações

Exercícios e reflexões

a) Exercícios

Atribua notas de 0 a 10 às frases a seguir, considerando que as notas maiores expressam com mais intensidade a cultura de comunicação da Empresa/Organização:

1. Aqui, na nossa empresa, a comunicação não é boa porque cada gerente/chefe permanece em sua redoma, esconde-se em seu feudo. O gerente guarda informação para preservar seu poder.
2. Os problemas de comunicação na empresa começam pelo alto. Se ninguém de cima solta informação, os níveis intermediários não se sentem motivados a soltar.
3. Nós temos, aqui, uma cultura muito autoritária. Todo mundo tem medo. Ninguém quer aparecer. Por isso, a comunicação só vai melhorar quando mais aberta for a gestão. Por enquanto, ninguém tem vontade de dar sugestões, pedir explicações, propor medidas de aperfeiçoamento no serviço.
4. Acho que a empresa pode melhorar a questão de comunicação nos níveis gerenciais. A conscientização do processo comunicativo pode ser um bom começo.

5. Jamais esta organização vai resolver as dificuldades de comunicação em suas linhas porque se trata de uma empresa muito fria, enérgica, fechada.
6. Não costumo ler os papéis que recebo. São tantos; acabo me perdendo. É tanta coisa parecida. Há muita repetição.
7. O corpo gerencial poderia ter melhores canais de comunicação, como cafés da manhã, reuniões setoriais, boletim gerencial, *news letter* eletrônica, uso das redes sociais, algo que pudesse criar um espírito de equipe e unidade.
8. Quando tenho dúvidas sobre procedimentos, fico na minha. Não tomo decisões imediatas. Prefiro esperar por uma norma mais clara.
9. O maior problema de comunicação nesta organização é no fluxo lateral. Falta integração entre níveis hierárquicos de mesma posição.
10. Nosso diretor/presidente se comunica muito bem. Por que não procuramos adotar sua postura?
11. O volume de papéis que vem de cima é muito grande. Por isso, os canais ficam entupidos.
12. Deveríamos ser mais informais em nossas comunicações para criarmos um ambiente mais solidário, aberto e saudável.
13. As comunicações informais, as rádios peão e corredor, as fofocas e os boatos acabam poluindo o ambiente em nossa empresa. Por isso, deveríamos ter comunicações mais formais.
14. As dificuldades e os problemas de comunicação que temos decorrem da ausência de conhecimento sobre o papel da comunicação como ferramenta gerencial.
15. Vou continuar mantendo a mesma postura. Afinal de contas, não vou mudar meu estilo de comunicação.
16. Acho que a cultura do meio ambiente, o momento em que vive o país, e algumas dificuldades internas são fatores que atrapalham a boa comunicação entre nós.
17. De agora em diante, temos que assumir o compromisso de melhorar nossas comunicações. E apostar na fé que o nosso diretor/presidente credita à força da comunicação. Vamos nessa, pessoal.

18. Quando ocorre uma dúvida a respeito de uma norma da empresa e tenho que tomar uma decisão urgente sobre sua aplicação, prefiro decidir e aplicar a norma, mesmo que minha interpretação esteja errada. O pior é não decidir.
19. Quando deparo com uma norma confusa e pouco transparente, fico esperando que outra venha esclarecer os pontos obscuros. É bom ter cautela. Afinal de contas, cautela e canja de galinha não fazem mal a ninguém.
20. É preferível guardar sigilo em torno de uma informação estratégica sobre mudanças radicais na empresa. Se eu passar adiante, pode ser que rapidamente a notícia se propague, criando balbúrdia e gerando expectativas.
21. Não consigo distinguir o que é uma informação estratégica; não consigo distinguir, aliás, o que é importante, pois são tantas as informações que recebo diariamente que acabei por nivelar todas. O destino de todas elas é o arquivo.
22. Quando o pessoal do meu departamento/setor/área mostra alguma expectativa, apresenta sinais de nervosismo e passa a fazer reivindicações, o chefe acaba com tudo isso em dois tempos: passa um esculacho nos líderes do movimento e pronto.
23. Não passo informação para meus subordinados, porque sei que ninguém, aqui, faz isso. Por que eu, então, iria fazê-lo?
24. O time, aqui, não toca nenhuma música de comunicação; os gerentes não se comunicam entre si; outros chefes/coordenadores e até os níveis superiores também não se comunicam. Essa é a verdade.
25. Acho que a organização jamais vai resolver a deficiência na comunicação que existe nas linhas; as coisas ficam emperradas, não correm. Todos se acomodam.

b) Reflexões

26. Qual deve ser a postura da organização diante de uma crise?
27. Que estratégias e táticas devem ser adotadas para a composição do escopo da comunicação?

28. Tente fazer análise de uma crise numa grande Organização adotando o modelo SWOT: Forças, Fraquezas, Oportunidades e Ameaças.
29. Tente analisar a Identidade e a Imagem de sua organização, procurando avaliar ruídos e distorções entre os dois conceitos.
30. Estabeleça cenários do futuro e projeção de crescimento para sua Organização, descrevendo desafios a serem enfrentados e metas a serem alcançadas.